开发研究

乡村 生态体验旅游

Rural Ecological Experience Tourism

郑辽吉 ◎ 著

中国财经出版传媒集团

经济科学出版社

Economic Science Press

图书在版编目（CIP）数据

乡村生态体验旅游开发研究/郑辽吉著.—北京：经济科学出版社，2017.6
ISBN 978-7-5141-8275-0

Ⅰ.①乡…　Ⅱ.①郑…　Ⅲ.①乡村-生态旅游-旅游资源开发-研究　Ⅳ.①F592.731.3

中国版本图书馆 CIP 数据核字（2017）第 179364 号

责任编辑：杜　鹏　刘　瑾
责任校对：靳玉环
责任印制：邱　天

乡村生态体验旅游开发研究

郑辽吉　著

经济科学出版社出版、发行　新华书店经销
社址：北京市海淀区阜成路甲 28 号　邮编：100142
总编部电话：010-88191217　发行部电话：010-88191522
网址：www.esp.com.cn
电子邮件：eps_bj@163.com
天猫网店：经济科学出版社旗舰店
网址：http://jjkxcbs.tmall.com
固安华明印业有限公司印装
710×1000　16 开　16.75 印张　300000 字
2017 年 12 月第 1 版　2017 年 12 月第 1 次印刷
ISBN 978-7-5141-8275-0　定价：58.00 元

前　言

随着时代的发展，我国国民拥有的闲暇时间占全年的 1/3，对旅游发展产生了强烈的市场需求。中国已经从入境旅游目的地转变为入境旅游目的地与出境旅游客源地的双重旅游国。2016 年，乡村旅游人次达 13.6 亿，平均全国每人一次，是增长最快的领域，乡村旅游收入达 4 000 亿元以上，乡村旅游事业体超过 200 万家。乡村旅游已经成为人们寻根乡愁的重要依托，面临着如何与乡村生态环境、社会环境及多功能农业发展相结合，推动产业转型升级及美丽乡村建设的迫切要求。依托于多功能农业的生态体验旅游可实现生态旅游、乡村旅游及体验旅游的整合，提升美丽乡村建设水平，为全域旅游发展战略实施奠定基础。

乡村旅游面临着三个方面的发展机遇：一是从高速增长转为中高速增长；二是经济结构不断优化升级；三是从要素驱动、投资驱动转向创新驱动。2015 年"中央一号"文件首次提出了"推进农村一、二、三产业融合发展"的指导思想，积极开发农业多种功能，推动旅游业与三大产业的有机融合，注重来自市场的各种力量推动，发挥旅游业管理体制机制、市场资源配置等重要推力的作用。2017 年"中央一号"文件《中共中央　国务院关于深入推进农业供给侧结构性改革加快培育农业农村发展新动能的若干意见》正式公布，这是自 2004 年以来"中央一号"文件连续 14 年聚焦"三农"。"乡村旅游"连续第二次出现在一号文件中，从发展意义上来说，"三农"的发展在为乡村旅游拓展更广阔发展空间的同时，提供了产业、生态、物产、环境等多方位支撑，指明了乡村旅游发展的方向与路径。从乡村旅游供给侧来看，农业经济与生态环境是乡村景观塑造的重要动力（landscape dynamics），乡村体验旅游成为景观农业经济（landscape agronomy）的一个新领域受到关注，是产业发展与多功能景观和谐互动的动力基础。

乡村生态体验旅游是一种生活方式，也是一种产业发展方式。以生态体验为核心的乡村旅游通过融合创新形成综合旅游（integrated rural tourism，IRT），依托乡村山水人文景观，让旅游活动融入大自然，让人们望得到青山、看得见绿水、记得住乡愁；其转型升级不仅使乡村景观空间发生演化并日益成为稀缺资源，而且也涉及多功能景观空间的优化重组，实现与第一产业、第二产业及第三产业的"跨界"融合创新，形成旅游业与多功能景观的统一体，推动以农业园区为主体的文化创意旅游发展。而在乡村旅游快速发展的过程中，乡村旅游基础设施不完备，服务质量参差不齐，很多项目大致相同而缺少新意与特色，同质化竞争的现象也较为普遍。生产性功能的过度开发使其与社会功能和生态功能分割开来，景观空间开发缺乏多种规划统筹的一致性协调。如何强化乡村产业发展与空间优化的内外机制，发挥"产业—空间"的协调引领作用，提升乡村全产业链的发展水平；创建乡村旅游品牌并实现有效的形象传播，吸纳可进行重复体验的旅游群体；如何贯彻"创新、协调、绿色、开放、共享"的新发展理念，将绿道建设、生态网络、产业发展等基础设施建设协调起来，解决多功能景观构建过程中的时间冲突、空间冲突及使用冲突，仍然是面临的重要研究课题。

本书选择丹东地区景观差异显著、文化特色鲜明的旅游专业村镇（原生态青山沟镇、边境村落河口村、新农村建设典范大梨树村及黄海北部大鹿岛村）为主要案例，同时也选择其他地区的民宿发展案例作为辅助，通过实地观察、深入访谈、问卷调查等方式收集景观变化、多功能农业发展及乡村旅游发展等数据；以景观生态学、生态经济学、体验经济学、社会学理论及社会心理学理论等为基础，采用结构方程模型（SEM）、社会网络分析法（SNA）及网络层次分析法（ANP）等方法相结合的方式，分析并验证了依托于多功能农业行动者—网络可持续发展的乡村生态体验旅游理论。

本书由三部分共七章构成一个研究体系：第一部分主要由第 1 章绪论组成。阐述了研究的背景及意义、回顾与评价目前国内外乡村旅游发展的研究进展。搭建了本书研究的基本思路与框架，提出了本书研究理论基础、解决的问题和本书结构。第二部分由第 2 章至第 5 章组成，是本书的主要研究内容。分别从生态体验场、生态体验景观与多功能农业行动者—网络（ANT）建立的结构关系入手，分析了它们在案例地点的多功能农业行动者—网络（ANT）地位、过程及作用，对乡村生态体验旅游网络构建的多功能农业基础进行了评价，并对生态体验旅游开发战略进行了选择。第一，运用结构方程模型验证了生态体验场与多功能农业行动者—网络（ANT）的结构关系，确认了生态体验场在多功能农业行动者—网络（ANT）中的地位及作用；第二，运用社会网络分析法（SNA）中的密度及中心性等指标分析了生态体验景观（eco-experienc-escape）构建过程的阶段性特征；第三，运用网络层次分析法（ANP）与 SWOT

分析法相结合的方式评价了生态体验旅游开发的多功能农业基础；第四，运用网络层次分析法（ANP）与 LCTV 理论框架相结合的方式，对生态体验旅游的开发战略进行了选择；第五，运用复杂系统理论的敏感性模型（sensitivity model）识别乡村生态体验旅游发展中的关键性要素；以台湾地区民宿体验、健康养老基地开发及现代高科技创意农业园区发展为典型案例，分析了生态体验旅游发展趋势及创新类型。第三部分主要由第 6 章及第 7 章结论组成。首先，分析了生态体验旅游产品的内涵与结构，提出了生态体验旅游产品开发的评价标准；其次，运用生态体验营销组合的方式，筛选出相应的乡村生态体验媒介，提出了案例研究地点的生态体验营销组合策略及生态体验产品价值链管理战略。

研究结果表明，乡村生态体验旅游（ecological experience tourism，E2T）是以多功能农业塑造产生的多功能景观空间为载体，其生态格局构建了体验活动的重要场景。在生态环境、社会风情及产业活动环境中进行的具有较强参与性并能带来难以忘怀的乡村生体验旅游。作为乡村生态体验经济的重要组成部分，它推动了多功能农业的综合发展，提高了乡村的人均收入，促进了乡村旅游与其他要素的整合。生态体验场（ecological experience field，E2F）与生态体验景观（eco-experiencescape）作为生态体验旅游活动的景观载体，都强调了旅游者与乡村生态环境、乡村生活环境、乡村产业环境及乡村社会环境的互动，能带来教育体验、审美体验、娱乐体验及逃遁体验等基本体验；它们强化并突出了多功能农业（multifunctional agriculture，MFA）行动者—网络在美丽乡村建设的作用和地位。

生态体验场（E2F）是生态体验旅游开展的基本空间单元，既具有景观的空间属性，也具有多功能农业行动者—网络的关系属性；生态体验景观既是以多功能农业行动者—网络为动力塑造的多功能景观，也是生态体验旅游活动开展的关系型载体，具有多功能行动者要素的整合作用；生态体验场与生态体验场之间的关系类似于景观生态学中的斑块—基质之间的关系，不同类型的生态体验场可以构建不同类型的生态体验景观。它们之间的联系及发展水平取决于生态环境、社会风情、产业活动及休闲服务等要素相互作用的程度。

多功能农业行动者—网络塑造了乡村多功能景观，通过协调其经济功能、社会功能、环境功能及旅游功能之间的关系，为乡村生态体验旅游提供空间保障，为乡村可持续发展奠定了行动的过程基础。该网络的结构方程模型（SEM）验证结果表明，经济功能强于社会功能、环境功能及旅游功能，是推动乡村旅游发展的重要力量；环境功能作为网络的生态基础对其他功能具有一定的反馈作用,是乡村旅游发展的重要环境支撑力量。

网络层次分析法(ANP)与SWOT相结合的验证结果表明,经济功能最强,社会功能其次,环境功能与休闲功能最弱的多功能农业行动者—网络,采用优势与机遇相结合的发展战略(SO),最适合于乡村生态体验旅游为主导的多功能农业发展。

在生态体验旅游发展战略的选择过程,采用了乡村综合旅游发展战略的选择模型来进行,其目的就是将生态体验旅游放置在一种更加综合的旅游发展环境中来选择发展战略。以LCTV框架与ANP相结合的模式为乡村综合旅游发展战略的选择奠定了基础。验证结果表明,由景观管理(landscape management)、社会接受(community acceptance)、旅游活动(tourism ctivity)及游客满意(visitors' satisfaction)等构成的LCTV框架,是制定乡村生态体验旅游发展战略的基础。由景观开发(L)与旅游开发(T)共构的发展战略(LT)是乡村综合旅游开发应选择的最佳战略,乡村体验旅游是综合旅游的内核,其发展战略有助于推动生态体验旅游的可持续发展。随着旅居时代的到来,乡村旅游发展的一个重要方向就是民宿,各种创意型的民宿为旅游业发展注入了新的活力,书中结合民宿及创意农业园区的发展案例,探讨了生态体验旅游产品开发。

产品内涵与结构是生态体验产品标准制定的重要基础,标准是评价体验旅游产品开发的重要依据。由四种基本类型与五个基本层次构成了乡村生态体验旅游产品评价的20个标准,这是对有价值高体验的旅游产品的综合评价。按这些标准开发出来的生态体验旅游产品,有助于实现感官体验→情感体验→理性体验的升华,提升了乡村生态体验旅游的开发水平;实施生态体验营销组合策略,塑造并传播具有区域特色生态体验景观的形象,拓展生态体验旅游产品开发的影响力,形成具有地域特色的生态体验旅游客源市场。建立体验旅游管理模式,从综合管理、综合执法、产业政策、规划统筹及信息管理等方面实施体验管理,是提升生态体验旅游发展水平的重要保障。

多功能农业行动者—网络理论是本书的研究基础,以此为基础提出的生态体验场与生态体验景观理论是本书的创新点。生态体验旅游作为美丽乡村建设的驱动力与乡村空间发展的整合力量,进一步推动了全域旅游发展战略在乡村地区的有效实施,提升田园综合体及旅游特色小镇的建设水平。

作　者

2017 年 10 月

目　　录

第1章

绪　　论

1.1　研究背景和意义

1.1.1　研究背景

1. 时代发展赋予了乡村旅游新的角色与地位。

乡村旅游经过近百年的发展，在向传统农业延伸的过程中，其在农业发展中的角色与地位越来越重要。随着大众化旅游时代的到来，乡村旅游已经成为社会主义新农村、美丽乡村以及新型城镇化的重要驱动力。其在乡村增美、农业增值、农民增富、旅游休闲增载体、人们生活增幸福的发展过程中，扮演了越来越重要的角色。美丽乡村是"乡愁"的重要空间载体，乡愁是时空两个维度变化的过程产物。从时间上讲，它总是由现在指向过去；从空间上讲，它总是由此地指向彼地；从内容上讲，也具有特定性。它总是在吸引城市居民向往乡村宁静的田园生活和美好的景观环境，推动了生态文明为主题的乡村生态产业发展；在旅游业转型发展的背景下，乡村旅游发展表现出强大的生命力和潜力，并成为"美丽乡村"多功能景观构建的重要动力；在大众休闲时代消费不断升级的背景下，乡村旅游已经成为拉动城市消费，实施"精准扶贫"的重要领域，成为让乡村"生活更精彩"的主体，推动了旅游全域化的可持续发展。

目前，我国"全域旅游示范区"创建工作已经全面启动，全国设立旅游发展委员会的省区市达20个，13个设区市、34个县成立旅游警察。在全域旅游化时代，旅游吸引物呈现了"景区"与"非景区"并存、传统要素与新兴要素并存、传统产业与新兴产业并存的多元化发展格局；旅游环境与氛围全域可享，可游可居的空间及新兴产品不断扩展；在旅游服务设施一体化的过程中，更加重视软硬设施的综合性协调发展。尤其是更加注重居民文明友好、市场秩序规范、旅游环境安全和谐的软件建设；旅游服务的理念也发生了较大转变，从"景区—酒店"两点一线的配给旅游服务走向全域全程服务转变。这些变化趋势对乡村旅游发展也提出了更高的要求，乡村中的任何一个环节都是旅游发展的切入点，都是可以提升的发展空间。2015 年，我国公共服务领域掀起了一场声势浩大的厕所革命表明：厕所不仅是文明的重要窗口，而且也是影响旅游体验过程的不可少的基本要素，是一个国家和地区文明程度的重要体现，也是我国乡村旅游发展中遇到的最大问题。

随着高速铁路的发展，中国的旅游发展也迎来了"高速铁路时代"。高铁以速度快、运力大、全天候、省能源、更环保的特性，在促使区域间人流、物流效率与质量大幅度提高的同时，对旅游业的转型升级也提出了严峻的挑战[1]。高铁对其他旅游交通系统、旅行方式、旅行时间、区域旅游收益、目的地旅游要素结构、目的地旅游空间结构的影响产生了重大的影响，给占据旅游半壁江山的乡村旅游提供了强大的市场动力。自 1964 年 10 月 1 日世界上第一条高速铁路（日本新干线）开通运营以来，世界高速铁路发展已经成为"交通革命"的重要标志。截至 2011 年年底，全世界共有 14 个国家和地区分别已开通高铁。开通运营的高速铁路里程达 1.8 万公里，其中，中国高速铁路运营里程约占一半。"四纵四横"的高铁格局已成为解决中国东西南北大通道上大量旅客快速输送问题的最有效途径[2]。

高铁带来"时空压缩"效应使得游客在较短时间内出游空间距离逐渐增大，再加上移动互联网络的快速发展，对乡村旅游的转型升级牵动作用强烈。在促进"第一+第二+第三"产业融合创新的过程中，使得传统农业向多功能方向转化，实现了以产业发展与生态环境及社会参与的联动发展，推动乡村旅游由传统接待及浅层体验活动向新型的深层生态体验活动方向转化，促进了"望得见山，看得见水，记得住乡愁"生态体验景观网络的建立。新型的乡村旅游将产业融入环境保护、景观构建、生物多样性、食品质量、能源开发、休闲保健及教育服务等领域，扩展了农业全产业的价值链，实现了知识、信息、技术、资源在乡村生态社会经济系统内的有效流通，建立了具有生态权益平等、生态功能互补、生态文明共建、生态效益共享、空间和谐互动的多功能景观空间，赋予了"美丽乡愁"的核心价值。

人类正在走向健康养生与创造美好环境的休闲时代，人们开始追求"慢生活"的幸福体验。随着我国居民消费结构的升级，2016 年旅游、文化、体育、健康、养老"五大幸福产业"快速发展，不断推动民生改善，进一步提升居民的幸福感。旅游业作为"五大幸福产业"之首，在国民经济社会发展中的功能和作用日益凸显。2016 年，国内旅游、入境旅游稳步增长，出境旅游理性发展，旅游经济继续领先宏观经济增速，成为稳增长、调结构、惠民生的重要力量。预计全年国内旅游 44.4 亿人次，同比增长 11%；国内旅游总收入 3.9 万亿元，同比增长 14%。受一系列利好政策和居民消费升级驱动，旅游产业保持在"较为景气"区间运行，各季度景气水平均略高于上年同期。景区和以在线旅游企业为代表的新业态景气水平领先于传统行业部门，处于"较强景气"区间。我国旅游固定资产投资仍处于"较为景气"区间。

乡村旅游推动了以多样性景观为基础的多功能农业开发，也意味着将旅游休闲空间扩展到全域范围内，从乡村空间中的"景点"走向全域。从供给侧的角度来看，多功能农业作为多功能景观空间的重要塑造力量，是乡村可持续发展的重要内容及核心动力。乡村景观作为人类文化与自然环境高度融合的景观综合体，具有生态、经济、美学、娱乐和空间五大价值属性[3]，而且随着时代的发展其空间的新价值不断被认识与开发。最早起始于欧洲的英、法、意等国的乡村旅游，发展至今已有 100 多年的历史[4]。在这个发展过程中，由于铁路、公路等交通设施的发展，改善乡村的可进入性，乡村旅游业促进了乡村的多样化发展，使欧洲阿尔卑斯山区和美国、加拿大落基山区成为世界最早的乡村旅游地区，同时也是景观多功能性发挥最好的地区之一[5]。20 世纪 80 年代以后，景观生态环境问题引起了人们的高度关注，世界范围内的"绿色运动"及生态旅游推动了乡村旅游的发展，使其成为发达国家现代旅游者开展可持续性旅游活动的重要选择，这极大地推动了乡村景观空间的多功能性开发，促进了乡村多功能农业的创新发展；进入 20 世纪 90 年代以后，在世界旅游组织（WTO）及其他国际组织的大力推动下，乡村旅游作为景观多功能性塑造的一种重要力量，促进了发展中国家多功能农业的发展，为乡村农业的可持续发展奠定了坚实的基础。从需求侧的角度来看，继蒸汽机引发"机械化时代"以及后来的"电气化时代""计算机时代""信息网络时代"之后，已经到来的是"健康保健时代"，而健康产业也将成为继 IT 产业之后的全球"财富第五波"[6]。党的十八届五中全会提出"健康中国"发展战略，明确了健康服务产业是国家重点支持发展的产业，是保障经济社会可持续发展的内驱力和新引擎。养老产业作为健康产业的内核，也将是乡村旅游转型升级与现代服务业创新发展的必然选择；民政部公布的《2015 年社会服务发展统计公报》，截至 2015 年年底，全国 60 岁及以上老年人口 22 200 万人，占总人口的 16.1%，其中 65 岁及以上人口 14 386 万人，占总人口的 10.5%。2020～2050 年为我国人口老龄化高发阶段，老年人将从 2.3 亿增加到 4.1 亿，老年人比重从 15.6% 上升到 25.8%。随着我国第一代独生子女的父母进入老年，中国家庭结构已转变为以"4:2:1"家庭为主，独子养老时代来临，家庭养老已不能满足现阶段的养老需求，养老方式转变成为必然[7]。现代老年人观念目前正从"养儿防老"向"养生防老"及"休闲养老"发生转变，越来越多的老年人开始与儿女从心理上"分离"，在精神上和行为上逐渐独立出来，退休后选择进行旅游活动的老年人数越来越多，旅游业与养老业逐渐结合形成的旅居养老已成为重要的养老形态[8;9]。

现代旅游业在向传统农业延伸的过程中，吸引了城市居民对乡村宁静的田园生活和美好乡村景观的向往，使得"乡村性"成为乡村旅游发展备受关注的因素。这也推动了生态文明为主题的乡村生态产业发展，促进了传统农业向后现代农业的转化，其重要的标志就是促进了绿色创意为主导的多功能农业发展。在推动多功能农业的绿色生产发展过程中，以生态创意的方式塑造了乡村地域的多功能景观，改变景观生态的斑块—廊道—基质等景观空间基本格局，促使乡村景观开发表现出强大的生命力和较大的发展潜力[10;11]。作为我国乡村经济在新时期实现转型的重要途径之一，乡村旅游成为以农业为基础，以旅游为目的，以服务为手段，以城市居民为主要目标，第一产业和第三产业相结合的新型产业[4]。这种基于传统农业的服务性产业，是一种多维度及多层面的旅游体验活动，它除了包括基于农业的休闲度假旅游外，还包括自然旅游、生态旅游；在乡村间步行、登山和骑马等活动，成为野外探险、打猎和钓鱼，文化与传统旅游等一些区域的乡村民俗旅游活动。乡村旅游创造了农业经济、生态环境与游客体验和谐共生的发展局面，推动了第一产业扩展至农产品加工（第二产业）和乡村旅游（第三产业），实现了由"物"的生产，上升到对"人"服务。其中，科技创新和文化创意的结合提升了后现代农业的发展内涵，拓展了乡村空间的生产内涵。以科技创新与文化创意相结合的发展思路，将农业发展融入了文化创意与现代科技的推动力，拓宽了乡村发展中的产业竞争力和价值空间。发展高科技文化创意农业，就是在以科技创新提升现代农业经济品质的同时，以文化创意来提升乡村后现代农业经济的品位，提升乡村绿色农产品的系列价值。尤其是创意的角度来延长现代农业产业链，建立综合性的全景式的绿色产业链，实现其综合价值最大化。

乡村旅游未来发展必定要走向旅居时代的趋势，也对乡村旅游发展提出了更高的要求。现代乡村旅游需求与传统乡村旅游需求存在很大的区别，一方面体现在"休闲性"与"观光性"的差别上。另一方面也使得乡村的"乡村性"备受关注，人们更向往的是在"乡村性"较强的乡村里实现休闲体验活动。

而传统的乡村旅游服务多局限在对旅游者的餐饮提供乡村景观及乡村风情等观光层面上，是一种典型的"初级形态"。在旅居时代里，乡村民宿既是农民生产生活的空间，也是旅游者休闲体验的空间。从传统的农耕时代到现代的农业现代化，人们的生产生活意识也发生了潜移默化的改变，很多变化都反映在民宿之中。因此，民宿作为乡村生活的空间载体，拥有"乡村性"等诸多特性，尤其是经过创意开发的民宿，将特色文化与建筑景观有效地整合在一起，能够提供丰富的休闲体验空间，满足旅游市场的强劲需求。

强劲的旅游市场需求推动了乡村景观生态格局必须进行相应的调整，促进更具有生态休闲体验的新型空间开发。在第二次世界大战之后，国外学术界开展了大量的乡村研究与乡村旅游规划工作，推动了乡村旅游景观的深入发展。进入21世纪以后，休闲时间的增加为现代体验旅游提供了时间上的保证。目前，美国人有1/3的时间用于休闲，有1/3的收入用于休闲，有1/3的土地用于休闲[12]。在中国台湾，专门从事休闲体验的DIY农场[13]，可以根据游客的体验需求进行体验产品设计，让游客自由选择体验休闲过程，提倡乐活农业发展理念，处处体现创意驱动的休闲产品。中国台湾每年四月会有一个客家桐花祭。桐花很特别，它开了以后就会大片大片也飘落，比日本的樱花飘得还要快。如果站在一棵桐花树底下，几分钟不动，身上就会全是桐花，地上也全是桐花。通过对桐花祭的整体性包装，推出桐花系列创意性商品，促进了生态美学向生活美学与美学经济的转化；中国双休日及法定假期的时间已经超过114天，这意味着近1/3的时间中国人也是在闲暇中度过，中国的城市已经进入了休闲时代[14]。中国的高速公路、高速铁路、乡村基础设施、人均汽车拥有量也在不断的改变，人们的出行方式发生了重大的改变，对乡村生态体验产品的需求不再局限于低层次的"农家乐"阶段，而是需要有更多体验层次丰富的体验性产品提供，如具有创意型的民宿、创意型的高科技农业园等。在强劲市场需求促动的这一大背景下，我国乡村旅游亟须调整产业结构、寻找新的经济增长点，推动产业多样化的发展[15,16]。这不仅表明我国已开始融入国际休闲文化的潮流，而且也表明了乡村景观开发面临着新的发展机遇：现代多功能农业的发展，不仅仅是功能上的协调，也是绿色发展理念的协调。多功能农业表现为农业同时具有经济功能、社会功能、生态功能，这种多功能性的显现是一个从潜功能向外显功能转变的漫长过程，是一个有助于农业从单功能转向有限功能、从有限功能转向多功能转化的可持续发展过程[17]。乡村旅游发展与多功能农业之间建立联系不仅有助于提高对农业功能的认识，而且也有助于推进乡村生态文明的建设，成为"美丽乡村"向"魅力乡村"转化的一个重要创新驱动力。

在乡村旅游发达的美欧日等国家和地区，地方政府通过制定乡村旅游规划、提供基础设施服务、旅游发展培训，通过发展多功能农业（multifunctional agriculture，MFA）的形式[18]，整合乡村发展中的产业要素与空间文化等各种要素，促进农业生态系统的多样化输出，尤其是通过乡村旅游发展，平衡乡村地区自然生态经济系统的输入与输出，促进乡村地区实现均衡发展。在欧洲，乡村旅游与农业旅游是相同的，乡村旅游对自然景观及社会环境的作用与多功能农业发展是密不可分的[19; 20]。在我国台湾地区，通过"富丽乡村"建设重视发挥农业的多功能性（经济、生态、社会和文化功能等），注重第一产业与第三产业的融合创新，转变农业的增长方式，注重以文化创意的方式发展乡村旅游。由于旅游活动是娱乐性与发展性密切结合的精神消费[21]，在发展乡村旅游过程中，也创造了农业发展的多样化，如就业、改善环境、改变传统农业的活动方式等，充分发挥了农业的多功能作用[22]。以经济视角为主的研究，关注乡村旅游对于乡村经济的拉动效应，更加侧重于对乡村扶贫的促进作用，提升乡村旅游经济的驱动作用，提升了乡村旅游在多功能农业发展中的地位；以生态系统为主的研究，关注其地美丽乡村建设的驱动作用，侧重于乡村旅游对生态环境的保护作用，提升其对乡村生态环境保护的地位；以体验经济为主的研究，关注于为游客提供有参与意义的并能融入乡村环境之中的各种体验式服务，侧重于乡村旅游与游客之间的互动作用，提升乡村旅游活动的层次。然而，在与多功能农业密切结合的历史背景下，乡村旅游发展也凸显一些问题：一是产业之间的结合度问题。乡村旅游发展脱胎于传统农业的发展，如何通过与现代多功能农业结合，实现乡村旅游产品与生态环境保护及建设有机结合在一起，进而促进乡村旅游产品转型升级的结构调整，创新开拓乡村旅游市场。二是产业之间的空间生产问题。如何转变乡村旅游发展的空间扩展链条，促进其与乡村生活、乡村生产以及乡村生态经济要素构成的空间整合，形成诸多要素共同发展的综合性链条，提升乡村空间发展的整体水平。三是如何与"互联网＋"及"物联网"等高科技实现有机融合，建立乡村智慧旅游发展平台，推动"第一产业＋第二产业＋第三产业"与社会文化生态空间的融合，促进以旅游目的地建设为创新平台的"美丽乡村"建设。

2. 乡村旅游促进了乡村多功能景观的规划建设。

国内外乡村旅游发展的实践表明：乡村旅游发展基本上都是以乡村空间为基本景观背景，依托产业环境、社会环境及文化环境等要素发展起来的[23; 24]，它促进了乡村生态景观的多功能性开发，为多功能农业服务的景观规划开发奠定基础。在国内，长白山国际度假区以滑雪体验为主要吸引力，秦岭国际度假区以养生为主要诉求，莫干山的洋家乐为代表的项目群，成为山地旅游发展的典范。与此同时，这些山地旅游发展项目也都与乡村旅游密不可分。乡村景观的多样性与生态环境质量直接关系到农业多功能性（multifunctionality）的发挥，这种多功能性主要体现在以多功能农业（multifunctional agriculture，MFA）发展作为驱动力产生的多功能景观（multifunctional landscape，ML）；多功能农业发展与美丽乡村建设及可持续发展是密不可分的，乡村旅游是多功能农业的重要组成部分，同时也是多功能农业的重要驱动力，对于建立一种生态和谐、环境优美的新农村具有积极意义[25]。这种基于乡村社区的生态旅游活动也直接关系到中国生态旅游可持续发展的前景[26]。

随着时代的发展，人们对旅游需求的动机也不断发生变化，无论是以景观为依托的纯粹观光式旅游产品，还是基于社区发展起来的乡村生态旅游，已经越来越不适应乡村旅游需求。虽然乡村处处能够体现人与环境的和谐特性，能够让人们享受那一份自然带来的和谐与安宁，但人们不再满足于乡村景观、民俗风情、餐饮服务的传统观光形式，而要将自己融入乡村生活的需求则越来越强烈，愈来愈多的旅游者选择能够愉悦心情、亲近乡村社会、乡村生态、乡村文化、乡村民俗等生态体验的旅游形式，追求乡村更加"原生态"的生活体验，这种需求对以景观为主的乡村旅游产品升级转型提出了更高的要求。乡村景观拥有城市无法替代的经济、社会、生态及文化等功能，在快速新型城镇化的进程中，其生态体验旅游产品的开发也具有乡村景观的多样性及多功能性。

乡村旅游依托的景观空间包括了陆地上从山地到平原、从森林到草原、从沙漠到水体等生态系统主体，在整个乡村生态文明建设中扮演着重要角色。由于乡村景观变迁是地域人口迁移、社会重组、经济转型和空间重构的反映，在城市化、工业化、现代化及商业化为主的"四化"过程中，导致了乡村传统地域文化景观空间发生较大的变化，呈现出不同作用过程下不同的空间特征和不同的形成机理[27]，进而形成了乡村景观的多功能性。就传统地理意义而言，景观上是一种"容器"，一种将各种乡村地域内体验要素有机"盛放"在一起的容器，是一种可以欣赏的"风景"，一种能够展开故事情节并能提供体验行为的基本"背景"[28]。乡村旅游按照这种多功能景观开展旅游活动，通过与景观要素之间的相互作用，丰富了乡村具有生态意义的各种创意景观，增强了与盛放体验行为的"背景"之间的联系，增强了"生态故事"情节。这种能将各种自然要素与人文要素相互作用串联起来的具有生态、生产、游憩和美学等体验功能的乡村创意旅游，具有"生态内涵"的旅游互动功能，是一种生态体验旅游行为。

乡村景观作为乡村旅游发展的基础，在旅游发展的大背景下，乡村景观格局的反向变迁威胁着乡村景观的"乡村性"（rurality），不利于乡村旅游的可持续发展[29]。因此，在美丽乡村建设和乡村旅游大开发背景下，需要重构和深度认知乡村景观的价值与功能，重视发挥"乡村性"元素的综合性体验感知作用，调控乡村旅游发展目标、人类行为及乡村景观空间格局，控制和治理乡村景观的反向变迁，促进创新型乡村景观开发，为合理地开发利用乡村景观资源提供科学的理论基础[30]。多功能景观（ML）是乡村多功能农业（MFA）发展的载体，也是多功能农业发展的结果。目前，国内外以多功能农业为基础的乡村旅游研究文献较少，这表明：多功能农业发展与乡村旅游发展的关系有待于进一步提炼，如何通过调整以多功能农业发展为主的土地利用关系，以特色文化创意的方式推动乡村旅游与乡村建设同步进行，促进多功能农业与乡村旅游的共同发展，成为乡村旅游研究面临的新课题。

3. 乡村生态体验旅游推动了产业的升级转型。

进入 20 世纪 90 年代后期，体验经济的发展促进了以生态体验为主题的体验旅游的发展。这种能在旅游过程中实现互动参与，提高乡村生态环境保护水平，并给体验者带来美好回忆的旅游方式已成为旅游研究的热点课题。生态体验为主题意味着对乡村生活、乡村生态及乡村生产等形态的融入，推动乡村旅游的转型发展，实现发展乡村、传承乡土、体验乡愁的乡村旅游发展使命，让乡村跟城市一样共享发展红利，提高生活品质，迈入全面小康。

随着大众化旅游时代的到来，旅游空间供给链已经超出了传统意义上的六要素组合，需要构建以旅游者生态体验为核心的多功能景观混合体验空间（blended spaces）[31]。目前，乡村旅游景观空间开发存在着两方面的短板：一方面是旅游景观空间开发的同质化现象严重[32]，直接造成产业功能单一，过分重视其经济功能，难以满足高端化个性化与多样化的市场需求。配套设施不健全、特色体验缺乏，产业链条不完整，导致了核心价值的消失与乡土特色的丧失[33]。另一方面是乡村性与多样性不足造成的旅游景观空间结构性短缺问题严重，降低了乡村旅游发展体系有序构建与质量提升。如特色民宿不足，尤其是达标的乡村旅游厕所普遍存在数量不足、质量不高、布局不合理、管理不到位等高品位景观体验空间缺乏的突出问题。如何构建可以实现体验分享的多功能景观空间，实现乡村旅游开发的全域化、特色化、精品化特色，如何以生态创意的体验方式实现旅游空间供给链上要素的重新组合，是乡村旅游转型升级面临的核心问题。因此，将"美丽乡村"与"魅力乡村"建设结合，借鉴台湾地区"富丽乡村"建设的理念，推动多功能景观空间生产成为第一产业与第二产业、第三产业融合创新的驱动力。

作为旅游发展的一种基本类型，乡村生态体验旅游是以乡村景观多功能性为基础的旅游发展方式，其旅游产品的功能及价值随着产业发展逐渐受到人们的重视。从生态体验旅游的字面可以看出：生态旅游 + 体验旅游。乡村生态旅游是旅游可持续发展的重要形式，强调的是生态环境中各种资源要素的永续利用与发展；体验旅游是旅游发展的一种动态方式，强调客观存在的旅游要素与人主客能动性的互动，强调的一种融入与和谐互动。这种形式的乡村旅游具有把可持续性（sustainablity）与多功能性（multifunctionality）紧密结合在一起的特点，强调的是可持续的生态环境为多样性的产业提供多样性的支撑。在台湾埔里镇桃米村，其拥有丰富的蛙类与蝴蝶类等生态资源已经成为生态创意的重要资源，成为促进当地乡村生态体验旅游发展的亮点，这也更加促进了当地社区对生态环境的保护意识，实现了保护与开发的良性循环。尤其是随着城乡一体化进程及生态文明（ecological civilization）建设的推进，乡村景观的生态功能、经济潜力与文化价值越来越受到普遍的关注，生态体验旅游能够协调主客观的利益，促进生态文明的建设。通过乡村景观的深层次开发可增进游客与生态环境背景的互动体验活动，提升并实现一种更高层次、更丰富的体验感知；也可促进乡村旅游产业与乡村生态环境、乡村社会环境、乡村文化环境、乡村农业产业环境等的密切互动，建立乡村环境各种资源的密切互信互动[34]；还可促进乡村社区、游客等利益相关者与乡村环境之间的和谐发展，提升乡村旅游的综合发展水平。

随着经济学、管理学、市场学、地理学、文化学、规划学、资源学、生态学等学科对旅游研究的深入，心理学、行为学、社会学、人类学、统计学等学科的研究方法也为乡村旅游研究也注入了新的活力[35]。近年来，体验旅游的蓬勃兴起为乡村旅游的转型升级注入了发展活力。2005 年，Smith 博士提出了体验旅游（experiential tourism）[36]的概念，他认为，体验旅游是全球旅游发展的趋势，而且体验旅游与大众消费和体验经济的发展相联系。体验旅游就是以旅游企业为舞台和道具，以游客参与互动为主要特征，以使游客得到各种感官刺激和精神震撼为主要目标的人性化、个性化的消费旅游。以生态体验为核心的生态体验旅游（ecological experience tourism，EET）本质上是乡村旅游（rural tourism）、生态旅游（ecological tourism）与体验旅游（experience tourism）的交集，通过提供丰富的体验性产品，推动乡村生态环境与社会、产业、文化的融合创新（integrated innovation），是新形势下促进乡村生态文明建设的重要路径。乡村生态体验旅游要以提供服务质量个性化的产品作为满足体验需求的基本前提，建立以游客体验为核心的服务理念。服务质量关系到体验的质量，尤其是关系到以生态为核心理念的体验层次。乡村地区提供的体验服务包括为社区和游客提供关于乡村生态的"场景"和"剧情"，将乡村旅游传统的六大要素包括在乡村的生态场景与生态剧情之中，同时也扩大旅游的空间范围，将旅游要素不断扩展。因此，有学者提出："旅游体验"应当成为旅游学理论建构的逻辑起点[37]。

作为旅游研究核心之一的"旅游体验"，是在特定的空间和时间状态下景观与人类社会的相互作用中，联结乡村旅游各种利益相关者（stakeholders）的纽带。从景观生态学角度，只能解释多功能景观格局对旅游活动的支撑作用；从经济学角度只能解释旅游体验活动的供求关系；从社会学的理论也只能解释旅游者的社会角色行为与各种网络关系等；而体验经济则能把景观生态学理论、社会学理论、旅游经济学等理论结合起来，从旅游者的个体行为出发，研究旅游者与旅游地之间的互动关系，将传统的景观"容器型"作用拓展为"关系型"网络，将"有形的"空间体验拓展到"无形的"网络体验，扩展了乡村"空间生产"的范围，也丰富了旅游产品的内涵及系列。通过体验经济的视角，把"体验"看作是旅游发展的基本内核[38]，以融合创新的乡村旅游产品开发思路，把乡村生态体验旅游与乡村社会、乡村生活、乡村生产及生态环境等要素结合起来，挖掘乡村生态体验旅游景观的文化内涵，开发出具有地域特色的乡村生态体验旅游产品。因此，乡村生态体验旅游不仅是乡村生态旅游深层次开发的重要方向，而且也是乡村多功能农业发展的重要纽带。

2012年，中国城镇人口首次超过乡村人口，城镇化率达到了51.3%，这标志着当代中国已经从乡村社会转型为城市社会。与此同时，乡村发展面临着文明、文化、经济、社会与环境五个方面的危机，预示乡村文明面临转型[39]。在这种转型的背后是国人要承受中华文明载体消失的种种阵痛与担忧，人们对乡村的渴望与怀旧情怀变得越发强烈，对乡村生态体验的需求促使生态体验旅游变得越发强烈。为了解决乡村发展与城市旅游发展不平衡的问题，推动乡村旅游发展水平上档次，国内一些省、市、区制定了观光休闲农业旅游规范标准，评选出国家级、省、市、区级休闲农业和乡村旅游示范点或示范村。这种做法推动了乡村旅游在更大范围内的开展，提高了国内乡村旅游发展的水平。然而，从乡村旅游的发展过程与研究现状来看，打着生态旅游尤其是打着乡村旅游或体验旅游的旗号开发"旅游地产"项目，对乡村景观进行了某种程度的"重塑"，造成乡村旅游的"趋同"现象较为普遍，往往名实严重不符。在乡村多功能景观开发设计过程中，割裂了景观存在的多样性自然联系，将原生态的景观人为地进行所谓的人工改造或人工建筑，在提升景观经济价值的同时，降低了景观已有的社会价值、生态价值及美学价值。当个性化的乡村体验活动让位于一种虚假的参与时，乡村旅游实质上陷入了一种以人造景观开发为主导的所谓旅游开发怪圈之中，对旅游体验的本体也就难以形成真正的共识。由于对景观体验的理解不一致，使得针对体验旅游的景观开发停留在较低层次上，尤其是一些所谓的创意型景观开发，导致了新开发景观的多功能整合性较差，降低了原生态景观的生态、生产、社会及休闲功能。虽然有众多学者对游客体验的理解不同，也能给出一些体验的测度方法和管理工具[40]，但仍难以客观地评价体验类型及体验层次的地域差异。这不仅影响游客对空间旅游的选择行为，也使得乡村旅游营销陷入一种盲目的发展状态。因此，围绕乡村生态体验旅游核心进行乡村地域的景观开发就显得极为迫切。

以乡村旅游为主体的中国休闲农业发展已经呈现出经营园区化、布局集群化和主体多元化的发展态势[41]。以体验产品提供为主的空间开发，使得这种发展态势在区域、业态等方面存在着明显的不平衡，区域间的竞争力也在不断加大，促使乡村旅游在发展范式、建设标准、服务质量、规范管理等方面不断创新，推进乡村旅游价值的不断提升[41; 42]。因此，迫切需要一种满足旅游体验及乡村发展需求的新型产业形态，推动乡村旅游发展的转型升级。乡村生态体验旅游作为这种新型发展业态，就是以生态体验经济为核心内涵，以多功能农业网络（multifunctional agriculture network）为空间载体的新型乡村旅游[43; 44]。新型乡村旅游发展只有与乡村生态文明建设保持协调一致，才能促进多功能农业的可持续发展[45]。

与传统的乡村旅游有所不同的是：乡村生态体验旅游的活动需要在符合景观生态条件的"场景"中开展，是一种与多功能景观互动的空间行为过程。这种场景及剧情不仅要具有真实性、原生性等特征，而且也要与乡村自然生态环境、乡村人文社会环境、产业发展体系密切结合起来。随着大众化旅游时代的到来，旅游空间供给链已经超出了传统意义上的六要素组合，需要构建以旅游者生态体验为核心的多功能景观混合体验空间（blended spaces）[31]。目前，乡村旅游景观空间开发存在着两方面的短板：一方面是旅游景观空间开发的同质化现象严重[32]，直接造成产业功能单一，过分重视其经济功能，难以满足高端化、个性化与多样化的市场需求。配套设施不健全、特色体验缺乏，产业链条不完整，导致了核心价值的消失与乡土特色的丧失[33]。另一方面是产业结构存在着"小、散、低"的问题，互补性差，区域特色不突出等问题，尤其是乡村性与多样性不足造成的旅游景观空间结构性短缺问题严重，降低了乡村旅游发展体系有序构建与质量提升；由于土地经营分散、行业协会等组织的现代化程度偏低，如特色民宿建设不足，尤其是达标的乡村旅游厕所普遍存在数量不足、质量不高、布局不合理、管理不到位等高品位景观体验空间缺乏的突出问题。如何构建可以实现体验分享的多功能景观空间，实现乡村旅游开发的全域化、特色化、精品化特色，实现旅游空间供给链上要素的重新组合，是乡村旅游转型升级面临的核心问题。采用空间网络化的乡村发展范式（paradigm），不仅有助于提升乡村多功能景观空间的开发层次，而且也有助于探索出一条依托于多功能景观的乡村旅游生态创新发展路径[46]。在生态体验空间构建过程中充分依托多功能农业网络的构建，以行动者—网络（ANT）理论为基础，将乡村旅游、生态旅游及体验旅游构成的乡村生态体验旅游（rural experience tourism）纳入多功能农业网络构建之中（见图1.1）。

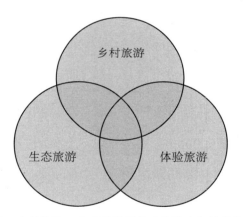

图1.1 乡村旅游、生态旅游及体验旅游之间的结构关系

1.1.2 研究意义

1. 将生态体验旅游开发与多功能农业发展紧密结合起来。

2015年3月"大众创业，万众创新"和"创客"被写入国务院政府工作报告，"创客"进入大众视野，并受到广泛关注。乡村旅游迎来了"旅游创客"和"旅游创业"的"双创"时代，美丽乡村建设进入一个全新的发展阶段。因此，推动乡村旅游升级和创新成为当前乡村旅游研究的重大问题，探索乡村生态体验旅游景观与多功能农业行动者—网络构建的关系，奠定乡村旅游可持续发展基础。多功能农业作为可持续农业的核心，也是多功能景观空间构建的核心，其发展整合（integrated）了乡村景观的多样性与多功能性，为乡村发展提供了稳定的生态功能及生态价值。多功能农业与可持续农业不同的是：可持续农业以资源开发及分配与子孙后代之间的公平性为主线，强调以资源为中心；多功能农业以乡村开发的多元性为主线，强调以行动为中心。乡村生态体验旅游开发将两者有机地结合在一起，把产业的融合发展与可持续性结合在一起，形成以多功能农业网络构建为基础和以可持续发展为目标建立起来的生态体验空间。因此，在研究过程中，将多功能农业与乡村地域景观的多功能性紧密联系起来，将农业的生态、经济、社会和文化四大功能的系统知识（systems knowledge）变成一种转化知识（transformation knowledge），将自然与人文的知识实现有机融合（Integrated），促进多功能农业与乡村多功能景观的和谐发展。

本书借鉴景观生态学及物理生态学中的生态场理论[47;48]，将生态体验场（ecological experience field，E2F）看作是生态体验旅游（ecological experience tourism，E2T）空间载体的基本单元，一种多功能农业行动者—网络（由众多生态体验旅游的基本单元构成了乡村生态体验景观行动者—网络[44;49]）。从生态体验场（E2F）到生态体验景观（eco-experiencescape），都是以多功能农业行动者—网络为基础形成的新型景观网络，这种由诸多要素构成的综合性空间网络，是依据多功能农业发展的空间生产，也是一种重要的产业要素和空间要素整合力量。借鉴社会心理学的表征理论（social representations theory）[50]，将乡村生态体验旅游纳入乡村多功能农业（MFA）网络之中并达成社会共识，构建乡村生态体验景观行动者—网络[51]，不仅是乡村旅游可持续发展的必然要求，而且也是乡村生态文明建设的必然要求。

将社会学的行动者—网络理论（ANT）引入乡村生态体验景观研究中，扩宽了乡村旅游研究的范式（paradigm）。按照景观生态学理论指导下的乡村景观开发，运用系统论的方法，对以人类为主导的异质性景观开发进行跨学科的综合分析，与以人类为中心的社会学方法不同，也不同于以生物为中心的传统生态学方法。景观生态学研究过程注重景观过程的空间维度和动态视角，把景观的生态过程或功能流看作是景观可持续发展的基础[3]。若按照行动者—网络理论的观点（ANT），乡村景观中的自然、经济、社会、技术等诸多要素，都是平等看待的行动者（actors），这些行动者不仅构成了传统景观网络中（network）的节点（nodes），而且也通过景观网络中的相互作用（interaction）形成一种相互连接的空间互动状态[44;52~54]，达到一种乡村产业与社会要素及生态环境所构成的景观生态系统的"共生"状态[55]；景观网络中的每一个行动者都是有行动或行为的，都具有某种程度空间与产业的整合力量，也就是说每一个行动者（或每一种）

必须发挥作用才能体现其在这种综合性网络中存在的价值；它们在网络中的空间地位与作用一般是以相互作用的强度来确定的，而不是以其在空间中的绝对位置或相对位置来确定，也就是说传统地理学中过于强调空间绝对位置与相对位置的做法并不适合阐明每类（个）行动者在网络中的地位，他们在网络中的地位取决于彼此之间相互作用的关系强度；这种由行动者相互作用构成的网络是一种全新型的景观空间，一种关系型空间，是基于传统景观概念基础上建立起来的，不仅为乡村综合发展奠定新的空间基础，而且也将成为多功能农业发展的重要整合力量，将乡村发展有关的各种要素整合在一起，驱动乡村朝着美丽乡村建设的目标挺近。

2. 将生态体验旅游产品开发与景观生态建设结合起来。

探索乡村生态体验旅游产品构成体系，推进多功能景观的生态建设。以乡村生态体验旅游为切入点，以景观生态建设为主线，以多功能农业网络构建为载体，通过对生态体验旅游发展内涵及目标的系统分析，推进美丽乡村建设。以往的乡村旅游研究主要强调供给关系的需求方面[56]，很少考虑体验感知与乡村景观生态环境之间的结构关系。生态体验旅游发展目标不仅与生态旅游的目标基本一致，而且也充分考虑到游客的需求，尤其是游客的体验感知，具有将景观的生态供给与生态需求结合起来的基本特征。

生态体验旅游与乡村景观生态建设的目标是一致的，对于美丽乡村的生态文明建设具有重要的推动作用，这也将成为乡村生态体验旅游的开发动力。尽管对学术界乡村旅游及其所代表的生态旅游认识与理解存在很大的差异，但对其景观生态建设的目标理解基本上是一致的：这两者都具有保护与发展的二维目标体系[57]，即在实现自然资源环境和社会文化保护双重目标实现的过程中，将旅游企业、当地社区、目的地国家、旅游体验等发展目标纳入乡村景观生态建设之中，推动美丽乡村建设。随着乡村生态旅游的发展实践，乡村生态旅游具有"12345"的属性[58~60]：一是在城市以外乡村地域进行的旅游活动；二是双向责任（对旅游环境和旅游者都负责的旅游）；三大标准（旅游对象是原生、人地和谐的生态系统，旅游的对象应该受到保护，社区的参与性）；四大功能（旅游功能、保护功能、扶贫功能、环境教育功能）；五大特点（普及性、保护性、多样性、专业性和精品性）。这些产业属性与功能性，为新型的乡村生态体验旅游发展注入了新型的生态体验内涵，并指明了景观生态建设的创新发展路径。

3. 创新乡村生态体验旅游的发展范式。

通过构建以多功能农业行动者—网络为依托的生态体验场与生态体验景

观，创新乡村体验旅游的发展范式，将传统的容器型景观空间扩展到关系型网络空间。在这种空间中，各种有形与无形的要素行动者都能充分发挥其生态体验场的作用，成为旅游体验活动重要的空间场景。在体验服务的辅助下实现完成体验活动的"空间故事"；无论是空间尺度还是空间类型，生态体验场（ec-ological experience field，E2F）与生态体验景观（eco-experiencescape）都是建立在传统生态景观基础之上的感知场与景观网络，是与当地特色的旅游资源、乡村社会、乡村产业等存在密切关系的空间载体。通过与当地社区、游客及各种利益相关者有机地联系起来，构建地域特色的新型生态体验景观，提升以沟域为地理单元的沟域经济发展水平[61]。这种把景观的空间经济与网络化的经济结合起来，促进传统农业向后现代农业转化，推动乡村旅游发展的融合创新，进一步拓宽乡村旅游发展的空间载体与发展思路。

从依托于景观生态开发的乡村旅游空间分布来看[62]，主要有景区边缘型、都市郊区型和老少边穷地区型；从乡村旅游项目和活动类型来看，主要有观光型、传统类型、参与型、采摘旅游、购物旅游和务农旅游、度假型；从游客停留在乡村的时间来看，停留时间绝大多数是以一日游城郊型为主。团体游客为主，散客和国际游客少。一般来讲，乡村旅游地距大中城市 50～100 千米，公路交通时间在 1～2 小时范围内属于较优区位；乡村旅游地距大中城市 100～300 千米，公路交通时间在 2～5 小时范围内属于一般区位；乡村旅游地距大中城市 300～500 千米，公路交通时间在 5 小时以上属于较差区位[63]。由于乡村旅游绝大部分以观光一日游的形式为主，加之乡村旅游开发策划者对旅游发展空间的认识有限，其产业发展的载体形式较为单一，旅游产品的类型较为雷同，绝大多数乡村旅游地的重复游览性较差，旅游者的参与性和体验性都不如欧美国家的乡村旅游产品[64]。无论哪一种形式的乡村旅游发展类型，都与乡村的多功能景观（multifunctional landscape）开发密不可分。从传统的景观"容器"型开发到景观的"网络"性构建，乡村多功能景观（ML）开发理念产生新型的景观网络。生态体验景观与生态体验场的构建就是与乡村景观要素各种行动者密不可分的多功能景观网络，景观中的网络要素行动者通过相互作用形成了一种新型的景观空间，这种景观行动者—网络，为生态体验旅游活动奠定了新的空间基础。

"乡村性"较强的景观空间拥有的文化基因能够传承特色地域文化，而且也有助于多功能农业成为多功能景观空间的重要塑造力量。乡村生态体验旅游的发展除了提升农业经济功能和生态功能外，还有地域文化传承功能，通过运用景观空间的特色文化元素提升乡村后现代农业发展的附加值。以生态体验服务的形式，将传统农耕文化的思维方式、价值取向、生活和社会行为模式融入乡村生态体验旅游开发之中，而且也将成为乡村生态体验旅游产品的文化内核。

4. 探索以多功能农业为基础的生态体验旅游发展战略。

乡村旅游可持续发展的本质就是本地化（localizatioin）[65]，本地化就是要以多功能景观为基质，融入本地特色文化（包括文化创意），以景观生态的丰富内涵为主线发展生态体验旅游，通过乡村风土人情、民俗文化为旅游体验的吸引核（或者说是体验场景），充分突出乡村传统景观中的农耕文化、乡土文化和民俗文化特色，开发农耕展示、传统技艺、时令民俗、节庆活动、民间歌舞等旅游活动（剧情），增加乡村生态体验旅游的文化内涵，与乡村多功能景观生态建设目标相一致。因此，实施具有本地特色的发展战略，挖掘乡村景观的地域文化特色，创新开发具有区域特色的生态体验"场景"与"剧情"是当务之需。

在乡村景观基础上，国内外乡村旅游基本形成了丰富的体验发展类型[4; 65; 66]：①乡村自然风光观光体验旅游——主要有乡村漫步、爬山、滑雪、骑马、划船、漂流等；②乡村品尝型体验旅游——休闲农庄、观光果园、茶园、花园、休闲渔场和教育农园提供的一系列体验活动；③乡村参与民俗体验旅游——日常生活方式及其文化；④乡村综合型农业体验旅游；⑤乡村文化意境体验旅游；⑥水乡渔村民俗体验旅游；⑦乡村农业遗产体验旅游等类型。这些乡村旅游发展模式绝大多数是依托于传统的乡村旅游资源，将丰富的旅游资源转化为可供体验的"剧情"与"场景"，实现互动的体验行为，充分发挥乡村景观空间的多功能性，构建乡村生态体验旅游发展的基础。

5. 生态体验旅游将发展成为乡村生态体验经济的主要驱动力量。

生态体验旅游不仅增强了旅游活动与乡村景观社会环境及生态环境的结合度，而且也成为塑造区域多功能景观生态格局的重要力量。世界乡村旅游发展的历程也进一步表明：没有景观生态良好的社会环境、生态环境及其他产业支撑，单纯的乡村旅游发展之路会变得非常艰难。必须是相关产业与景观生态要素的有机结合，才能在乡村景观生态格局的塑造过程中促进乡村旅游的可持续发展。新型的乡村景观生态格局是景观生态系统各种要素相互作用并达到平衡的结果，是乡村各自然要素之间以及与人类之间作用、制约所构成的统一整体。这种景观生态系统包括了自然要素、社会经济要素相互作用、联系以及植物、大气、水体、岩石、动物和人类之间的物质迁移和能量转换，以及景观的优化利用和保护[67]。因此，乡村生态体验旅游的研究无论是从乡村旅游业发展类型及景观的空间格局，还是从发展目标及拓宽乡村产业等方面，都是围绕景观的生态体验为核心开展的乡村旅游，是乡村旅游发展的一种创新发展形式。生态体验旅游的直接利益是指生态体验旅游者的体验过程带给当地多功能农业的收益和给当地创造的就业机会，间接效益则包括间接引发的收入和劳动力、当地自然和文化遗产的保护、当地社区与政府和企业的利益分配平衡和促进乡村旅游及社会稳定。

乡村旅游具有"游农合一"的基本特征[5;68]。其"基础性、观赏性、娱乐性、文化性和经济性"建立在乡村景观的生态美学特征基础上；其"可持续性、融自然景观和文化传统于一体、地域多样性、动态性、可塑性、高效益、低风险、参与性"等特性建立在景观多功能性基础上，这些景观多功能性都在乡村生态体验旅游的发展过程中得以体现。新型的乡村旅游具有"生产型""生活型"和"生态型"的综合特性，这些特性要求乡村保护其"乡村性"，保护和发展村落的传统文化，增强社区的家园归属感，重视当地社区人的需要，通过经营者与游客之间的互动交流，将村落的景观环境保护与人类的生态体验需求紧密整合在一起。目前，"游农分离、可参与性弱化、地域文化性不强"等倾向都是景观开发过程中违背景观生态学的基本规律，进而成为乡村旅游可持续发展的瓶颈。强化以乡村景观为依托、乡村田园风情、农业生产活动、民俗文化、农家生活体验为吸引、休闲观光游览度假活动等多元的乡村生态体验旅游，将推动乡村文化、社会、环境及经济等资源的有机整合，促进以生态体验旅游为主要内核的乡村综合旅游（integrated rural tourism，IRT)[69]质量提升。

1.2 国内外研究进展

1.2.1 国外研究进展

1. 欧美国家乡村旅游发展与乡村旅游研究呈现多样化的发展态势。

（1）依托于自然景观发展的乡村旅游。德国明确提出了"旅游业——未来经济增长的引擎"口号，将旅游业作为重要的乡村产业来发展，不断提高乡村旅游业的区域竞争力。2010年，游客在德国的过夜天数已经超过3.8亿人次，连续三年居欧洲首位；奥地利几乎没有景点，乡村的农家旅游让人充满激情，在阿尔卑斯高山牧场上体验那种心在天上，脚踏实地的感觉；体验高山积雪融化时，牧人带着牲畜（绵羊、山羊、奶牛，以前甚至还有猪）从河谷地带暂时转移到高山地区的场景[70]；法国有 157 个城镇拥有"最美乡村"，乡村旅游成为"最美乡村"的重要驱动力并给游客带来浪漫与舒适[71]，全国有 16 万个农庄推出了乡村旅游活动，并有 33% 的居民选择到乡村度假；在意大利，全国 20 个行政大区已全部开展乡村旅游，有 7 500 个可供住宿的农庄。而且意大利要求在农业基础上开发其旅游功能，规定旅游收入不得超过农业总收入的 1/3，否则将提高税收比率[65]；在美国西部地区，以美国西部国家公园和自然保护区为依托，遵循联邦政府关于限制对国家森林和国有土地资源过度开发的政策，限制对自然生态环境具有破坏性的以农业、林业和矿业为主体的采掘业发展。开展以"牛仔文化"为主题的乡村旅游，促进了传统乡村的转型，不仅弥补了农业劳动力的短缺，而且还帮助农场主就近推销了农副产品[72]。但这些发展尚未对自然环境的破坏与维护给予高度的认识，随着可持续发展理念的深入，与乡村旅游有关的生态旅游也随之产生，并将旅游资源的消耗与子孙后代的需求紧密结合在一起，同时也对乡村旅游发展与乡村景观生态环境的整合提出了更高的要求。

（2）依托于乡村多功能景观的开发建设。乡村多功能景观（multifunctional landscape，ML）空间开发是乡村旅游发展的基本前提，其空间开发是乡村社会、乡村景观、乡村遗产、乡村旅游的永恒主题，尤其是对乡村景观意象和乡村文化意象的关注已经成为乡村旅游发展永远绕不开的主题[33;73;74]。由多功能农业提供的生态系统服务成为乡村多功能景观建设的重要驱动力，尤其是产业功能强大的多功能农业驱动力更强[75]。按照多功能农业基本结构进行设计已经成为多功能景观开发的重要原则之一[76]。多功能农业的发展不仅为乡村旅游的融合创新开辟了新型空间（后面章节详细阐述生态体验景观），也为全域旅游奠定了发展的逻辑基础。在大众化旅游时代，旅游的个性化需求愈加突出，人们对旅游产品的需求也正在从观光旅游向休闲度假产品及专项旅游产品转化，对产业的需求正在从初级向中高级方向转化[77]，这也就产生了旅游产品结构性失调、有效供给不足的矛盾[78]。全域旅游不仅要重视乡村地区的物化资源所有权，还要重视民俗风情等非物化的遗产资源所有权及其所有权益的实现，需要开放更多的旅游空间、经营空间，开放更自由的经营权限、工商管制以及更加活跃的社区自律行为。在全域旅游时代，游客不可能都局限在传统的行政管辖范围内（包括固定的旅游线路）活动，需要基于游客的流动规律和时代需求，融合与改善更多的行政管理资源。这种矛盾较为突出地表现在城市基础设施建设与旅游发展的矛盾不断（无休止地修路与旅游出行的矛盾，部门之间缺少协调与沟通）。从利益上看，由于旅游者流动范围的扩散和"无序"，使得旅游业的发展会涉及更多的利益相关方，利益相关主体的多元化、复杂化必然体现在对旅游业发展的利益诉求的变化（河口村、绿江村、虎山长城、青山沟等地都有这种较为突出的矛盾），保障包括旅游地居民在内各种利益主体的利益共享与增长。

日本实施"一村一品"的发展策略，开发乡村体验旅游产品，为游客提供观光、品尝、体验、健身、教育、购物等多种服务[24]；欧美发达国家的乡村旅游已发展成为一种高档次的旅游度假活动，如法国通过开发农场客栈、农产品市场、点心农场、骑马农场、教学农场、探索农场、狩猎农场、暂住农场、露营农场、家庭农场、教育农场、自然保护区、家庭农园等多元化的体验性产品系列[79]；在这些农场里提供农产品采摘、园艺培训、垂钓比赛、露营野炊、烹饪培训、美食品尝、动植物观赏等项目；游客通过参观农场葡萄园及酿酒作坊，亲自参与酿造葡萄酒的传统工艺过程，了解葡萄酿酒酿造工艺、葡萄酒酿造的历史及其文化等；参观法国的古城堡，学习法国的历史文化、宗教文化、建筑文化、艺术文化等方面的知识[80]。

欧美国家依据本国的自然景观与经济优势发展乡村旅游已经形成了自己的特色[79]，如法国以发展葡萄酒庄园、薰衣草庄园等特色农场为主，荷兰以养殖、花卉为主，德国啤酒庄园以服务质量取胜，英国则以乡村传统的庄园景观为主。政府通过健全法规体系保障了这些特色优势逐渐形成了各国独特的旅游吸引物，吸引了更多的乡村旅游者[81]。随着多功能景观设计开发的日益成熟，欧美乡村旅游研究已经从多功能景观开发研究转向乡村旅游品牌营造、社区参与、乡村可持续发展等方面，学科间相互融合、研究方法及手段都充分显示了乡村旅游研究成果处于世界领先水平[82~84]。从行为学的特征来讲，早期的乡村旅游研究大多停留在汇总层面上的人类行为特征，强调个体行为对于乡村景观环境的选择和偏好；按照结构化理论（structuration theory）[85]，没有人与人之间的社会交往、社会互动，就不可能形成社会关系和社会结构[86]。乡村旅游行为在一定时空条件下会产生新的规则与社会结构，尤其是对当地景观开发产生了积极的经济和文化影响[87]，成为乡村景观塑造的一种重要力量。乡村旅游行为的研究正在从强调景观外部环境的作用，转为强调关注景观中的经济、社会、文化、政治、法律、道德及其他要素的综合作用，采用人类活动分析法（human activity approach）对人类的行为空间（action space）进行研究，开拓深入研究人类空间行为的发展范式。这些发展范式对乡村旅游开发与多功能景观塑造提出了更高的要求，使得乡村旅游在发展中不断超越自我，但在发展中如何有效地整合乡村旅游与可持续发展的自然环境与社会环境，塑造一种新型的多功能景观，使其成为乡村旅游发展的新型驱动力仍然需要一种全新的景观塑造模式满族这种发展的需求。

2. 以社区参与为主导的乡村旅游促进了生态旅游的发展。

（1）促进了乡村景观保护。积极主动的社区参与已被作为乡村旅游可持续发展的一个重要内容和评判依据，这是由于旅游发展改变了乡村地区经济社会发展的结构，而且也有可能逐渐改变当地的文化形态。因此，当地社区作为直接利益相关者正在成为决定旅游产业化速度与质量的重要力量[88; 89]。社区参与为主导的乡村旅游不仅强化了乡村生态旅游发展的参与机制，而且也促进了社区对当地景观的积极保护与可持续开发。基于社区的生态旅游（community-based eco-tourism，CBET）建立了以乡村社区利益为主的生态旅游发展机制，促进了当地的就业与发展的融合。作为国内外生态旅游研究的一个新趋势[26; 90]，将社区利益纳入乡村旅游发展不仅有助于景观多样性及景观生态恢复，而且也有助于旅游者与当地人进行有效的交流[91]。基于社区的生态旅游发展基础不仅仅包括景观中的自然资本（natural capital），而且也包括了社会资本（social capital），发展过程充分考虑了各种利益相关者的利益[92]，促进了地域文化的传播。而且，不同利益相关者态度、景观管理、妇女问题等也都成为研究的主要对象，扩宽了社区参与的深度与广度。然而，基于社区参与的旅游并不能完全改变乡村旅游发展处于停滞不前的态势。作为一种产业，它同样需要延长产业链条，需要升级转型，需要满足越来越强烈的市场需求，以支撑乡村地区生态社会体系的可持续发展。随着乡村旅游发展，对社区参与程度、就业与融资形式等内容也提出了更高的要求，尤其是采用何种方式参与多功能景观开发已经成为乡村旅游资源保护性开发面临的新问题。因此，基于乡村社区的生态旅游（CBET）必须走出景观开发水平较低、游客体验层次较浅的尴尬境地，将社区参与的生态旅游与多功能农业发展整合（integration）在一起，解决乡村景观生态环境与社会环境面临同步消耗受损的诸多问题，才能推动乡村生态旅游的可持续发展。

（2）促进了土地利用转型。目前，乡村旅游已从最初的以自然景观为基础、游客被动获得生态环境教育知识以及获得与经济与社会有关的知识等[93; 94]，发展到与土地利用转型、开展环境保护、教育、社区利益等有关的能够获得生态体验的阶段，这是一个乡村旅游不断转型升级的过程[95~97]。这个过程的本质是从传统农业生产向后现代农业转化的渐进过程，期间要经历到农产品短缺、农产品过剩、劳动力过剩、农村人口外出打工、农村劳动力短缺等一系列的问题。乡村旅游开发的空间分布形态最初按照游憩机会谱理论进行，具有较强的空间分异规律，再到后来个性化的创意农业发展。通过创意把地域特色文化、农业技术、农副产品和农耕活动以及市场需求紧密结合在一起，尤其是与休闲养生体验需求紧密结合在一起，将生产与生活及生态空间配置建设在空间机会发展最有利的场所之中。在游憩机会谱（ROS）与旅游机会谱（TOS）基础上，结合生态旅游概念提出来的生态旅游机会谱[98]（ecotourism opportunity spectrum，EOS）理论具有一定的借鉴意义。生态旅游机会谱将生态旅游环境划分为五种类型：原始型（P）、非机动化半原始型（SPNM）、机动化半原始型（SPM）、有道路的自然面貌型（RNA）、城郊乡村型（R）。生态旅游机会谱是解决资源保护与游客体验之间关系的一种技术。为了区分不同区域的生态旅游活动，游憩机会类别系统使用了一种被称为"机会等级"的预先制定好的分类方法。每种机会等级都包含一套为游客提供的体验和活动，每种都有对生态环境、社会环境和管理环境的指导方针。依据游憩机会图谱（ROS）和生态旅游机会图谱（ECOS）理论提出的中国生态旅游机会图谱（CECOS），是具有面向乡村旅游规划需要的、可操作性强的生态旅游产品规划和管理工具[99]。然而，在乡村旅游发展比较利益驱动下，由于乡村地区大量农用地的非农化，这种机会图谱的划分结果很难实施，不利于乡村地区土地资源可持续利用和社会主义新农村建设[100]。由于乡村景观以土地的形式控制在不同利益相关者（stakeholders）手中，从回归到农业经济发展提升人居生活品质的本来目的上讲，由于空间各种利益的冲突，整体协调一致的开发往往变得很艰难，这就导致乡村旅游开发的不连贯与不一致性，也导致土地直接利用与间接利用之间的矛盾愈演愈烈。一些农业园区通过招商方式，由追逐利润最大化的投资商承包经营大规模的土地后，一些乡村几乎沦为农业工厂，规模化导致的现代农业园区"工业化"的思维和布局倾向严重，导致景观开发和产业结构与城市发展上的同构化。因此，如何将旅游开发的生态可持续性与体验旅游的活动多功能性整合在一起，构建适于中国发展的生态体验机会谱系，迫切需要一种全新的发展范式。

3. 乡村生态体验旅游成为乡村综合旅游发展的新型力量。

（1）促进了景观要素整合。乡村生态体验旅游（ecological experience tourism，E2T）能够将乡村多功能景观（multifunctional landscape，ML）的各种发展要素有机地融合在一起，创新了乡村旅游发展的新形式，同时也不断塑造新型的多功能景观。这些整合主要包括：空间、人力资源、体制、创新、经济、社会、政策、时间及社区九个方面，它能提升乡村旅游与当地资源、活动、产品与社区等方面的联系，强化对农业生态系统各种功能性的开发，如推进农村电商发展，加快发展现代食品产业，有助于培育宜居宜业特色村镇。这种新型的乡村旅游是一种能够将土地利用转型与乡村转型发展紧密联系在一起的乡村综合旅游（integrated rural tourism，IRT）[101]，具有乡村多功能景观（ML）要素的整合力量，推动了多功能农业朝着可持续的目标发展。随着体验经济时代的到来，生态体验旅游（E2T）不仅成为生态旅游发展阶段中的一种新形式，而且由于它作为乡村综合旅游的重要形式为提升乡村旅游产品体系的档次奠定了基础[36; 44; 102]。旅游体验（experience）作为乡村旅游的基本内核[38]，既要考虑到游客的体验感知，也要关注乡村产业繁荣、社会发展与景观生态环境的可持续性。在这种背景下，乡村生态体验旅游（E2T）成为生态旅游与体验旅游相结合的一种现代生态旅游模式，旅游者选择这种方式的动机是实现对传统生活方式的情感回归，这种情感回归与景观生态环境互动实现了从一般层次的情感回归到具有较高层次的理性回归。然而，如何将生态体验旅游（E2T）与乡村发展、产业发展及社会风情的使用价值与非使用价值结合起来，尤其是与乡村社会、经济等发展结合起来仍然是一个问题，将生态体验旅游纳入多功能农业发展网络形成发展的驱动力，需构建一种新型的研究范式进一步探索乡村生态体验旅游产生与发展的动力机制。构建这种动力机制的切入点就是既能够将产业发展与乡村环境、体验感知等有机地整合在一起，同时又能将旅游市场供求关系与多功能农业行动者—网络整合在一起。因此，如何发挥多功能农业塑造乡村多功能景观的重要作用，是乡村多功能景观生态格局建设与维护面临的新课题。

（2）促进了学科间发展范式的整合。地理学的人文化和社会化，已成为当今地理学科发展的重要特征之一[103]。20世纪80年代中期以来，由法国社会学家卡龙（Michel Callon）和拉图尔（Bruno Latour）为代表的（巴黎学派）科学知识社会学家提出的行动者—网络理论（actor-network theory，ANT）开始被引入乡村研究中[53; 104; 105]。行动者—网络理论（ANT）提供了一种新的研究范式（paradigm），以全新的视角探讨人类与非人类行动者（知识、技术、金钱、村落、动物、植物等）相互作用形成的异质性网络（heterogeneous network）；"行动者"（actor）可以指人，也可以指非人的存在和力量。通过构建行动者—网络，可使乡村的资源，如传统文化、人际关系、基础设施等在某种程度上重整[54]。因此，将乡村旅游纳入多功能农业网络之中，使得乡村旅游发展能够具有更广阔的新型景观基础，对于促进乡村生态体验经济发展与农业的可持续发展研究具有积极意义。

按照行动者—网络（ANT）的观点，在多功能农业（multifunctional agriculture，MFA）发展过程中，乡村多功能景观中的自然资本与社会资本地位是同等重要的；这种重要地位必须是在网络构建过程中有"行动"时才能充分体现出来。这种"行动"表现为一种将行动者要素在景观网络中的地位与作用确定下来的转化过程，也就是行动者建立联系并发挥作用的"转译过程"（translation）。乡村生态体验旅游行动者—网络构建的本质就是构建一种全新的多功能景观，而且是将有关联的环境行动者、产业行动者、社会行动者以及其他行动者并入这种景观网络之中，通过转译过程（translation）对不同阶段、不同类型行动者的地位及作用进行排列组合，使之朝着一个共同的景观网络目标转化[106; 107]，从而实现乡村多功能农业发展与可持续农业发展目标的有效整合，最终"具化"（objectifying）到美丽乡村的建设目标中。

1.2.2 国内研究进展

1. 国内乡村旅游已进入全面发展及产业转型升级阶段。

随着社会经济发展和城市化进程加快，从 20 世纪 80 年代开始起步的中国乡村旅游已进入全面发展阶段与产业全面提升阶段[108]。乡村旅游对多功能景观（multifunctional landscape，ML)[109]、促进农村产业结构调整、增加农民收入、充分利用农村剩余劳动力资源、加快城乡一体化、维护农村社会经济可持续发展等都具有重要意义。

中国乡村旅游在 20 世纪 80 年代起步，基本是围绕乡村独特的自然景观及人文风情发展起来的观光农业。凭借乡村自然景观多样，优美的生态环境，丰富的民俗文化，巨大的客源市场，中国乡村旅游呈现了快速发展的势头。截至 2012 年全国共有 8.5 万个村开展乡村旅游，乡村旅游经营户 170 万家，其中农家乐 150 万家，年接待游客 7.2 亿人次，年营业收入达到 2 160 亿元[83]。随着乡村产业的发展，围绕着乡村多功能景观的开发，中国的乡村旅游在发展中逐渐形成了：①观光旅游型；②休闲度假型；③参与体验型；④文化娱乐型；⑤学习教育型；⑥品尝购物型；⑦疗养健身型；⑧回归自然型八种类型。这八种依托于多功能景观（ML）的乡村旅游广泛地分布在中国广大城市周边乡村地区，奠定了中国乡村旅游深层次发展的产业基础。

郭焕成先生将我国以休闲农业为主导的乡村旅游发展划分为三个阶段：第一阶段是 1980～1990 年，是萌芽和兴起阶段，在少数改革开放较早和经济发展较快的地区首先发展观光采摘农业；第二阶段是 1991～2000 年，是初步发展和成长阶段，在大城市郊区和经济发达的沿海地区开始发展观光农业和休闲农业；第三阶段是 2001～2010 年，是较快发展和规范经营阶段，观光农业、休闲农业、休闲农庄、乡村旅游均发展起来，通过制定评定标准，逐渐实现规范化经营[110]。这三个阶段的特征进一步表明：我国的乡村旅游正处于快速发展及转型升级的态势。

由于西方国家的乡村旅游起步早，管理机制和体制较为完善，乡村旅游发展呈现良好的发展态势，但由于我国乡村旅游产业起步时间较晚，相关制度和配套设施相对滞后，暴露出缺乏统筹规划、开发产品单一、文化内涵肤浅、服务水平低下等诸多问题[111]。多数乡村旅游经营者文化程度不高，对城市居民的旅游心态把握不到位，不擅长运用最新的营销渠道和方式，缺乏对项目的精心包装、策划和推介，导致市场辐射能力弱，知名度和影响力有限。此外，一些地区的乡村旅游开发常常打着"生态旅游"旗号却从事着破坏乡村景观生态环境的活动，造成了乡村旅游开发中存在着思想认识、利益分配、生产过程以及产品与效益四个方面的问题[112]，乡村旅游产品层次较低，不仅使当地的景观生态环境遭到破坏，而且乡村社区利益也得不到根本保证，造成了乡村旅游发展停滞不前的态势。尤其是，如何将自然景观要素、社会要素、生产要素等转化成乡村旅游发展的组成部分，构建联系紧密的乡村旅游发展网络，形成乡村整体发展的动力，促进乡村自然经济社会综合体的全面发展，仍是一个需要深入探讨的问题[113]。

与国外相比，我国乡村旅游研究也出现了研究内容、研究层次、研究方法及研究理念等差距，使得我国乡村旅游研究的整体水平不高，对乡村旅游发展的理论指导滞后[114]。

我国乡村旅游经历了"观光农业""农家乐""休闲农业""创意农业""生态体验"等类型的变化，为我国旅游业的发展注入了活力。从农业休闲到农家经营及生态体验为主题的变化，反映了乡村旅游经营理念及内涵方式的改变，同时也反映了乡村旅游未来必定要走向乡村旅居时代的发展趋势。这就对不同空间类型的乡村旅游发展也提出了更高的要求，王云才等人分析了我国乡村城郊型、景郊型、村寨型三大类型空间分布特征[15]；邹统钎从主题、地格与氛围三个方面阐述了我国乡村旅游的三种类型：农村依托型（以农村聚落、农民生活为依托）；农田依托型（以农田、苗圃、茶园、花园、果园、林园等为依托）；农园依托型（以"三高"农业园为依托）[65]；此外，中国乡村旅游还可划分为乡村自然风光型、民俗文化型、乡村聚落型、乡村遗产型、农家园林型、观光果园型、景区旅社型、花园客栈型、养殖科普型、民居型、农事体验型等发展模式[73; 115]。无论是哪种空间类型，都为乡村旅游发展提供了个性化的体验服务，都从供给方面促进了乡村旅游空间类型的多样化发展。

少数民族村寨作为文化传承的重要载体，构建内涵丰富、形式多元、结构合理的民族村寨旅游产品谱系已经成为中国乡村旅游发展的重要趋势[116]。少数民族村寨是少数民族历史文化的缩影，是少数民族人文精神、劳动智慧、审美心理的集中体现。无论是物质性空间还是非物质性空间都是生态体验旅游的重要空间。就物质景观而言，其特色建筑、服饰、饮食等文化元素保存得比较好；就非物质景观而言，少数民族村寨保存了民间传说、故事、歌谣、谚语、音乐、舞蹈、戏剧、传统手工艺、特色习俗和生产生活方式等。生态环境、生计模式与社会文化制度共同形成了一个独特的经济社会共同体：村寨既是他们生产生活的场所，也是传承本民族传统文化的地方。而且，少数民族村寨在产业结构、民居式样、村寨风貌以及风俗习惯等方面，也集中反映了少数民族聚落在不同时期、不同地域、不同文化类型中形成和演变的历史过程，相对完整地保留了各少数民族的文化基因与景观基因，凝聚了各少数民族文化的历史结晶，是少数民族和民族地区乡村旅游发展的重要资源。但在旅游发展的大背景下，少数民族村寨也存在着"参与不足"与"过度参与"等一系列问题[117]。

2. 乡村旅游开发呈现多样化趋势。

（1）景观开发的多样性。乡村景观是陆地生态系统的主体，在整个人地关系中扮演着重要角色，受到自然力与人类活动，农村自我发展内生动力与工业化、城市化外部驱动力，市场动力与国家政策和空间规划等力量的影响[28]。正是这些力量塑造了景观斑块多样性（patch diversity）、类型多样性（type diversity）和格局多样性（pattern diversity）等景观多样性特征[118]，成为塑造乡村多功能景观（ML）生态、生产、生活、休闲等多种功能的重要动力和机制。在景观开发与产业发展关系紧张的背景下，需要重构和深度认知乡村景观价值与功能，有助于科学合理地开发利用乡村景观生态资源[30]。通过构建乡村多功能景观，促进景观与产业发展之间的协调，构建乡村多功能景观的目的还在于保护和改善乡村景观环境的多样性，以维持生物多样性及生态功能，使得乡村旅游发展更具有区域特色[119]。乡村旅游开发带动了其他产业的发展，将其与其他产业有机结合起来，有助于推动乡村产业互动模式的形成[115]。通过多功能农业开发促成了乡村景观多样性开发，推动乡村旅游产业与其他产业发展的互动，这也在空间中形成了乡村旅游集群模式。这种由区域优势指向的产业集群，可以看作是在一个区域内，有众多分散的观光休闲农业园区、休闲农庄、民俗旅游村、乡村旅游点、度假村、旅游商品开发、生产、销售企业、特色农产品的开发、生产、销售企业以及旅游景区、景点等产业要素集聚起来而形成的，具有较大空间规模和合理产业结构的乡村旅游集合体。从空间布局来看，乡村旅游产业集群一般呈带状、片状、环状等形式分布。

将乡村旅游景观开发与土地利用转型及多功能农业开发结合在一起，塑造并突出了乡村景观多功能开发的特征。在多功能景观开发中，虽然丰富了景观的社会文化、生态环境等功能要素的充分发挥，但仍然面临着如何整合多功能农业的功能性要素，发挥其塑造乡村多功能景观作用的问题；面临着选择如何促进乡村旅游多样化发展的创新范式问题。

（2）参与形式的多样化。社区是人们赖以生存与发展的基础大环境，乡村旅游发展也相应地伴随着社区的进步，社区参与（community involvement）的重要性日益凸显而出。社区营造（community-building）的目标是社区营造的过程，这是一个当今社会研究与讨论的热点话题，其目的就是为了整合社区营造需要政府诱导、民间自发、NGO 帮扶，使社区自组织、自治理、自发展，从而帮助政府解决社会、经济发展、社会和谐的问题。社区营造共有五大要素：人（社区居民）、文（文化资源）、地（自然资源）、景（旅游产品）、产（产业发展）。社区营造注重对社区居民自身能力的挖掘与培养，采用多方协作的方法促使社区实现进步发展，其先进的理念与绿色社区发展的宗旨与目标息息相关[120; 121]。随着乡村旅游的发展，乡村旅游发展也出现了"政府＋公司＋农村旅游协会＋旅行社"模式[122]。这种乡村社区参与旅游发展模式的出现，从根本上解决乡村旅游开发过程的"无权"和"去权"[123]。通过调整土地所有权等机制，建立当地社区的参与创新机制，增加农民的收入，增加农村就业机会，解决乡村旅游发展中的公平与效率问题[124]，不仅有利于乡村产业结构的调整，而且也同时通过乡村旅游的开发建设，促进了乡村发展及落后地区旅游扶贫机制的建立。土地流转机制的调整与改造[125]，加快了乡村的非农化进程，增强了农民对当地景观生态环境的保护意识，有助于推动新型城镇化的发展，推动城乡一体化目标的实现[126]。随着当地社会参与形式的多样化，乡村旅游发展的水平也呈现多样化的发展势头。但由于研究视角的不同，学者考虑的影响因素和划分标准不同，提出的乡村旅游发展参与形式并不具有普适性。乡村旅游发展参与模式仍面临着如何从乡村旅游资源特征、投资主体和运行特征、社区与居民参与特征、现代科技体现形式和乡村旅游发展路径等入手[127]，构建有利于乡村综合旅游（IRT）发展参与模式的问题。

（3）投资主体的多样化。近年来，随着乡村旅游投资主体的多样化，乡村旅游中社区居民与政府，开发商等利益相关者的博弈行为，使利益相关者之间的博弈过程沿着"多赢"的目标前进，利益相关者在乡村旅游发展的作用越来越受到关注[128]。社区居民作为影响乡村景观开发的核心要素，随着社区居民越来越被整合到乡村旅游的整体发展之中，乡村社区参与旅游的成败与利益相关者利益的协同程度和行为的协作方式密切相关[88; 129; 130]；内生式乡村旅游开发强调由当地利益相关者主导，强调各种利益相关者的合作和参与。通过整合力量、社区动员、景观开发、文化保护、政府职能转变等方式，在乡村地区建立新型的网络合作关系。各级政府在乡村旅游发展过程中也扮演了积极的主导作用，如政府对农家乐不收管理费，经营 1～2 年不收税费，对中低收入的农户免收各种证照费，土地承包 30 年不变，买地 50 年不变[65]。与土地使用权有关的创新发展，对乡村旅游发展推动多功能景观开发、新农村建设及城镇化的发展进程具有积极的现实意义[131～133]，正在实施的农村土地制度改革、乡村旅游用地政策创新和精准扶贫特别政策，有力地支持了新产业新业态的创新驱动，为乡村旅游、美丽乡村和精准扶贫释放了发展空间和动力。但仍然需要进一步深化与旅游开发有关的土地利用形式，整合乡村多功能景观的塑造力量，坚持"创新、协调、绿色、开放、共享"的五大发展理念，促进乡村可持续的发展目标。

（4）利益相关者多样化。在生态文明建设中，运用循环经济理念对乡村旅游开发中的旅游者、旅游目的地、旅游企业、当地政府及社区居民五个核心要素进行重新组合，发展区域特色鲜明的沟域经济（valley economy），对构建具有中国特色的乡村旅游"主体—驱动—乡村"MDR（main body, drive, rural）模式具有积极的意义[130; 134; 135]。随着乡村社区居民越来越广泛有效地参与到乡村旅游开发及管理过程，乡村生态环境、乡村产业、乡村社会、乡村民俗风情等日益成为乡村旅游产品体验的核心。从区域自然—生态结构、技术—经济结构和社会—政策结构变化的视角来看，作为土地利用转型的一种后现代农业发展形式，旅游与乡村发展存在着互馈作用机理与动力机制[97]。乡村旅游发展不再依赖其中的某个单一要素，而是通过乡村发展中的各种要素组合，通过各种具有行为能力的行动者要素的网络整合行为，实现乡村旅游与生态文明建设、新农村建设及新型城镇化的和谐发展。通过融合创新型的发展模式，将第一产业与第二、第三产业实现融合，将产业与自然社会文化等相融合，构建一种具有时空特征的创新型景观行动者—网络，充分体现乡村供给与市场需求的多功能农业特征，有助于强化乡村旅游供给侧结构性改革，提升乡村旅游综合发展的水平。

（5）研究范式多样化。将社会学的行动者—网络理论（ANT）引入乡村研究领域已成为一种重要的发展趋势[54; 136; 137]。将社会学理论（包括社会心理学）与景观生态学结合开展乡村旅游开发不仅仅是研究范式的创新，而更主要的是拓宽了以多功能农业网络为塑造动力的乡村多功能景观开发途径，促进乡村旅游发展过程与其他自然与人文要素的融合创新（integrated innovation）。在行动者—网络理论引入与乡村多功能景观开发有关的旅游领域过程中，也面临着一个新的问题：就是如何确定每一种行动者（或者利益相关者）在多功能景观网络中的地位。这就需要引入相关的定量分析手段，进一步强化行动者—网络理论在乡村旅游研究领域里的地位和作用；将社会网络分析法（SNA）引入乡村旅游研究之中，是旅游研究领域里的新趋势[138~140]。以社会网络分析的视角分析了乡村旅游发展网络中节点之间的定量化关系[141]，有助于乡村多功能景观开发与乡村旅游的协调一致；在层次分析法（AHP）基础上发展起来的网络层次分析法（ANP）也被引入多功能农业与乡村旅游研究之中[142; 143]；将复杂性系统理论及社会表征理论融入生态体验旅游的研究之中，有助于"锚定"一些要素进入并"具化"成为乡村生态体验旅游研究体系之中，提炼乡村发展中的关键性因素，这些理论的融合也就成为乡村旅游发展战略的重要选择工具。

网络结构模型的验证离不开结构方程模型（SEM）。在乡村旅游研究过程，采用结构方程模型（SEM）已经成为研究定量化的一种重要发展趋势。目前，运用结构方程模型研究了乡村生态体验景观[49]、验证城镇滨水区管理模式[144]、水体游憩环境感知测评[145]、乡村性测定[146]、游客对乡村旅游地感知[147]以及乡村景观价值[83]等方面。将这些方法综合运用到乡村生态体验旅游发展研究中，有助于拓展乡村旅游的研究范式，丰富乡村旅游的研究成果。

1.3　主要研究内容、技术路线和创新点

1.3.1　主要研究内容

1. 乡村生态体验旅游与多功能农业之间的关系。

本书提出的生态体验旅游（ecological experience tourism，E2T）载体主要是生态体验场（eco-experience field，E2F）及生态体验景观（ecological experience landscape，E2L，or eco-experiencescape）。它们类似于景观生态学中的"生态场"[48]，能够带给体验者基本的空间旅游体验，都是乡村旅游的体验感知景观；两者的关系类似于景观生态学中的"斑块"与"基质"，是生态体验旅游活动的重要空间基础。乡村生态体验旅游是发生在乡村景观空间中的体验行为，需要拥有真实的"剧情"与"场景"作为体验的舞台，生态体验场

（E2F）与生态体验景观（eco-experiencescape）是具有生态"剧情与场景"的空间载体。将它们的研究与多功能农业（MFA）行动者—网络构建紧密结合在一起，使得乡村旅游与多功能农业发展同步进行，使得乡村生态体验旅游成为乡村综合旅游（interated rural tourism，IRT）的重要组成部分。

（1）生态体验行为与多功能农业行动者—网络之间的关系。乡村生态体验旅游的核心是生态体验，是在游客以乡村环境及产业基础构成的真实场景所完成的空间生态体验过程，是一种景观空间中的行为，这些空间行为游客带来了美好的体验回忆。这种体验过程依托于原真性的乡村景观与地域文化，并创新乡村新型的体验景观与地域文化。无论哪种形式的体验景观与地域文化，都是以景观生态建设为主线，突出乡村景观多功能性的格局。在本书中提出的生态体验场（E2F）理论，是一种基于产业活动与乡村空间互动产生的新型空间，不仅与乡村多功能农业（multifunctional agriculture，MFA）行动者—网络存在着一定的结构与互动关系，具有产业与空间的多维属性。生态体验场（E2F）融入多功能农业创新网络的过程中，就是将旅游体验的功能性空间带入多功能农业发展的行动者—网络空间中。探索生态体验场对多功能农业行动者—网络中的驱动作用，达到构建以多功能农业为基础的行动者—网络目的，为乡村景观生态建设提供新型的旅游体验载体（见图1.2）。

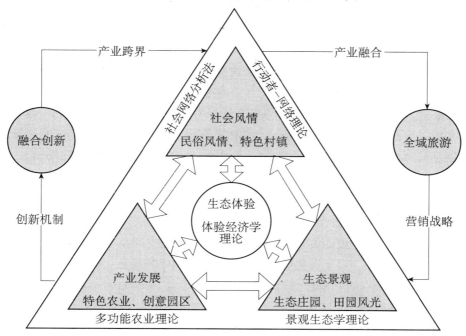

图1.2 乡村生态体验旅游基本理论框架

多功能农业的形成与发展作为乡村生态体验旅游的重要基础，涉及乡村景观生态开发、农业活动内涵及其方式结构的重大调整与变换[148~150]，涉及农业活动与其他产业的融合创新（integrating innovation）[151]，即实现农业、制造业与服务业的融合创新发展。在融合创新过程中，构建新型的"生态体验场"空间，能够充分有效地发挥当地农业生态系统服务与景观多功能开发的同源性，提升乡村生态环境、乡村产业、乡村社会文化、乡村旅游体验活动等多重价值，景观多重价值的实现将远远超过其当地的经济总值[152]。景观多功能性及多功能景观研究已成为国际上景观综合研究的重要生长点[153]，生态体验场构建作为当地景观设计开发的重要组成部分，对于景观多功能性的发挥具有积极的意义。由于我国农业仍处于中、低度多功能农业制度的发展阶段[154]，尤其是在乡村地域的范围内，生态体验场的构建大多处于景观多功能开发的中低度层次，也就是生态体验场的创意水平较低。多功能农业创新网络的构建表明：创新机制对生态环境、产业发展及社会管理的作用最强，促进了公共服务的社区化，是创新网络形成发展的重要动力。通过投资引导、合作交流等方式驱动了生态要素与产业要素、社会要素及创新机制等维度要素融合，提升传统农业与新型服务业融合创新的水平；社会管理及创新利益促进现代农业科学技术的引入与扩散，获得更具有区域竞争优势的创新利益。因此，通过对多功能农业创新网络的研究，构建与乡村景观多功能性有关的生态体验场，促进乡村生态体验旅游的空间载体开发，有助于充分发挥多功能农业塑造生态体验场及多功能景观的综合优势，为提升乡村的多功能景观开发奠定基础。

（2）生态体验行为与生态体验场及生态体验景观之间的关系。多功能景观是景观开发的最优阶段[155; 156]，"生态体验场"作为多功能景观的一种空间感知类型，将生态体验旅游活动与生态景观的可持续发展紧密结合在一起，拥有寄托"乡愁"的广泛社会共识，对于"美丽乡村"建设具有积极的指导性作用。与"生态场"（eco-field）[157]类似的"生态体验场"（eco-experience field，E2F）理论范式，以人们对自然生态环境的初始感知为出发点，将寄托人们"乡愁"的活动空间拓展，将旅游体验活动与生态环境的可持续性与景观的多功能性有机地结合在一起，有助于将生态体验空间与多功能农业行动者—网络建立协调一致的关系，进一步解释乡村旅游空间及旅游体验活动与多功能农业之间的关系，对于提高景观多功能性具有积极的意义。Farina（2004）率先将生态场（eco-field）概念应用于景观生态学（landscape ecology）的研究，将感知景观类型纳入景观生态学研究之中。按照 Farina 的观点，生态场（eco-field）作为有机体与景观之间感知的研究范式（paradigm），是各种生物有机体对景观的认知方式[48]；它承载着有特殊意义的各种生命有机体的景观配置；这种感知景观的方式拓宽了景观生态学的研究领域。

人们通过感知选择适合自身需求的景观空间作为"场景"并参与体验，体验过程的"剧情"与"场景"构成了类似于"生态场"的特殊区域，这些特殊区域就是"生态体验场"（eco-experience field，E2F）。这种特殊区域是以多功能景观为基础形成的，而多功能景观的构建与农业行动者—网络有着极为密切的联系。因此，通过研究多功能农业不同的功能特性，可以确定具有不同地域景观生态体验场（E2F）的旅游功能。不同地域类型的生态体验场在空间汇集成生态体验景观（eco-experiencescape），构建了以生态体验景观网络为主体的空间格局。

"生态体验景观"建立在一般生态景观与具有生态剧情服务的场景（即生态体验场）基础之上，它们都是一种具有生态服务功能及旅游者参与互动的多功能农业空间，所贯穿的"故事"情节具有"自然"与"人文"的双重属性，既有对自然景观构造演替原理的"演示"，也有对当地历史演变情景的"再现"，情节丰富多样，再现了当地地域特色文化的特点，密切了体验主体与客体之间的联系，体现了情景交融的基本特征。生态体验景观与服务景观（servicescape）类似[158]它们都强调感知景观环境的整体性，都是一种服务于人们体验行为的各类景观与服务环境的统称，都是由特定场合下各种产品及服务带来的感知，也包括体验者游憩活动之后产生的感受[159]。它们的不同之处：生态体验景观是在乡村地域上开放空间形成的，是与多功能农业网络密切相关的网络空间。

2. 生态体验旅游开发。

生态体验旅游作为乡村生态体验经济的重要表现形式，其本质是生态经济（ecological economy）与体验经济（experience economy）两种经济过程在空间与时间、产业与社会的交集形成的一种新型业态，即：生态体验经济（eco-experience economy），这种经济将人类的休闲体验活动赋予整个经济系统与生态系统之间物质循环、能量转化和价值增值过程中，从而使体验者获得值得回忆的、有价值的体验活动，使体验活动提供者获得相应的生态体验经济效益[11; 43; 160]。生态体验旅游产品具有视觉感知、听觉感知、触觉感知及味觉感知等综合感知的特点。因此，在体验产品的设计过程，除了要考虑一般产品的属性外，还应考虑体验产品应具有的社会文化结构属性，即：生态体验旅游产品的层次结构，有关生态体验旅游产品层次将在以后的章节中详细介绍。生态体验旅游产品的层次结构能够实现感知体验向情感体验及理性体验的升华，促进体验层次升华的过程就是体验价值的实现过程，也是完成旅游产品—体验服务—旅游者参与的全过程循环。生态体验旅游产品价值的获得是乡村社会、经济、生态等要素与体验者实现互动的过程；生态体验旅游产品标准与这种互动的过程有着极为密切的关系。因此，生态体验旅游开发过程中的战略选择也是一个经济、社会及生态综合评价的过程。

乡村生态体验旅游是在多功能农业基础上发展起来的，具有多功能农业与景观多功能性相结合的整合作用。从产品开发到体验消费，生态体验旅游产品依托于多功能景观及农业多功能网络，也具有生产、生活、生态、休闲等诸多特征，将旅游者融入多功能景观之中；其产品的内涵不仅具有体验感知的层次特征，而且也具有乡村体验的生态特征。作为一种重要的生态体验空间，生态体验场不仅与乡村景观的多功能性（multifunctionality）密切相关，而且也依托于多功能农业发展网络；作为一种重要的驱动力，它塑造了服务于多功能农业的新型景观空间，创新了多功能农业发展的产业类型。因此，对多功能农业评价已成为生态体验旅游发展的基础性评价，这也是生态体验旅游产品开发战略选择的重要基础。

作为乡村旅游发展战略的基础，多功能农业网络的综合作用通过构建多功能景观的多样化形式对生态体验旅游发展产生影响。若没有多功能农业发展的战略基础，也就不可能有以多功能景观为基础建立起来的生态体验经济，也就无从谈起乡村生态体验旅游。因此，以多功能农业评价为切入点，评价生态体验旅游在多功能农业行动者—网络中的基础地位与作用，推动多功能农业的创新发展。旅游功能是生态体验场的网络功能之一，是存在于多功能农业网络中的一种空间功能性节点，在多功能农业战略选择过程中，采用网络层次分析法（ANP）将多功能农业发展的 SWOT 分析与发展战略结合起来，通过定量关系的比较不仅确定了多功能农业发展战略，同时也为生态体验旅游发展的选择奠定了产业基础。

3. 生态体验旅游营销。

旅游产品设计开发及营销一直是乡村旅游面临的重要问题之一。同其他体验旅游产品类似，其营销也要按照"产品提供—体验服务—游客体验"的发展模式。通过整合看（see）、听（hear）、用（use）、参与（participate）等方式，充分刺激和调动旅游者的感官（sense）、情感（feel）、思考（think）、行动（act）、联想（relate）等感性因素和理性因素开展生态体验旅游的创新营销。生态体验旅游产品具有对景观体验感知的层次结构，也呈现了感官体验→情感体验→理性体验的变化过程。相对完整的生态体验产品标准体系建立在对多功能景观感知体验的基础之上，是一种具有结构层次的旅游体验体系，为深入开发乡村生态体验旅游奠定了理论基础。如何在传统营销基础上实现乡村旅游营销的融合创新，实质就将多功能景观设计与景观营销结合在一起的创新，这也是乡村生态体验旅游发展不能回避的重要问题。作为乡村生态体验旅游产品设计开发及推广的重要选择，生态体验营销（ecological experience marketing，E2M）在选择体验媒介等方面与一般的体验营销（experience marketing）有所不同，生态体验媒介以多功能景观为基础，以生态体验感知类型及程度为评价标准，是在一般体验营销基础上的创新发展。

体验营销已经突破了传统上"理性消费者"的假设，它认为消费者消费时兼具理性与感性，重视消费者体验成为其产品生存的能力，已经成为研究消费者行为与企业品牌经营的关键[161]。但生态体验营销又是在体验营销基础上的创新发展，不再把乡村景观看作是单纯的生产性地域空间，而是把乡村景观当作是生态、生产与生活共同体验消费的多功能空间场所，既要强调传统农业生产的效率，又要强调乡村社会、乡村文化、乡村环境等方面的整体效率，成为未来乡村发展的新趋势[102; 162]。

随着信息化水平的不断提升，尤其是移动互联网的快速发展给旅游价值链各个环节带来普遍的变化，升级了旅游者的个性化体验需求，使得旅游出行日趋自主化，以口碑效应为主要传播特点的传统乡村旅游产业模式远远不能满足消费者的需求，生态旅游场景广泛分布于乡村广阔的空间中，依靠传统的营销方式已经不能适应以自驾车为主要出行方式的旅游者的需要。2014 年，国务院发布了《关于促进旅游业改革发展若干意见》，国家旅游局把发展主题定位为"智慧旅游年"，在此背景下各省提出建设旅游强省，全省各地积极谋求旅游产业的转型升级和跨越发展；2015 年 9 月 16 日，国家旅游局下发《关于实施"旅游 + 互联网"行动计划的通知》（以下简称《通知》）。《通知》指出，旅游业是国民经济的综合性产业，是拉动经济增长的重要动力。以互联网为代表的全球新一轮科技革命正在深刻改变着世界经济发展和人们的生产生活，对全球旅游业发展正带来全新变革，旅游与互联网的深度融合发展已经成为不可阻挡的时代潮流。乡村智慧旅游发展是建立在"互联网＋"基础上的，这是能有效突破当前乡村旅游发展"瓶颈"，解决产品同质化，形态原始化，服务、营销和管理低级化等一系列问题，实现乡村旅游转型升级和可持续发展的科学路径[163]。

乡村生态体验营销要实现智慧旅游的发展目标，应从旅游配套设施、管理、营销与服务上实现智慧引领，从基础保障体系构建、智慧管理、智慧营销和智慧服务四方面提升智慧乡村旅游的发展水平。如将数据中心、物联网、有线和无线数据通信网络等纳入技术设施建设，建立完备的信息技术基础设施架构，不断提升乡村旅游信息化服务能力和管理能力；通过无线射频技术（RFID）、全球定位系统（GPS）等感应设备，建立物与物网络连接的物联网，实现电子门票的贩售、检验、查询和汇总，有利于旅游景区对游客动态信息的把握和对游客行为的监控[164]；以互联网思维进行产品和服务创新，为游客提供细分化、个性化、智慧化的产品和服务，并充分利用网络终端、手机终端、大屏幕等多种渠道加强乡村旅游宣传营销。

1.3.2 技术路线

以景观生态学、生态经济学、体验经济学、旅游地理学、社会学中的行动者—网络理论、社会分析法、网络层次分析、社会表征等理论和方法为基础，以多功能景观生态建设为主线，对依托于多功能农业网络基础之上的乡村生态体验旅游发展路径进行研究，促进美丽乡村建设目标的实现。

主要思路：理论背景分析→生态体验场→生态体验旅游网络→生态体验旅游发展战略→生态体验旅游产品开发→生态体验营销策略（见图1.3）。

生态体验场与生态体验景观是开展生态体验旅游的空间载体；多功能农业行动者—网络塑造了生态体验场与多功能景观。依托于多功能农业行动者—网络，构建具有体验功能的生态体验场（eco-experience field）是乡村生态体验旅游的理论出发点；分析产业发展与空间基础、营销战略选择与体验管理，建立乡村生态体验旅游发展的保障体系；比较分析乡村生态体验产品的结构层次，建立生态体验旅游产品的评价标准，选择适于乡村发展的生态体验旅游产品开发与生态体验营销策略，推动乡村多功能景观生态的建设进程，实现"美丽乡村"的建设目标。

选择丹东乡村旅游发展具有一定代表性的旅游专业村镇作为案例研究地点，即：大梨树村、大鹿岛村、河口村及青山沟镇四个专业村镇（皆为辽宁省旅游局2010年授予的称号）。四个旅游专业村镇在空间上位于丹东市的四个方位；自然生态经济社会发展特征及路径存在显著差异，分别代表了乡村旅游发展的不同类型。在研究过程中，分别采用了以下几种数理方法进行理论模型验证。

（1）运用结构方程（structural equation modeling，SEM）验证生态体验场在多功能农业网络中的旅游功能地位，将生态体验场与多功能农业的发展紧密联系在一起。

（2）运用社会网络分析法（social network analysis，SNA）验证生态体验景观网络构建过程与转换过程，将生态体验景观与多功能农业行动者—网络建

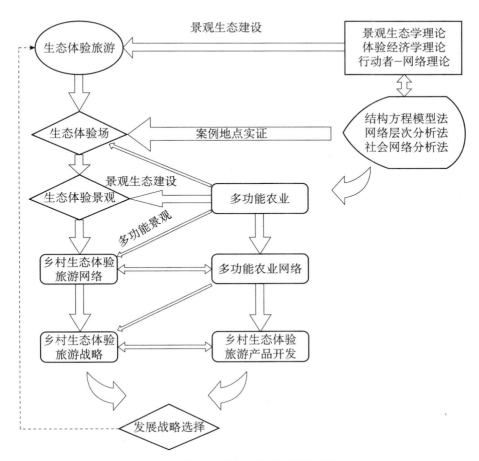

图 1.3　乡村生态体验旅游研究技术路线

设联系在一起。

（3）运用网络层次分析法（ANP）与 SWOT 相结合的方式，评价生态体验旅游发展的多功能农业基础，选择适合于生态体验旅游发展的 SO 战略。

（4）运用网络层次分析法（ANP）与 LCTV 相结合的方式，评价以生态体验旅游为主导的乡村综合旅游（integrated rural tourism，IRT）发展战略。

（5）运用体验旅游产品的层次构造原理，对 4 种基本体验类型建立了包括感官体验→情感体验→理性体验 5 个层次的生态体验产品评价标准。

（6）运用体验营销的原理，建立生态体验营销组合，提出了适于丹东乡村生态体验旅游发展的生态体验营销组合策略。

在理论模型验证过程中，由于模型不同，所需要的数据类型也有所不同：网络层次分析法（ANP）需要的是一种依托于专家评判的关系型数据；生态体验场与多功能农业行动者—网络构建模型所需要的是来自社区居民、游客、专家学者等利益相关者意见的属性数据。

1.3.3 创新点

1. 提出了生态体验场（eco-experience field，E2F）与生态体验景观理论（eco-experiencescape）。

生态体验场作为乡村多功能景观（ML）的基本单元，是生态体验旅游行为的空间载体，是与乡村自然与人文等生态要素相结合形成的体验感知场。这种建立在多功能农业创新网络基础上的关系型空间，具有产业、环境、社会、文化等多功能要素的整合能力，是促进多功能景观构建的重要基础。依据生态体验场构成各要素之间的强度，可以划分成不同的生态体验场；在一定空间尺度内，不同类型的生态体验场构建了生态体验景观；生态体验场（E2F）与生态体验景观（E2L）之间的关系类似于景观生态学中的斑块与基质（patch-matrix）之间的关系，它们都是构成乡村生态体验景观网络的重要组成部分；生态体验旅游活动整合（integrated）了乡村各种要素的旅游形态，促进了乡村发展由传统农业的"生产"（productivism）范式向生产与服务相结合的后现代农业的"多功能"（multifunctionality）范式转化。

2. 多功能农业（MFA）是生态体验旅游的重要产业基础。

与传统意义上的乡村旅游有所不同，生态体验旅游依托于多功能农业的发展，也是多功能农业发展的重要驱动力。生态旅游体现了乡村旅游的多样性与可持续发展的内涵，关注了乡村旅游资源开发的代际间的公平性；体验旅游体现了乡村旅游与多功能景观之间的互动行为，关注了乡村多功能景观价值实现过程的多样性；作为乡村可持续发展的核心，多功能农业不仅是现代农业发展的新趋势，也是多功能景观塑造的动力，多功能农业景观既具有多功能景观的共性，也具有其自身的特性[155]。其多功能性不仅促进了乡村景观多功能性的发挥，而且也为乡村带来了众多的实用价值及非实用价值，成为乡村生态体验旅游发展的空间载体。以乡村生态体验旅游引导的多功能农业创新网络构建，促进乡村产业结构不断交替形成新的产业链条，形成了以多功能农业为核心的创新网络空间，促进了现代农业和现代工业与新型城镇化的协调发展。多功能农业创新把生态环境与技术、制度都看作是生态创新的内生变量[165]，构建了生态创新、制度创新、技术创新"三位一体"的发展模式，丰富环境保护及创新内涵[166;167]；通过对土地实行多层级、多功能目标的综合利用，充分发挥农业的多功能性，促进农村地区城镇化的发展进程[163]。因此，多功能农业为乡村生态体验旅游提供了体验经济学理论强调的生态"剧情"与"场景"，并促进生态体验旅游活动完成"表演"过程，促进乡村生态体验旅游实现其可持续的多功能发展目标。与此同时，也促进了农业相关要素的融合创新（integrating innovation），实现了种植业与加工业及服务业的有效融合，拓宽了乡村发展的领域，丰富了乡村旅游发展的理论基础；对其功能性结构进行评价，有助于确认多功能网络之间的功能性差异，探索出不同功能"节点"行动者的发展战略。

3. 将社会学行动者—网络理论（ANT）应用于多功能景观的乡村旅游开发，创新了研究范式。

目的就在于能够有效地将各种乡村多功能景观资本（landscape capital）有机地整合在一起，丰富多功能农业及乡村生态体验旅游发展的内涵。与此同时，自然要素与人文要素转化为共生关系，在研究中将它们纳入统一的综合性网络之中。在多功能农业发展网络中，乡村生态体验旅游各种要素不再是纯粹的自然要素与人文要素的对立，而是在异质性网络中的平等互动，紧密相连的网络节点。将行动者—网络理论引入乡村生态体验旅游研究中，不仅有助于拓宽乡村产业链，创新了乡村产业发展与自然人文等要素的融合模式。将系统知识（system knowledge）转变成新型的转化知识（transformation knowledge），不是单纯依赖于现代农业的生产要素转化与提升，而是通过改变要素之间的创新组合方式，推动乡村景观的多功能开发。

1.4　小结

本章阐述了本书的选题背景、依据和意义，本书的研究内容和方法手段，并对国内外乡村旅游研究成果进行了回顾与评述。国内外乡村旅游的发展实践表明：乡村旅游发展已进入全面转型升级的发展阶段，对新型的乡村旅游发展产生了强烈需求。

作为一种新型的乡村综合旅游，乡村生态体验旅游建立在多功能农业行动者—网络基础上。这种基于景观生态学、生态经济学、体验经济学及社会学等理论建立起来的网络，不仅是生态体验旅游的生态体验场及生态体验景观空间基础，而且也进一步推动了以多功能农业为基础的生态体验旅游产品开发，奠定了乡村可持续发展的生态体验营销基础。

结构方程模型（SEM）、社会网络分析法（SNA）及网络层次分析法（ANP）等方法，为本书的生态体验场理论、生态体验景观构建过程、多功能农业评价及生态体验旅游开发战略选择提供验证性的方法基础。

第2章

研究区概况

2.1 丹东自然环境概况

2.1.1 地理位置

1. 综合区位。

丹东市位于辽宁省东南部，东与朝鲜民主主义人民共和国的新义州市隔江相望，南临黄海，西界鞍山、营口，西南与大连市毗邻，北与本溪市接壤，东北隔浑江与吉林省的集安县和本溪市的桓仁县相望，西北与鞍山市的岫岩县接壤。丹东市是中国最大的边境城市[169]，地处鸭绿江下游的右岸及鸭绿江与北黄海的汇合处，是中国万里长城的最东端起点和中国万里海疆的最北端起点，是连接朝鲜半岛与中国及欧亚大陆的主要陆路通道，具有沿海、沿江、沿边的地理特征（见图 2.1）。丹东市地理位置为 123°22′30″ ~ 125°42′00″E 和 39°43′31″ ~ 41°09′21″N 之间，东西最大横距 196 千米，南北最大纵距 160 千米，总面积 15 222 平方千米，其中市区面积 834 平方千米。丹东海岸线长 93.3 千米，沿海拥有大鹿岛、獐岛等两个有人居住的海岛。

2. 交通区位。

丹东市作为"万里海疆第一边城"，是一座重要的滨水城市。其发展与鸭绿江及北黄海有着密切的联系，是东北东部重要的现代化沿海港口城市。区内交通四通八达，拥有现代高速公路、高速铁路及海陆空发达的交通网络体系。其中：沈阳—丹东和丹东—大连的两条高速铁路，分别将丹东融入沈阳和大连的"一小时经济圈"之中；丹东—通化高速公路及东边道铁路（丹东—通化）成为东北东部地区的重要陆上通道；丹东港作为辽宁省沿海重要的港口，已经成为东北东部的重要出海口；沿鸭绿江走向的滨江景观路已经成为 1 440 千米长的辽宁省滨海公路起点；由于邻近朝鲜半岛，丹东已

图 2.1 研究区地理位置

经成为中国连接朝鲜半岛最重要、最便捷的交通枢纽，对朝旅游的 80% 都经过丹东口岸[169]；即将竣工的鸭绿江新桥将改变丹东与朝鲜半岛乃至东北亚地区交通现状，新鸭绿江大桥附近的朝鲜黄金坪岛将成为中朝共同开发鸭绿江流域的切入点[170]。

3. 经济区位。

作为辽宁沿海经济带的东部端点城市，是辽宁沿海经济带中唯一的边境城市；丹东处沈阳经济圈与辽宁沿海经济带相连接的经济圈之中，是辽宁沿海经济带的重要增长极。经济区位有助于促进丹东发挥东北亚、环渤海、环黄海经济圈交汇优势，已发展成为以口岸工业、边贸、物流、会议和会展经济等为支撑的东北亚次中心城市。

4. 旅游区位。

丹东是辽宁省由沈阳、大连及丹东构成的"金三角"旅游城市的端点城市，有70%以上的游客都在这个区域内。丹东是中国开展赴朝旅游最早的边境城市，同时也是东北城市旅游板块、环黄渤海洋旅游板块、满族文化旅游板块、长白山山岳森林旅游板块、高句丽文化遗产旅游板块相交的重要连接带。

2.1.2　地质地貌

丹东市是一座依山傍水的沿江海城市。整座城市以带状的形式沿着鸭绿江沿岸分布，除丹东市区及东港市属沿江沿海平原外，丹东地区大部分属辽东山地丘陵，为长白山脉向西南延伸的支脉或余脉的东南坡，地势由东北向西南逐渐降低。按高度和地形特征，可划分为北部中低山区、南部丘陵区、南缘沿海平原区三类规模较大的地貌单元，以山地和丘陵为主，局部还有阶地、盆地、台地等小型地貌单元。多丘陵地貌，适合发展深度旅游。高山、丘陵和平原交错，多变的地形，丰富的动植物、火山群、瀑布群、温泉区、江海岛屿等形成了多元结构的景观组合。

凤城市和宽甸满族自治县北部属中低山区，一般海拔400～1 000米，侵蚀切割深度300～500米，主要有花脖子山、八面威山、白石砬子、白云山等构成鸭绿江与辽河流域的分水岭，还有青椅山、黄椅山等休眠火山。一般海拔300米以下，相对高差50～150米。东港市南部有呈东西向带状展布的海滨平原，其标高2～5米，地势略向黄海倾斜。

由于地质构造复杂，成矿条件优越，地下蕴藏着丰富的温泉资源。目前，丹东已通过中国温泉之乡（城）地热能开发利用示范单位的评审，正式被命名为"中国温泉之城"（2012），成为辽宁省首批获此殊荣的两个城市（另一个是本溪）之一。目前已建成各类与温泉有关的大型室内游泳馆、康复疗养院、涉外宾馆及其他洗浴中心等约200个，每年可接待会议和游客200余万人次。

2.1.3　气候

丹东市属暖温带湿润气候。依山面海的地势，造成南北气候差异较大。南部属半大陆性半海洋性湿润气候，北部属大陆性季风气候。

丹东年平均气温为6.8～8.7℃，南北温差约2℃。南北冷暖转换时间差半个多月，与同纬度的内陆相比，雨量要多数倍，是中国北方最湿润的城市。且冬少严寒，夏无酷暑，四季分明，雨雪丰足。春秋季节是南、北风交替的季节，春季冷空气开始衰弱北退，暖空气北进；秋季反之[171]。

丹东气候清爽宜人，日气温波动较小[172]，极端天气较少，适游期长，适宜开发深度休闲度假旅游产品。夏季炎热期短，适宜开发深度生态休闲避暑产品；冬季严寒期较短，适于开发以自然山水观光游览型为主导的冰雪旅游项目及休闲度假养生旅游项目。

丹东地区降水量较多，多年平均降水量为 881.3～1 087.5 毫米，占辽宁省年均降水量的 70%。但地区分配不均，雨量从西南向东北递增。全年降水量的 80% 集中在夏季，其中 7 月中旬至 8 月中旬是丹东地区暴雨集中期。近几年丹东市主要气候参数如表 2.1 所示。

表 2.1　　　　　　　　　2006～2010 年主要气候参数

气候参数	2006 年	2007 年	2008 年	2009 年	2010 年
年平均气温（℃）	9.6	10.2	9.5	9.4	8.8
年极端最高气温（℃）	31.0	32.0	31.7	35.5	32.2
年极端最低气温（℃）	-20.7	-15.3	-18.1	-19.5	-19.3
年降水量（毫米）	1 046.4	1 234.1	821	818.5	1 049.9
一日最大降水量（毫米）	170.6	110.4	89.8	82.1	57.8

作为中国北方气候最舒适的旅游城市，丹东市的气候湿润，空气洁净，夏季气候的舒适度指数为 0～1，即介于舒适—暖之间[173]。4 月下旬至 10 月中旬都是适宜开展旅游疗养的月份，适宜旅游、疗养的月份达到 5 个多月。酷热的 30℃以上的天气平均只有 5 天左右。气候舒适程度是东北地区最佳的，因而有"东北小苏杭"之称，舒适的气候造就了丰富的旅游系列产品[174]。围绕自然山水环境及旅游气候资源打造中国北方特色的"养生之都"已经成为旅游开发的重中之重（见表 2.2）。

表 2.2　　　　　　　　　丹东适宜旅游和疗养的月份

气候带	海滨带城市	一般月份	适宜旅游月数	适宜旅游疗养月份
暖温带	丹东	(1)(2)(3)(4)(5)(10)(11)(12)	4	(6)(7)(8)(9)
	大连、营口、秦皇岛	(1)(2)(3)(4)(10)(11)(12)	5	(6)(7)(8)(9)

资料来源：范业正，郭来喜.中国海滨旅游地气候适宜性评价 [J].自然资源学报，1998，13(4)：304-311.

丹东市植被丰富多样、分布均衡、结构合理、功能完善、景观优美，人居生态环境清新舒适、安全宜人的城市，是国家全国园林城市。起伏的山峦就造就了丹东地区茂密的森林植被，森林蓄积量为全省之首，全市森林覆盖率达 66% 以上；原始森林较多，林下特产植物较为丰富。丹东最适于开展"生态旅游"，是辽宁省"生态旅游"的重点地区[175]。丹东各类旅游风景区的面积达到 1 500 平方千米，占丹东市国土面积的 10% 以上，这个比例是辽宁省最高的，是全国平均水平的 16 倍[176]。

2.1.4 水文

丹东湿地河流众多。地表水系属黄海水系，大小河流共有 1 361 条（其中长度 2 千米以上的河流 944 条），分别汇入鸭绿江、大洋河或直接入海，构成了鸭绿江水系、大洋河水系和辽东沿海水系。全地区水域面积 163 328.10 公顷，占总面积的 10.73%，共有大、中、小型水库 54 座，总库容 6.85 亿立方米，分布于丹东鸭绿江及大洋河流域内。流域面积超过 5 000 平方千米的河流有 4 条：鸭绿江、浑江、嗳河、大洋河；人均水资源量是全国人均的 1.5 倍。

鸭绿江口是我国海域最北的边界河口，是黄海北部重要的渔场和增养殖基地，盛产银鱼、三疣梭子蟹、中国蛤蜊、杂色蛤等享誉国内外的名优海产品。由于丰富的渔业资源，这里常年栖息着海狗、江豚等海洋哺乳动物，偶尔也能见到须鲸等大型珍稀濒危动物。

丰富的降水与植物及地貌组合造就了丹东境内众多的湿地景观。鸭绿江口湿地是我国目前保存较为完整的滨海湿地保护区，总面积达到 810 公顷，是东北亚鸟类迁徙的重要停歇地之一。保护区为内陆湿地、海岸湿地和海洋构成的复合生态系统。鸭绿江河口湿地作为候鸟迁徙重要中转站，素有"鸟的天堂"和"世界最佳观鸟地"之美誉，每年在此停歇、觅食、繁殖的迁徙涉禽超过50 万只。目前，滨海湿地积极开展以观鸟为核心的湿地生态体验旅游项目，已成为湿地自然生境与生物多样性保护、促进生态旅游专项升级的重要手段。

2.1.5 海域

辽宁省拥有海岸线 2 800 千米，占全国海岸线的 12%，是中国的海洋大省。丹东是辽宁省六个沿海城市之一，拥有 93.3 千米的海岸线（丹东的海岸线占全省的 3.3%），拥有 1 200 公顷的滩涂，拥有众多的岛屿。其中，大鹿岛、獐岛、小岛已经成为丹东海洋旅游发展的重中之重。丹东市沿海潮汐属非正规的半日潮，每个潮周历时 12 小时 25 分。高潮平均潮位 2.68 米，低潮平均潮位 0.28 米，平均潮位 2.39 米。受潮汐作用的影响，沿岸地带低潮时则凸显为海滩。

受沿海地貌的控制，该海域受寒、暖流的影响较小，海流较弱。海流总体流向自东而西，但潮周内涨潮流向为 NNE，落潮流向为 SSW。实测最大涨潮流速为 1.45 米/秒，最大落潮流速为 1.38 米/秒。

市区段鸭绿江水每日标准的半日潮现象，是丹东受海洋影响的重要标志，也是丹东海洋文化构建的重要基础之一。海水的潮涨潮落不仅为流经丹东市的江河带来强烈的冲击，而且也形成了明显的"冷湖效应"，使得丹东成为中国北方最湿润、最凉爽的城市，为打造中国北方的"养生之都"奠定了良好的生态环境基础。

丹东沿江沿海的水温受海陆毗邻的影响，季节变化明显，夏季近岸高于远岸，冬季近岸低于远岸。冬季沿岸结有海冰。丹东地区的初冰日为 12 月上旬，盛冰日为 1 月上旬，融冰日为 2 月中旬，终冰日为 3 月中旬，总冰期为 100 天左右，盛冰期为 45 天左右。

2.1.6　自然资源

1. 矿产资源。

作为环太平洋成矿带的重要组成部分，丹东具有良好的天然成矿条件，辖区内矿产资源丰富，矿种繁多，门类齐全。全地区共发现贵重金属、有色金属、黑色金属、能源、放射性、非金属建材等各类矿产储藏 59 种。现已探明的各类矿产地 708 处，其中大型矿床 17 处，中型矿床 22 处，小型矿床 123 处，各类矿点、矿化点 546 处。主要优势矿产有硼、黄金、铅、锌、钼、高岭土、红柱石、白云石、建筑大理石、饰面花岗岩、菱镁矿、硅石、地热、泉矿水 14 处。

2. 水资源。

丹东河流属雨雪混合型补给，以雨水补给为主，平均每年约有 195 亿立方米的大气降水，以雨、雪形态降落，其中约有 44% 的水量通过蒸发返回大气。余下的 110 亿立方米的水量即为地表（地下）径流，成为全地区水资源的主体。

丹东地下热水（温泉）资源丰富，全市共有温泉井 34 眼，现已利用 15 眼，日开采量约 8 000 立方米，年开采量约 300 万立方米，位居辽宁省温泉储量与开采量的前茅，成为辽宁省首批"中国温泉之城"。温泉资源主要集中在五龙背镇、东汤镇、汤池镇、椅圈镇、金山镇等地。温泉水温 40～78℃，出水区岩性多为花岗岩，少数为混合岩或变质岩；温泉水除了一般成分外，还含有大量的氟、溶酸性二氧化硅、气体及放射性氧，部分地区温泉还含溴、碘等；热水开采总量约 1 万吨/天。目前温泉开发利用主要集中在以疗养、洗浴、取暖、养殖等方面；凭借温泉资源优势的丹东旅游地产开发呈现迅猛发展势头。

3. 林业资源。

丹东林地面积 924 408 公顷，其中用材林 544 788 公顷，经济林 280 386 公顷，防护林 67 932 公顷，薪炭林 31 302 公顷。在有林面积中，人工林面积 110 556 公顷，天然林面积 539 460 公顷。全地区有林地主要树种有长白落叶松、日本落叶松、红松、云杉、油松、赤松、樟子松、柞树、水曲柳、胡桃楸、黄波罗、榆树、桦树、槐树、花曲柳、色木槭、杨树、柳树、椴树、刺槐等；丹东城区则主要以市树——银杏树为主。

4. 海洋生物资源。

丹东海岸线长 93.3 千米，海洋国土面积 3 500 平方千米，10 米等深线以内海域 119 880 公顷，潮间带滩涂面积 24 175 公顷，潮间带以上可供养对虾的面积 7 992 公顷，种植芦苇面积 17 982 公顷。全市江河长 235.6 千米，境内大小河流 1 361 条。丹东沿海海洋生物种类繁多，主要有游泳生物、浮游生物和底栖生物三大类。沿海的游泳生物主要有脊椎动物鱼类 82 种，甲壳动物虾类 19 种，软体动物贝类 41 种；全地区淡水鱼类有 70 余种。

5. 旅游资源。

丹东旅游资源占地面积 1 500 平方千米，占全市国土面积的 10%[177]。境内江、河、湖、海、山、泉、林、岛等自然景观开发形成国家和省级以上风景名胜区、自然保护区、森林公园 33 处。丹东依托境内鸭绿江、虎山长城、凤凰山、五龙山、天华山、黄椅山、大孤山、天桥沟、青山沟、大鹿岛、獐岛等著名景点，与沈阳、大连构成辽宁旅游的"金三角"城市；以界河鸭绿江为核心景区的国家级重点风景名胜区，中朝两国景观交相辉映，自然景观和人文景观相互融合、浑然一体。鸭绿江流经丹东沿途形成 6 大景区、100 多个景点，构成一幅独具风情的边陲画卷和蔚为壮观的鸭绿江百里文化旅游长廊。

2.1.7 景观格局

丹东景观类型丰富多样，其中林地景观面积最大、分布最广、连续性最强，属区域内的基质景观。凭借森林植被覆盖率较大的优势，丹东被国家评为"国家园林城"；由于丹东依山傍水，城市呈带状沿着鸭绿江分布，距离鸭绿江口的黄海不足 40 千米；未利用土地与滩涂景观所占面积比例最小林地景观面积比例最大，为 65.08%，城乡用地面积比例仅为 2.85%，与省内其他几个城市相比有明显的差距[178]。

森林景观主要分布在丹东中北部地区，土地利用以旱地为主，旱地分布较分散，但南部地区相对集中；水田景观主要分布于南部地区，农用土地质量和经济质量多样化高于西部地区[179]；城乡用地主要分布于南部及东部的沿海地带；林地、草地景观表明丹东自然资源保持较好，生态环境指数为全省最高，达到 0.65，而营口市和葫芦岛市生态环境指数为 0.51，大连市生态环境指数为 0.43[178]。

2.1.8 旅游资源

1. 景观种类丰富、复合度高，利于旅游集群开发。

生态环境优越，自然景观保护较好，人文景观丰富，尤其是涉及边境的历史遗迹和文物资源丰富，江、河、湖、海、山、泉、林、岛、洞、塘、人文景观齐全、各具特色，形成高度复合的景观多样性与多功能性，形成了乡村生态体验旅游的多样性，打造了乡村生态体验旅游的环境基础；其边境城市区位造就了丹东独特的边境旅游优势，是中国最大的赴朝旅游集散地。

2. 空间上呈放射性、局部集中，利于产品组团开发。

丹东市中心以抗美援朝战争的红色旅游资源为代表，南部以北海洋旅游资源为代表，北部以山水—生态—民俗资源为代表，东部以自然山水—界江资源为代表。丹东境内的农业生产、农业生活和生态环境三者有机地结合为一体，构成了乡村生态体验旅游的发展基础：凭借自然景观、田园风光和农业资源，以及集观光、旅游、科普、健身、娱乐为一体的高科技农业园区；近年来发展起来的创意农业等（大梨树村的七彩田园等）。

3. 自然景观与乡村特色结合良好，利于开发深度生态体验旅游产品。

自然景观优美度高、存量大、富集度强、分布广泛，与地方民俗、温泉等旅游资源组合效果好，加上丹东市宜人的气候条件和环境，具有发展以生态体验为主题的休闲度假旅游优势。从旱作农田到水田，不同类型的种植业为多功能农业发展奠定了坚实的产业基础；养殖农场或养殖工厂造就了丹东海洋产业多样性发展基础，这里既有工厂化养殖，也有滩涂、稻田养殖。

4. 鸭绿江景观文化长廊特色显著。

位于鸭绿江中下游丹东市境内的鸭绿江国家级重点风景名胜区，长为 210千米，景区面积 400 平方千米。形成了以观赏自然景观为主的绿江景区、以水上活动为主的水丰景区、以度假消暑为主的太平湾景区、以访古为主的虎山景区、以游览市区风光为主的大桥景区和观赏江海风光为主的江口景区，将中朝两岸边境景观具有不同影响力的自然体验、文化体验及遗产体验等体验景观串联在一起，将异国风光与境内丰富的体验旅游资源结合在一起，形成了具有边境特色的带状边境生态体验旅游带（见表 2.3）。

表 2.3 丹东市旅游资源文化品位等

序号	资源等级	影响范围	主要景点
1	特别资源	具有特殊的感染力，能吸引全世界，国际上公认的旅游资源	鸭绿江风景区（4A）：鸭绿江大桥（形象标志）等边境风光；赴朝登岸游
2	国粹资源	具有一定的感染力，是国内公认的旅游资源	抗美援朝纪念馆、虎山长城
3	优秀资源	具有普遍的感染力，是区域内公认的旅游资源	志愿军过江浮桥、青山沟、凤凰山、天华山、天桥沟、大孤山古建筑群、大鹿岛、獐岛；河口景区
4	一般资源	受到当地的普遍公认	五龙山、五龙背温泉、东汤温泉、黄椅山、蒲石河、小岛

2.2 丹东社会经济概况

2.2.1 历史沿革

丹东的历史发展经历了一个从山区聚居→沿江河两岸规模发展→向海洋大发展的城市空间扩展过程。体现了由长白山麓的山林文明逐渐转化到鸭绿江畔的江河文明，再到黄海之滨的江海文明发展过程。从地域文化来看，边境地区自古以来就是一个多元文化交汇并存的地域，即远古文化、边境文化、长城文化、红色文化、山水文化、海洋文化、温泉文化及民俗文化为主的文化类型，同时也造就了丹东不同时期的文化"图层"。

由于历史的变迁，鸭绿江流域内形成迥然不同的边境文化内涵。边境文化是丹东地域文化的重要类型，也是国家间地缘政治变化产生的结果，具有深刻的历史内涵。这是由边境地区相近的历史、相近的生产生活方式、相近的地方习俗等形成的，鸭绿江上的水丰大坝、数座大桥等连接着中朝两国，是边境文化的重要载体，中朝之间的交流大多经由丹东，使得丹东成为与朝鲜相连的最大边境口岸城市，也是中国最大的边境城市。

1982 年发现的"前阳人"头盖骨化石表明，早在 1.8 万年以前，丹东地区就有原始母系氏族时期的先人在此开拓、繁衍、生息；距今 6 000 ~ 7 000年，丹东地区进入新石器时代；宽甸下露河镇下金坑村、永甸幸福村和振安区九连城镇龙头村等多处遗址证明，3 500 ~ 4 000 年前先人已进入青铜时代。

长城作为中华文明的重要文脉，也是鸭绿江沿岸景观文化的重要组成部分。明代万里长城东端起点屹立在鸭绿江边的虎山长城。站在虎山长城上眺望，鸭绿江对岸朝鲜的田野、村庄等风光历历在目；虎山脚下的"一步跨"

景点更是以"一步之遥"的便利近距离成为观察朝鲜"于赤岛"居民活动的最佳地点。非常巧合的是，虎山长城、山海关、嘉峪关均位于同一条东西向纬线上，即北纬40°线上[180]。

1876年（清光绪二年）首置安东县（治所今沙河镇）、岫岩州、凤凰厅。翌年，设宽甸县，并以凤凰厅为首府管辖岫岩、安东、宽甸3个县。1907年，安东县隶属于奉天省。1914年，由东边道管辖。1929年，隶属辽宁省，为一等县。1931年，"九·一八"事变后第2天，日军侵占安东和凤城。当年12月15日，日伪改辽宁省为奉天省，安东县隶属于奉天省，为甲类县。1934年（民国二十三年），在安东县的基础上置安东市（该名称一直延续到1965年），这些历史时期的发展和变化形成了丹东的边境文化特色。

1. 清朝时期的边境开发[181]。

鸭绿江右岸原生态的自然景观，山间河谷林木繁茂，水源充沛，下游区平原宽阔，土质优良，是垦荒耕种的理想之地，为先民的开发活动提供了优越的空间环境。流域内早期的拓荒者主要是采参、淘金、打猎、伐木的壮丁、流民等。鸭绿江右岸地区的繁荣始于20世纪初叶，与旷日持久的荒地开垦相比，它至少晚了两个世纪[182]。从鸭绿江上游下运的货物主要以木材、豆类为主；线麻、黄蘑、药材次之。

2. 殖民地统治时期的资源开发。

1906年，日本帝国主义侵入安东（丹东原名安东），市区七道沟一带被划为日租界地，次年，清政府宣布安东为商埠。自此，安东成为日中商品的倾销市场和原料供应地[183; 184]。在日俄战争期间，日本将安奉（安东—奉天）军用轻便铁路改成宽轨，并于1911年建成鸭绿江铁桥（下桥），以便更多的资源运往日本。水陆交通的修建使得鸭（江）浑（江）两岸的木材，凤城、宽甸、辑安、临江等地的大豆、粮谷、柞蚕、药材等物质源源不断地汇集于安东。而大量的布匹、食盐、杂货等生活必需品则溯江而上运往沿岸各地。安东成为鸭绿江流域以木材和杂货为主的商品集散地和出海口，成为远近闻名的"木都"。大量的木材、矿产等自然资源也被日本掠夺运送到日本本土。1918年，安东开拓了东至珍珠泡、南至鸭绿江、西至大沙河、北至分水岭的东坎子商埠区，聘请奉天陆军测量局测量了经纬马路，形成丹东城市今天发展的基本格局；同时，将东起大沙河、西至七道沟、北至盘道岭，辟为市场，开设了粮市、菜市、鱼市、丝市、柴市等。修建了与周围各县连接的公路，安东也因此成为辽东地区繁茂的经济活动中心。

1945 年日本投降后，中国人民解放军进驻安东市。11 月初，接收当地的日伪政权，成立安东省和安东市、安东县、凤成县、赛马县、宽甸县政府。安东市区划为中央、镇江、中兴、元宝、金汤、镇安、浪头共 7 区。1946 年 3 月、1947 年 11 月，安东县九连城区和五龙背区先后划归安东市。1946 年 6 月，成立辽南省二专署（和安东市一套班子），隶属于辽南省，管辖安东、孤山两县；11 月，改属于安东省。翌年 3 月，撤销二专署，安东市、安东县和孤山县均直属于安东省。1949 年 5 月，辽东省成立，安东市隶属于辽东省，安东市为辽东省会，是辽东省的政治、经济、文化中心。1954 年 9 月，辽东、辽西两省合并，设置辽宁省，安东市隶属于辽宁省。1965 年 1 月，经国务院批准，安东市改名丹东市，意为红色东方之城（见表 2.4）。

表 2.4　　　　　　　　　　丹东市不同历史时期的主要脉络

丹东不同时期的称谓	历史时期
前阳人洞穴遗址	1.8 万年旧石器时代
归属青州领域	唐尧时期
属营州管辖	虞舜时期
燕国辽东部所辖	战国时期
丹东属辽东郡	秦朝时期
丹东置武茨县和西安平县	西汉时期
丹东被少数民族高句丽建立的政权割据	东晋末年
安东督护府	唐高宗总章元年（公元 668 年）收复辽东
安东县	1876 年，清政府
安东为贸易港	1907 年，清政府
安东市正式成立	1937 年 12 月 1 日
为辽东省和安东市两级人民政府所在地	1945 年
改安东市为丹东市，含义是"红色东方之城"	1965 年

丹东境内按照时间顺序发生的重要历史事件主要有：①中日甲午海战。发生在黄海北部丹东市大鹿岛附近海面上的甲午海战，日军在丹东九连城等地登陆侵入中国，丹东成为中日甲午战争的一个重要战场。②日俄战争。日俄为了争夺在中国东北地区的利益，在辽宁展开了较量，软弱无能的清朝政府划给两国交战的战场，无辜的中国人成为这场战争最大的受害者。在九连城镇至今还保留着日本碑（镇东山）和俄国坟（朱家沟），成为那段屈辱历史的证物。③抗美援朝战争。让丹东成为世界瞩目的城市，是 20 世纪 50 年代初期的抗美援朝战争。当朝鲜战争的战火燃烧到鸭绿江边，中国人民志愿军"抗美援朝"就是从丹东跨过鸭绿江奔赴朝鲜战场的。几十万优秀的中华儿女，从丹东奔赴朝鲜战争，丹东因而也具有"英雄城市"的称号。

丹东境内现存的历史遗迹主要有：①战争遗迹。日本殖民统治时期强行修建的鸭绿江大桥在战争中遭到破坏。"鸭绿江断桥"是鸭绿江上的第一座桥梁，朝鲜战争爆发时被美军飞机炸断，至今桥上还有当年飞机机枪扫射的弹孔。旁边的"中朝友谊桥"至今仍然是中朝两国经贸往来的重要纽带；距离其70千米的上游河口村也有两座大桥，其中一个大桥也在抗美援朝战争期间被美军的飞机炸断；丹东市的抗美援朝纪念馆、纪念塔汇聚了记载那场战争的大量实物。②溥仪"东行宫"。伪满时期，伪满洲国皇帝溥仪"巡狩"安东，在丹东市浪头镇的王家山南坡修建钢筋混凝土"行宫"。1996年由赵朴初亲笔题写"溥仪东行宫"。③凤凰山上的乌骨城。乌骨城，借山命名。凤凰山古时叫屋山、横山和熊山，唐朝前曾称乌骨山。西汉末年，凭借凤凰山之险修建的长达16千米山城是由我国东北的少数民族政权——高句丽国修建的，1 600多年的风雨至今保持完好，是国家重点文物保护单位。东北少数民族政权——高句丽的遗址较多，著名的有"一都—五女山（本溪桓仁）"、"一陵—集安（吉林通化）"、"一城—凤凰山山城"（乌骨城），前两者已被确定为世界文化遗产。目前，凤凰山乌骨城已进入开发阶段，初步开发模式为"文化遗产遗址公园"。

2.2.2　行政区划与人口

丹东市为辽宁省省辖市，全市共有三个市辖区，分别是元宝区、振兴区、振安区；下辖东港市和凤城市两个县级市和宽甸满族自治县。丹东市共有59个镇、2个乡、3个民族乡、668个村、26个街道办事处、170个社区。

按照丹东市统计公报（2012年），年末总人口240.5万人，其中非农业人口104.6万人。总人口中，男性人口120.8万人，女性人口119.7万人；男女人口比例101∶100。全年迁入人口0.96万人，迁出人口1.3万人，人口出生率6.56‰，死亡率7.68‰，人口自然增长率-1.12‰。丹东市有40个少数民族，少数民族人口（满族人口居多）达到90万人，占总人口的37%。少数民族人口数量和比例，均居全省各市的首位。

2.2.3　经济发展概况

1. 经济发展水平。

2011年，丹东地区生产总值实现888.7亿元，比上年增长13.6%；规模工业增加值315亿元，增长15%；固定资产投资689.6亿元，增长31%；公共财政预算收入完成103.3亿元，增长23.8%；实际利用外商直接投资突破10亿美元；外贸出口总额23.6亿美元，增长30%；引进内资项目到位资金

759 亿元,增长 50%;全社会消费品零售总额 324.9 亿元,增长 17.8%;城镇居民人均可支配收入 17 123 元,增长 17.8%;农民人均纯收入 10 033 元,增长 20.3%。

2. 经济发展活力。

经济活力体现在四个方面:一是发展速度和质量实现双提升。主要经济指标好于预期,均达到两位数增长,实现了三个突破,即地方财政一般预算收入突破 100 亿元,实际利用外商直接投资突破 10 亿美元,农民人均纯收入已突破 1 万元。二是新区继续保持强劲发展势头。随着城市功能项目快速推进,产业项目向园区集聚促进产业集群逐步形成,实际利用外资、引进内资、外贸出口等主要指标在辽宁省沿海经济带 42 个重点园区中名列前茅,引领丹东沿江沿海经济带开发开放的作用不断增强。三是三次产业齐头并进。工业经济实力进一步增强,亿元以上企业新增 70 户;粮食产量达到 99.6 万吨;新增 10 亿元以上农产品加工项目 4 个。县域经济快速发展,凤城市继东港市之后也进入了全国百强县行列;城区经济顺利完成了第一个三年倍增计划。四是各项民生工程也得到有效落实。供暖、道路交通、保障性住房等涉及老百姓衣食住行等各类热点、难点问题得到有效解决,群众的生活水平、生活质量有了较大提高。

2.2.4 旅游发展

1. 旅游资源与产品。

(1) 丹东旅游资源丰富,景观品位较高,开发潜力较大,旅游发展综合评价指标(旅游收入及国内旅游人次等指标)排在辽宁省 14 个城市中的前 3 位。虽然其他各项经济发展指标与省内其他城市还有很大差距,但旅游发展具有较高的市场占有率,成为辽宁旅游的"金牛型"旅游市场,是一个典型的旅游城市[185~187]。

丹东的乡村旅游、边境旅游与城市旅游三分天下。区域景观具有较强的多样性,适于开展生态体验旅游的条件优越:一是丹东地区的生态环境决定了乡村生态体验旅游具有省内外独特的发展优势,从沿江沿海到丘陵山区,各种地貌类型变化多样。丹东位于 40°N,是长江以北地区降水最丰富的城市,境内丘陵地貌起伏、河流众多,景观独特、植被丰富覆盖率较高。二是丹东作为辽宁省"金三角"旅游城市中重要的端点城市,江河湖海陆景观资源兼备,各项旅游业发展指标均居辽宁省第三位。三是丹东乡村生态体验旅游类型众多,从观光体验到休闲、度假及专项生态体验应有尽有,类型丰富多样、区域代表性强，是辽宁省生态旅游开展的重要空间基础[44; 102; 175; 188]。

丹东是满族人口聚集地，从城市到乡村都可以体验到满族的风土人情。从满族奔放的舞蹈、独特的婚礼习俗、日常起居（满族的万字炕，或称拐子炕）到风味独特的饮食（满族的粘食制品及制作过程）、民族服饰（满族服饰是对我国现代服饰影响最为显著的少数民族服饰，旗袍、坎肩、马褂等至今仍以其独有的魅力）和独特的民族体育项目都成为乡村旅游开发的重要文化元素。

（2）以独特的地域景观为基础，丹东市已经开发形成一个文化旅游长廊（鸭绿江百里文化旅游长廊），四条旅游热线（丹沈山川旅游线、丹大江海旅游线、丹通生态旅游线、丹东边城旅游线），十大旅游产品（红色旅游、工农业旅游、异国风情旅游、海上休闲旅游、原始生态旅游、登山历险旅游、宗教文化旅游、民俗风情旅游、温泉旅游、赴朝旅游）。同时，也逐渐开发了冬季冰雪、温泉等旅游项目，调整了旅游产品的季节性。在这些旅游产品中，文化体验旅游产品的比重达到60%，拥有一定的区域发展优势。

丹东的旅游产品主要包括观光旅游产品、休闲度假产品及专项旅游产品三种基本类型，有的旅游产品则兼有这三种属性。其中以优美特色景观为基础的观光产品占81%，休闲度假产品占56%，专项产品占18%。这说明：丹东旅游产品的总体开发水平较低，尤其是体验旅游产品较低，游客的重游率较低；最重要的观光产品是以鸭绿江特色景观开发的边境旅游（包括跨境的登岸游），休闲度假产品中以原生态景观为主开发的青山沟山水旅游，以赴朝旅游和中朝贸易博览会（包括借助中朝边民互市贸易区的建设，也具有边境旅游的属性）为基础开发的专项旅游产品（见图2.2）。尤其是通过智慧旅游的建设，将"旅游+"与互联网结合，实施主动的智慧旅游与全域旅游发展战略，与上游吉林联合打造鸭绿江中朝国际旅游风情带，创建世界闻名、国内一流、东北典范的旅游产业带，提升了旅游目的地的开发建设水平。

（3）形成了以沟域旅游为主体的乡村旅游体系。乡村旅游将加工业及现代服务业纳入农业发展过程中，将景观开发、产业发展、社会服务、文化特色等融合在一起，形成了"第六产业"链，塑造了具有多功能性的生态体验景观，丰富了乡村特色文化的载体形式。在夯实乡村产业基础的过程中，开发建设了"涉农"的主题博物馆，如青山沟"中华满族风情园"等各类文化专题博物馆，塑造了丹东大梨树村"七彩田园"等乡村旅游发展典范。

目前，丹东市的旅游产品系列正在从依托于景观的观光旅游产品向休闲度

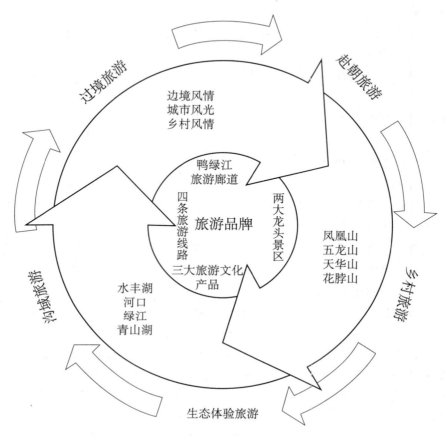

图 2.2　丹东旅游创新发展框架

假旅游产品及专项旅游产品方向转化，呈现了融合创新转型升级的发展趋势。以健康养老为核心的"养生之都"建设为切入点，以"四城联创"（卫生城、园林城、环保城及文明城）为主要抓手实施"全域旅游"发展战略，都在推进旅游城市的转型升级，充分发挥丹东景观生态与地域文化的优势，打造具有地域特色的滨水城市品牌及旅游品牌（见图2.2）。

（4）旅游精品建设。以资源整合为手段，形成了江海旅游、山水旅游、边境旅游以及赴朝旅游等产品系列，构建了有效的旅游营销网络，打造了以鸭绿江廊道品牌为主的旅游精品。其主要经验是"开发精品"。

一是以鸭绿江为核心的江海旅游精品。以鸭绿江为廊道主轴，开发建设了鸭绿江口国家湿地观鸟园项目，大孤山宗教文化旅游区项目，獐岛旅游休闲广场，规划了翡翠湾中心港旅游区项目、江海湾主题文化公园、虎山、安平河等鸭绿江重点旅游开发项目，奠定了鸭绿江旅游廊道的基本框架。

二是构建了以沟域经济生态为核心的山水旅游精品网络（见图 2.3）。以宽甸"辽宁生态旅游实验区"建设为契机，对天桥沟、黄椅山、青山沟等沟域旅游资源进行整合，创建生态体验旅游发展新模式；推进凤凰山景区玻璃栈道观景平台、弥勒大佛、黑风口栈道等建设和基础设施改造工程；建设兴隆大家庭商业综合体、古楼子养生庄园、朝鲜族风情温泉度假村、东北石材石艺城、天罡山旅游开发等重点旅游配套项目；大梨树景区基础设施改造工程。

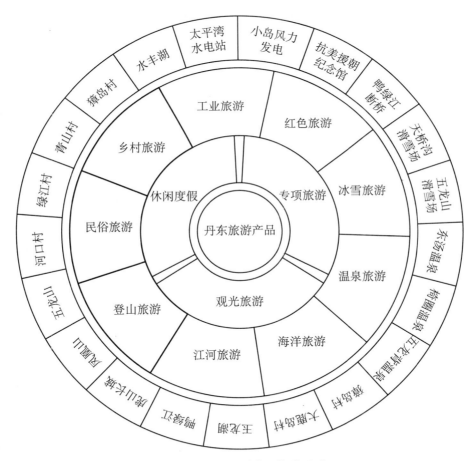

图 2.3　丹东旅游产品构成系列

三是以体验朝鲜半岛风情为核心的赴朝旅游精品。开拓了赴朝旅游新项目、开辟新线路，简化审批手续；开通赴朝鲜新义州东林两日游项目；投资方与朝方签订开发建设位于朝鲜新义州鸭绿江中朝友谊桥区域的赴朝鲜新义州友谊园登岸游项目，积极推进朝鲜清水旅游开发区登岸游项目。

四是以温泉开发为核心的休闲旅游精品。推进了北黄海海水温泉度假村项目、东汤温泉度假区、草河山东沟温泉开发项目、五龙背温泉新村项目、宝山汤池温泉综合开发项目、北井子温泉旅游度假村等项目建设。推进华美翰景等五星级酒店建设。

五是以弘扬英雄精神为核心的红色旅游精品。重点规划了甲午海战博物馆项目，并委托德国造船企业对"致远号"战舰进行1:1比例原样复制；聘请专业团队充分挖掘丹东抗联、抗美援朝等红色历史文化和甲午海战等重大历史事件，策划编排了跨过鸭绿江、甲午海战纪念游、抗联英雄纪念游等红色旅游线路。

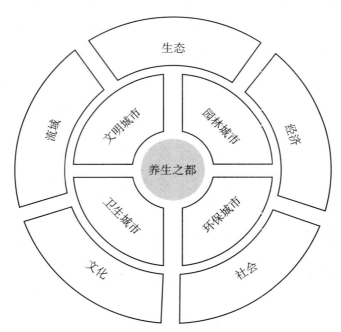

图 2.4　丹东城市旅游发展目标

2. 旅游发展存在的问题。

在全国各地都以旅游业为支柱产业，已具有现代服务业属性的旅游业在加快发展的背景下，丹东市旅游业发展也面临着诸多问题。主要表现在以下几个方面。

（1）本省客源比重过大（58.29%）[①]，高于全省平均水平（57.97%，仅略低于盘锦市）。外省客源比重偏小（41.71%），低于全省平均水平

---

① 数据来自 2011 年辽宁省旅游统计，辽宁省旅游局。

（42.03％），这表明：丹东市的客源市场以辽宁省为主，对外省的游客吸引力居于全省中下游水平。这与丹东在全省旅游业的地位（旅游综合收入排名第三）极为不相称；丹东旅游业仍处于低端层次的发展水平，旅游目的地对外省游客的吸引力仍然较弱，国内客源市场的空间范围不大，旅游目的地的供给结构调整与营销水平都有待于进一步提高。

（2）旅游消费能力仍然停留在省内各个城市的中游水平；游客的人均消费能力不足（人均消费不足千元，略高于全省平均水平），反映了丹东市旅游产品体系不完善以及旅游产品供给水平偏低。作为丹东旅游业"三驾马车"之一的乡村旅游雷同现象较为普遍，产业发展层次较低，与乡村自然环境、社会环境、产业环境等融合程度较低，乡村旅游产品创新程度较低，乡村生态环境与民俗风情独特的优势未能得到充分发挥。乡村特色商品，尤其是具有地域代表性的旅游纪念品雷同或奇缺。除了大梨树村、河口村、大鹿岛村、青山沟镇等旅游专业村镇的沟域经济基础发展较好以外，绝大部分乡村虽然也开始重视旅游业的发展，但由于处于边境贫困的落后地区，基础设施薄弱，尤其是边界的交通网络尚未构建成型，缺少系统的深度开发利用，难以开发乡村生态体验旅游产品，尤其是缺乏湿地休闲、养生养老、休闲运动等消费形态，良好的自然生态条件"不尽其用，难尽其能"。这些问题的存在对于丹东市处于全省旅游发展第一梯队的位置构成了潜在威胁。

（3）旅游公共服务水平较低。主要表现在：旅游公共服务体系的财政支持和多元化参与体制并没有完全建立。旅游公共服务的财政支持仍停留在一事一议的层次上，缺乏系统长远的规划建设和多元化的参与机制，尤其是缺少"多规合一"的顶层设计；旅游公共服务体系中供给规范合理的分工和问责制还没有形成。政府如何提供规范合理的有效公共服务，以及旅游服务失衡时由谁负责仍然是盲区；旅游公共服务体系有效的绩效评估机制尚未形成。绩效评估机制是衡量政府有关部门管理旅游业发展水平的重要手段，单靠经济数字难以衡量其绩效；政府在旅游公共服务领域中还存在缺位、错位的现象，政府与旅游专业合作社的沟通机制尚不健全。

（4）旅游产业融合程度较低，创新发展能力较弱。旅游的高中低档产品体系虽然初步建立，但仍以对自然景观依赖性较强的观光旅游产品居多，休闲度假、专项旅游产品及特色旅游产品较少，影响力及竞争力较弱。据实地调查统计，丹东的观光产品占 81％，休闲度假产品占 56％，专项产品占 18％（注：有的旅游产品具有多种属性）。最重要的自然观光产品是以鸭绿江风情游为代表的边境旅游包括登岸游，最典型的休闲度假产品以乡村景观为代表的山水景观休闲度假旅游，专项旅游产品则以赴朝旅游及温泉滑雪旅游为代表。不同类型及不同档次的旅游产品类型相互融合，尤其是与相关要素的融合，拓展了旅游产品链条，丰富了旅游产业发展的创新机会，但丹东市的融合创新水平目前仍停留在中低档次的水平。主要原因有：旅游规划难以落实到位，尤其是"多规合一"及旅游发展的控规详规不到位，或水平较低；全域旅游公共服务水平较低，难以适应旅游融合创新发展的形势。

2.3　案例研究地点

2.3.1　专业旅游村镇

本书研究选取了丹东市空间上四个方位的旅游专业村镇，即大梨树村、青山沟镇、河口村及大鹿岛村作为乡村生态体验旅游的示范村。这四个村镇不仅在自然人文景观等方面代表了丹东市的基本特征，而且旅游发展也具有较大的区域影响力及代表性：大梨树村为社会主义新农村建设典范，也曾经是全国"百强村"之一，如今已经被授予"中国农业公园"称号；青山沟镇（包括青山沟村）是一个以原生态为主、山高林密，河湖密布的乡镇，全镇域皆位于青山沟国家级重点风景名胜区内；河口村是一个沿江分布的依山傍水条带形乡村，位于鸭绿江国家级重点风景名胜区的核心景区且与朝鲜青城郡隔江相望；大鹿岛则是黄海北部有人居住的海岛，与邻近的獐岛同为中国万里海疆最北端的海岛（见表2.5）。这四个村镇基本都形成了以旅游为带动的现代多功能农业发展网络，促进了以生产为主的传统农业向以生产服务相结合的后现代农业转化，提升了乡村旅游发展的综合带动水平，推动了美丽乡村空间的建设水平。

表2.5　　　　　　　　　丹东4个旅游专业村镇基本概况

主要项目	大鹿岛村	青山沟镇（青山沟村）	大梨树村	河口村
区位（方位）及距离丹东	东港市孤山镇（SW）	宽甸县（NE）	凤城市（NW）郊区	宽甸县（E）长甸镇
	108千米	174千米	72千米	69千米
面积与人口	6.6（平方千米），4 000（923户）人	120（平方千米）（含水面23.3）11 000人	48（平方千米）4 800人	40（平方千米）3 200人
乡村生态体验旅游特色	海岛渔村——赶海冲浪	百里画廊——青山绿水人家	中国农业公园——农事体验	美丽边境村——在那桃花盛开的地方
	辽宁省旅游专业村	辽宁省旅游专业镇	辽宁省旅游专业村	辽宁省旅游专业村

续表

主要项目		大鹿岛村	青山沟镇（青山沟村）	大梨树村	河口村
发展特征	发展过程	海洋养殖捕捞发展起来的旅游产业，村企合一发展模式	景观生态完美基础发展起来体验旅游产业，特色种养为当地的主导产业	工贸结合发展起来的旅游产业，国家级生态旅游区，特色种植	艳红桃生产种植基地，依托鸭绿江核心景区的乡村旅游发展
	经济结构	海洋养殖、海洋捕捞及旅游业。旅游业从业者约占全村人口的1/10	种植业为主、林下产业及旅游业。旅游业从业者人，占劳动力总数1/3	商贸、加工、水果及旅游业。旅游业从业者约占人口的1/16	艳红桃水果基地、旅游业。旅游业从业者约占人口1/10
	发展水平	人均收入1万元，全村年实现工农业总产值2.5亿元，年创利税2 400万元；2010年接待游客20万人次	人均收入0.8万元，年接待游客30万人次，旅游业综合收入5 000万元	人均收入1.23万元，高于丹东城镇居民收入，2010年接待游客25万人次，旅游综合收入1 500万元	人均收入达0.8万元，只有从事餐饮的业户年收入3万元左右，年接待游客10万人次

资料来源：实地调查（2010）。

2.3.2　旅游发展历程（以大梨树村为例）

位于丹东市西北部72千米处的大梨树村，作为辽东山区社会主义新农村建设的典范，从改革开放的1978年开始起步，经过近40年的发展，在生产、生活、社会及管理等诸多方面实现了创新组合。大梨树村以休闲农业发展为切入点，发展了具有乡村多功能景观格局的生态体验经济模式，已建设成为区域的"辽东第一村"（曾经是全国百强村之一）。在过去的30年里，大梨树村发展经历了家庭联产承包制→乡镇企业→现代生态农业→生态旅游四个阶段。其他三个旅游村镇与大梨树村的发展历程基本类似，都是以景观生态开发为基础的观光旅游起步，走依托多功能农业发展的生态体验经济创新发展之路（见图2.5）。

位于辽东山区的大梨树村气候温和、降水丰沛、植被浓密、河流密集、风情浓郁的山地环境为发展多功能农业奠定了景观基础。虽然与辽宁省三大名山的凤凰山临近，但由于交通网络等因素的限制，基本上无法获得并分享到达凤凰山的客源。大梨树村，在党支书毛丰美的带领下，以"实干、巧干"的"干"字精神，通过调整土地利用方式，对村内荒山实现了景观生态建设开发，以各种创意的方式开发建设了全新型的景观生态格局，推进了以观光农业

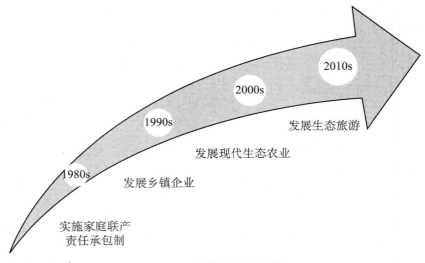

图 2.5　大梨树村发展历程

为发展起点的乡村旅游发展，使得乡村旅游成为大梨树村发展的重要驱动力。如今，大梨树村已被授予"中国农业公园"称号，发展成为"2014 年中国最美休闲乡村——特色民俗村"（农业部）建设的典范。使传统农业成功地转型升级为具有地方特色的多功能农业，协调了乡村发展中的经济效益、社会公平及环境友好之间的关系，促进了乡村可持续发展。

大梨树村的近 40 年发展历程主要体现在以下四个方面。

1. 强化自然景观的生态建设，突出景观的多功能性。

多功能景观生态环境建设是大梨树村多功能农业发展的重要空间基础，也是其开展各种功能性活动的空间载体。大梨树村是辽东山区最早通过荒山治理、河道改造、沼气开发、生态旅游及社会福利等实现创新发展的山村。他们将大部分荒山改造成水果林、特色林、观赏林等，形成具有区域影响力的特色景观，为大力开发以观光农业为切入点的多功能农业发展奠定了景观基础[44]，这也为进一步发展生态体验旅游奠定了坚实的基础。通过全面推进土地规模经营，规划开发新型土地利用模式。在保护乡村景观完整性和特色性的基础上，发挥多功能景观的旅游功能，开展生态内涵丰富的乡村旅游，建设成为全国"生态旅游示范区"，为构建以乡村生态体验经济体系奠定空间基础。事实上，大梨树村开展乡村旅游是在传统种植业市场暂时失灵的情况下进行的：种植的大面积水果成熟后不几年就面临着市场饱和、水果滞销的局面，水果生产面临着竞争压力太大的困境。大梨树村通过调整发展思路，充分发挥乡村景观的多功能优势，率先在区域内开展了以水果采摘为主的观光农业，使得当时的水果种植业迅速走出低谷，不仅使得水果生产走出了低谷，而且也为当时的乡村景观生态环境建设提供了新的发展思路。

2. 推进生态产业体系建设，提升生态产业的发展质量。

20 世纪 90 年代是大梨树村村镇企业大发展的时期，这个时期的村镇企业基本都处于各自为战单打独斗的市场拼搏阶段。1992 年成立大梨树村实业总公司以来，对原来村所属钛铁厂、电熔镁厂、镁砂厂、凤泽大市场、龙泽农贸中心、旅游公司、果树农场、五味子农场、房地产开发公司等十几家企业进行合并整合。在治理整顿污染耗能高企业的同时，对生态环境影响较大企业的搬迁改造，通过实行租赁、承包、职责效益责任制等方式，促进了村集体经营性资产股份合作制的形成与健康发展。与此同时，以乡村景观生态建设为主要方式，充分发挥多功能农业对景观的塑造作用，将原有的景观开发进行"精细加工"，突出其创意与美学特色。发挥多功能农业对农业经济的驱动作用，带动以乡村生态体验旅游开发为主线的多功能农业网络建设。通过发展壮大乡村集体经济，全村人均年纯收入早在 2006 年就已经达到 1.2 万元，其中有 1 万元来自乡村集体分配收入，2 000 元来自家庭项目增收，超过了当时辽宁省城镇收入的平均水平。

3. 创新乡村社会组织体系建设，积极鼓励社会参与。

作为辽东地区率先建设中草药材五味子（schisandra chinensis）生产基地的乡村，其种子面积一度达到 800 公顷，大梨树村已成为辽宁省重要的五味子生产基地，并成为中国北五味子的重要地理标志产地。为了扩大五味子种植加工产业链条，大梨树村建立了农民专业合作社，通过吸收村民入股，广泛吸纳民间资金，解决了生产资金不足问题；通过采取统一地块、统一种苗、统一田间管理、统一经营销售的方式，解决了五味子种植管理分散和加工不便问题；通过健全合作社内部管理机制，建立了合作社收益分配机制。目前，辽宁省民政厅批准由大梨树村牵头成立了辽宁省五味子种植协会，会员达到 700 多个，既有种植业户也有经销商和制药企业。协会成为会员交流信息、沟通产销、技术培训、促进发展的平台和桥梁。通过合作社的调节机制，调动了协会成员的积极参与性，促进了富民合作社机制创新，推进了以农业为主体的产业化进程，形成了"种植为主，多业联动"的产业发展网络。在这种模式的引导下，大梨树村的其他合作社组织也陆续建立起来。中草药五味子生产基地（包括长达 18 千米五味子长廊）也都发展成为乡村旅游的重要空间基础，人们可以在五味子长廊休闲游览，这中间也吸引了很多外地慕名而来学习五味子种植技术的人们。

4. 促进乡村民生环境体系建设，改善村民生活质量。

经过近40年的发展，同沿海其他地区乡村转型发展类似，乡村发展中的变化也表现在乡村人口非农化及乡村居民点布局的时空变化上[189]。集中建设的民居、临河而建的水乡建筑、五味子交易市场、影视城（将原有的居住区改建而成，这里曾《小姨多鹤》《女人一辈子》《菊子》《眼中钉》《凌河影人》《桃花女》等多部电视剧）、村史馆等建筑景观，吸引了散居在附近沟域的300多户村民迁入居民小区，同时也吸引200多户外地人来此安家。采用集中供热方式超过4万平方米，改变了北方乡村地区传统建筑的供热方式。乡村新型居民小区不仅改善了当地人的居住条件及文化生活，而且也成为实现乡村生态体验的新型景观；村卫生所与城市中大型医院合作，开展卫生防疫、防病治病，做到村民可小病不出村，改善了村医疗卫生和村民健康条件。民生环境体系的建设过程始终体现了景观生态多样性及生态环境建设优先的开发理念，以乡村生态体验旅游为产业纽带的思路，丰富大梨树村的生态体验经济产品系列，为大梨树村的美丽乡村建设注入了活力。

2.3.3　乡村旅游发展问题

1. 旅游开发与景观生态建设协调性较差。

无论是在原生态的青山沟镇（村），还是在社会主义新农村建设典范大梨树村、优美边境风光的河口村及迷人海岛的大鹿岛村，都普遍存在着旅游开发与景观生态格局协调性较差，景观的多功能性难以充分发挥的问题。突出表现在：所谓的创意型景观割裂了多功能景观的协同机制，不仅景观生态的多功能性造成一定程度的破坏，也对原生态的自然生态景观造成了视觉污染。如河口村由于旅游规划滞后，开发造成景区内景点的人为割裂，"画地为牢"的一些人造"景点"不仅割裂了当地社区参与的积极性与普遍性，也导致了自然景观品质与景观多功能性的下降，使得优美的鸭绿江段旅游难以实现有效的整合，旅游开发与当地的可持续发展矛盾突出。与此同时，过度开发造成了沿江景观审美质量及文化内涵的降低，也使得优美的鸭绿江段景观呈现视觉污染的状态，导致了乡村旅游产品的区域竞争力下降。

乡村旅游开发存在重视有形景观而忽视无形文化的现象，开发保护的一致性较差。例如，大鹿岛上被保护起来并被作为海岛神树的嘎巴枣树旁边有一些花椒树，从外形上来看与嘎巴枣树无法比拟，忽视了这些花椒树的保护与文化内涵挖掘。但这些岛上先民栽种下来的花椒树，海岛生活中却扮演了重要的角色，因为花椒是渔民最重要的日常调味品（花椒可以有效消除鱼的腥味）。嘎巴枣树作为海岛的古树，村民及游客可以在其周边祭拜和祈福，它与这些花椒树见证了海岛的发展，都凝聚了海岛悠久的文化内涵。也就是在这个海岛上，有很多丰富的动植物资源及海岸景观资源开发都存在着协调不一致的问题。

2. 乡村旅游的体验方式仍然停留在"赏乡村美景，住农（渔）家村、吃农（渔）家饭、干农（渔）家活、学农（渔）家艺、享农（渔）家乐"的初级阶段，产业链较短，提供的体验性旅游产品层次较低，游客停留时间较短，旅游消费层次低。

由于缺少乡村旅游的总体规划与创意开发，开发仍停留在依赖自然景观与人文风情粗放的发展阶段。"农家乐"项目与其他地方的"农家乐"没有什么两样，除了赏花采摘项目外，参与互动的旅游活动项目较少。如大鹿岛村，由于"两日游"（实质是一日游，大鹿岛上的游客大多数仅住一夜，第二天上午就得匆匆地离岛返回）的游客占据绝大多数，海岛旅游缺少深入参与性的体验活动，体验旅游产品发展的层次较低，休闲度假逗留时间较长的旅游者很少。乡村旅游发展存在着基础设施建设不到位、总量规模大，单体规模小、服务和管理水平参差不齐、产品开发层次不均衡、同质化现象严重、可购买特色旅游商品少、缺乏地域特色体验项目、社区参与不够、利益分配不公、营销方式有限、智慧型旅游网络建设缓慢等诸多问题。

3. 乡村旅游产品特色性不足。

依托于传统农业发展起来的观光农业还难以立足于乡村的空间范围内。一

个重要的原因就是农业的多功能性不强，尚未建立起完善的融入第一产业＋第
二产业＋第三产业＝第六产业的多功能农业发展体系。依托于此的乡村旅游发
展后劲不足，其乡土性也无法在乡村旅游发展过程真正地得到体现。乡土性是
乡村旅游的核心特征和基本依托点，以工业化及城市化的理念开发乡村旅游产
品。由于"乡村性"和"地方性"的特色明显不足，不能满足游客求知、求
真、求趣的多层次需要。如青山沟镇乡村旅游开发曾经一度旅游产品相对较为
单一，产品层次较低。对青山沟自然景观的观光体验是游客最主要的旅游活动
项目，其他参与性的活动项目水平较低（如篝火晚会、攀岩等）。大型满族歌
舞《八旗山水谣》的开发逐渐改变了这种发展态势，歌舞凸显了地方特色的
满族文化底蕴，游客们能够体验到原汁原味的满乡文化；由于参与性项目较
少，大梨树村尽管每年接待的游客达到 20 万人次，平均逗留住一宿的游客比
例却很低。

　　4. 乡村旅游营销手段单一，海岛生态压力较大。

　　一方面，海岛旅游营销仍处于传统的媒体广告方式，网络营销互动性较
差。除了"住渔家村、吃渔家饭、干渔家活、学渔家艺、享渔家乐"的方式，
大鹿岛旅游发展供参与性的体验活动项目较少。大鹿岛的进出就曾一度因为码
头受到潮水涨落的影响，进入大鹿岛的时间受到较大的限制。进港购买进岛的
船票已经成为制约进大鹿岛的一个重大问题——很多旅游团在等待购票，有的
甚至在等待中失望而归，限制了很多旅游团的正常行程，对大鹿岛的旅游发展
造成了很大的负面影响，其本质就是营销体制和营销方式转变的问题。随着智
慧旅游的发展，网络预约订票已经实施，缓解了这种滞留现象，极大提高了大
鹿岛的可进入性和整体运营效率。另一方面，汽车尾气和生活废水以及基础设
施建设导致了海岛的自然景观资源、生物资源、人文环境资源等也受到威胁与
破坏；近几年来为了实现经济的快速发展，大鹿岛村开始沿岸围坝，投入巨资
在浅滩处修筑海参圈，人工饲养海参，也存在海洋生态环境系统受到威胁的
隐患。

2.4　小结

　　从改革开放初期只有零星的观光旅游到今天全面发展的乡村旅游，四个旅
游专业村镇近 40 年的发展，已经发展成为辽宁省的旅游专业村镇，它们是丹
东乡村旅游发展的缩影，也印证了中国乡村旅游业的发展历程。

　　选择这四个旅游专业村镇作为案例研究地点，不仅仅是它们彼此之间地理

空间差异显著，更重要的是它们依托于多功能农业网络创造了新型发展空间及产业发展模式，实现了乡村旅游创新发展的转型升级，在乡村旅游产品开发、产品营销、经营管理等方面具有典型的区域代表性，对区域美丽乡村建设的发展具有显著的带动引领作用。

第3章

生态体验场

3.1 理论框架

3.1.1 理论基础

1. 生态场理论。

自然界中任何事物都不是孤立存在的，它们之间存在普遍的空间相互作用并以场（field）的形式实现。生命系统从小到大可划分为分子、基因、细胞、器官、个体、种群、群落和生态系统。每一层次所处的生存空间都不同，生物通过对生态环境中物质结构的改变、能量和信息的交换实现其相互作用，生物这种相互作用的空间可视为生态场（ecological field）[47]。生态场作为生物有机体对景观感知的一种特殊空间配置（spatial configuration）形式，从其内涵到作用方式都要较物理学中的电磁场、磁场和引力场等要复杂得多，它表现出由于生物存在及存在状态的改变引发的相关生态因子空间、时间分布的不均匀并因此而产生的生态系统态势[190]。

自 Wu[191] 等首次提出生态场（ecological field theory，EFT）的概念之后，有关生态场的研究主要集中在植物群落、人工植物群落的植物个体与种群水平领域内[192]。生态学的生态场理论受物理学"场"（Field）思想的启迪，以经典生态学理论为基础，采用演绎方式及较为严格的定量、直观、综合的模型，探求生物与生物及生物与环境间相互作用的机制与规律[193]。自然界中任何有机体都不是孤立存在的，它们之间存在普遍的相互作用并以场的形式实现出来。随着学科间的交叉融合，生态场理论逐渐被应用到景观生态学的研究中。

Farina（2004）率先将生态场（eco-field）[157]概念拓展到景观生态学研究领域中，拓展了景观生态学研究的范式。他运用生态场的概念解释了有机体与景观之间的空间感知关系，强调景观开发设计应充分考虑人的空间感知特征，并将其作为景观的生态场研究范式（eco-field paradigm）：这是一种承载生命有机体感知环境含义的"空间配置"，是一种认知景观的中介体[48]。由于生命有机体感知角度、感知距离的不同，这种感知的空间配置也是不同的。根据景观生态场的感知属性，将景观划分成中性（neutrality-based landscape）、个性（individual-based landscape）和观察（observer-based landscape）三种认知类型（cognitive iandscape）；这三种认知景观认知形式对生物体的空间分布及竞争行为产生较大的影响，并进一步影响生物体之间的空间行为，进而产生适应景观的综合生态效应。随着生物体之间以及与景观空间的互动作用，这三种认知景观也是相互转化的，拓宽了景观生态学的研究领域。

　　按照 Farina 的观点，生态场（EFT）作为感知景观的空间配置形式，至少还可划分为 13 种类型的感知景观（见图 3.1）。这些感知景观类型仅仅是依赖生物有机体为中心的感官直觉判断，经过转化可以形成新型的感知景观，与由感官感知→情感感知→理性感知不断升华过程所塑造的新型景观仍然还有很大差异。

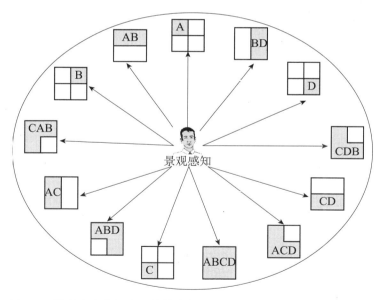

图 3.1　景观中生态场感知的基本类型（依据 Farina，2006，有改动）

　　作为一种立体空间，生态场与知觉过程中的感知场（cognitive-field）[194]类似，人们选择适合自身需求的景观作为"场景"参与体验活动，在感官的愉悦中创造一种空间的秩序，将旅游活动与景观环境的生态可持续性、具有原生态的风土人情及土地利用的多功能性联系在一起，促进乡村旅游新形态的形成与发展。旅游体验活动主要表现为旅游者在客源地与旅游目的地之间的空间往复运动,故客源地与旅游目的地都可视为旅游流源点,两者之间的相互作用就构成了"旅游场"。游客在旅游场中的各种活动是对生态环境外在表象的感知体验,现代人在这种跨地域形成的新型立体空间中,借助各种体验服务,开展有价值的各种空间体验活动,将自己塑造成为一种暂时超脱于社会压力的新型空间中的"超人",逐步化解了现实社会给人带来的种种压力,满足了自我实现的需求。而旅游者个人价值取向是其对空间目的地选择偏好的重要依据[195]。感知过程的综合性场所构成了新型景观空间,景观的空间结构通过景观元素的组合表现出来[196],将个人追求的愉悦充分在空间体验活动中展现出来。因此,从"生态场"[157]到"景区廊道"[197],从具有生态内涵的"景观"[198]到"服务景观"[199]"体验景观"[159]"旅游景观"[200]等类型,既反映了服务于不同研究目的与需求的"场"的空间形态,也反映了不同产业活动及行为空间所构成的景观类型。

环境和景观是乡村生态系统最重要的外在表象,这种外在表象对人类的心灵感知及体验行为具有很重要的影响。景观不再单单是一种地理空间意义的"容器",它既是人们各种行为产生的心理场,也是各种体验过程进行的空间场,是行为与景观生态空间关系连接的重要场所。旅游行为空间现象的本质就是体验[201],也就是说,人们追求在景观外在表象与内在心灵感知的过程中,实现愉悦的体验,这种体验也扩展了人们感知的空间。如在对田野中虫蛙的观察体验之后,对生态空间的感知扩大了对生态环境空间的感知。对一只青蛙的观察可将人的感知空间扩大到充满生命奥秘的动物王国。在乡村地区,以生态为主题的体验活动实际上是与乡村环境各种要素相互作用形成的感知系列,即:感官感知—情感感知—理性感知。这是一个不断生活的体验过程,最终形成了体验感知的层次性与多样性,也造就了乡村生态体验旅游的多样性和多层次性。从广度来讲,一个有影响力的生态体验旅游品牌,整合了乡村景观要素、产业要素、社会要素、文化要素等发展要素,具有将乡村旅游发展的可持续性与多功能性紧密联系在一起的功能。

从传统的旅游视角看,乡村景观首先必须具有视觉上的美学功能,其次才是对乡村风情文化的感知与体验;从生态美学视角看,乡村景观是生态美学体验的重要对象,是乡村生产与乡村生活及乡村社会和谐统一的载体;从生态体验经济视角看,乡村景观是空间体验的对象,既是体验的客体,也是体验者与体验提供者相互作用的空间载体;从历史文化视角看,乡村是文化传承的载体,乡村悠久的传统农业文化遗产有科研价值、美学与文化价值,强调乡村传统农业文化遗产的挖掘、保护、传承和利用。然而，无论从哪一种视角来看待乡村景观，都仅从局部的角度评价其功能，都面临着乡村旅游开发无序化的压力，如乡村新型建筑风貌、旅游设施及标识系统的杂乱和不协调等；乡村旅游业的发展加速了传统乡村的城市化倾向，开放空间逐渐朝城市公园化和广场化方向演化，乡村变得日渐浮躁与喧嚣嘈杂，"千村一面"及"千镇一面"的发展格局，也使得乡村传统的"地域特色化"文化景观面临前所未有的挑战。

由于乡村景观开发的无序化、城市化与商业化倾向，其生态、生产、游憩、文化和美学功能也不断地发生变化，只有对新型乡村景观类型重构，深度认知乡村景观价值与功能，才有助于科学合理地开发利用乡村景观资源[83]。应用景观生态学中的斑块—廊道—基质原理，设计新型的乡村生态景观网络，将乡村生产、乡村生活、乡村社会及乡村生态有机地耦合起来，构建多功能农业（MFA）的创新发展景观，奠定乡村的新型生态文明发展的空间基础，推动全域旅游发展战略的实施，提升乡村景观开发建设水平的必然选择。

乡村多功能景观空间（multifunctional iandscape space）具有多重价值，其价值往往是以某种空间性（spatiality）价值为主，其他价值辅叠加在一起的。角媛梅以哀牢山区梯田景观为例，从梯田景观的生产价值、生态价值、文化价值与美学价值四个方面分析和评价了梯田景观的多功能价值[202]。在实践中，将生态系统服务与多功能性整合在一起评价景观多功能价值的做法，实现了景观评价从科学理念到综合评估的重大转变[203]，为以生态体验为核心的乡村旅游发展奠定了坚实的基础。以生态体验为核心乡村多功能景观空间开发具有多重的融合价值，将空间本身的生产与空间中的社会发展结合在一起，关注空间中各种事物的演化过程，讲述体验者在"空间中的故事情节"。

随着分享经济（sharing economy）时代的到来，乡村旅游空间生产能力也将逐渐增强。互联网＋生态文明助推了这种新型经济业态与景观空间发展的速度[204]。分享经济崇尚最佳体验与物尽其用，集中体现了新的协同消费观和可持续发展观[205]。通过观光体验、休闲体验、娱乐体验、度假活动实现了对乡村多功能景观的体验分享，也将乡村地区对"物"的生产过程上升到对"人"的体验服务，建立一种融产品供给、社会安全保障、产业奉献、就业保障、生态功能与生活休闲为一体的多功能景观空间[206]。

2. 行动者—网络理论。

在社会学家眼里，场已经由立体空间关系转化成为社会关系中的场景，可以用来描述成不同阶层的社会关系网络。法国社会学家皮埃尔·布迪厄（Pierre Bourdieu，1930~2002）提出的场域（field）概念[207]是指在不同阶层行动者（actors）间社会关系构成的网络[208]，如经济、政治、艺术、学术等场域的形式。这种场域概念与地理时空的实体有所不同[209]，它是一种抽象的信息时空，是一种存在于社会关系网络之中的特殊网络，并不具有空间的属性。但是，无论哪一种网络形式，生态场、场域[210]都是针对不同类型行动者构建的行动者—网络，都是新型空间的构建形式；所不同的是：生态场是具有实体空间的各种行动者关系网络；而场域则是没有实体空间的行动者社会关系网络。

按照法国社会学家 Latour 等人的研究，网络中的"自然"与"社会"、"人类"与"非人类"等二元论已不适应人类社会发展的需求[200]。在他们提出的行动者—网络（actor-network theory，ANT）理论中，网络中自然与人文要素的地位与作用是相同的；科学家不应该单纯地观察自然，应打破以人类为中心的思考局限[211]，以完全对等的方式处理自然与社会、认识与存在、宏观与微观等二分事物，将自然要素与人文要素的作用同等看待。行动者（actor）是网络中的行动者，既可指人，也可指非人的观念、技术、生物等行动体（actants）；网络（networks）必须是有行动者参与的时间与空间、自然与人文综合的景观结构。在这种景观网络结构中，旅游体验感知的对象与体验的主体在平等互动的交流过程中才能达到"天人合一"的生态审美境界。事实上，景观生态学也一直强调景观结构是一种普遍存在的网络，是景观要素空间联系的重要方式，是能量、物质和物种在景观中流动或运动的重要途径[198]，只不过景观中要素之间的联系存在明显自然与人文关系的不对称。因此，通过"场"的研究范式（paradigm），促进地理学对景观空间的认识从地方空间（space of place）、流动空间（space of flow）上升到行动者—网络的空间（actor-network space），从而解决了自然与人文的二元对立[212; 213]，拓展了景观生态学研究的领域与范式。

乡村景观作为一种异质性的系统（heterogerneous systems），包括了土壤、动植物、机械、人类、知识、制度及企业等空间要素。行动者—网络理论（ANT）则提供了一种由人类及非人类行动者（知识、技术、资金、耕地、动植物等）相互作用所构成的异质性网络（heterogeneous network）的研究范式（paradigm）。乡村生态体验旅游（ecological experience tourism，E2T）作为多功能农业网络中的重要组成部分，是一种自然环境与人文要素相结合的乡村综合旅游（integrated rural tourism，IRT）[101]。这种旅游也是景观空间生产的重要动力，它要求将空间中的自然行动者与人文行动者平行并列对待，而不是偏重于自然或经济社会中的任何一种，这有助于将乡村旅游成为乡村发展的重要驱动力。因此，在乡村生态体验旅游（E2T）研究过程中有必要引进行动者—网络理论（actor-network theory，ANT）。该理论认为，自然要素与人文要素在网络中的地位是平等的，其作用也应平等看待。在网络构建与转化过程中，需要将地理学、生态学、经济学、文化学、心理学等学科的系统知识（systems knowledge），通过网络构建过程中的转化作用，升华为一种转换知识（transformation knowledge），提高并发挥网络行动者的地位与作用，提升乡村生态体验旅游网络的创新能力[214]。

　　将景观生态学的生态场概念与社会学的场域概念结合起来就构成了生态体验场（eco-experience field，E2F）的理论基础，也是本书研究的重要出发点。生态体验场（E2F）是一种以生态体验为主题的旅游体验感知过程所形成的空间配置，是一种由关系型空间与实体空间结合的综合性空间，其实质就是将景观感知与人地关系密切结合起来。生态体验场包括物质性与非物质性的整体性场景，是由生态环境、生活环境、生产方式、文化传承等行动者要素组合而成的立体空间，而且是一种可感知的多重空间。类似于旅游场（tourism field）[215]，生态体验场（E2F）既是体验感知的载体，也是乡村体验旅游活动空间存在的一种基本形式，具有能量、动量和质量的基本属性，同时也影响和作用于其中旅游流的产生、集聚与扩散，反映生态体验场内各源点（行动要素）之间的相互作用关系，这些源点构成了生态体验场的景观空间网络配置关系。各种活动载体的空间配置关系反映了乡村旅游目的地在旅游产品体系、旅游服务体系、旅游基础体系、旅游营销体系、旅游管理体系及旅游保障体系等方面的建设水平。这些体系可以组合成更大规模、更具吸引力的乡村旅游目的地体系，满足游客对体验需求的多样性及多层次性。

　　本书研究选取的研究对象是乡村多功能景观中的行动者要素，每一种行动者都是自然与社会的"综合物"（hybrid），是一种"准客体"，是一种融合了经济与文化意义且具有一定社会身份（或标志）的行动者，而绝非是传统意义中的人或相关组织。把非人类的景观生态环境、田园风光、名胜古迹、土特名产、特色美食、历史、语言、工艺及劳动技能等要素与人类个人及团体组织等对等看待，共同构建由异质性元素组成的行动者—网络，是一种综合性的景观空间网络，成为乡村生态体验经济发展的新型景观基础。

　　（1）对等性原则（the symmetry principle）。对等性原则是行动者—网络理论的核心主张[52]，即评价任何事物，尤其是你要致力解释的事物时，要以平等的方式进行[211]，以完全对等的方式处理自然世界与社会世界、认识因素与存在因素、宏观结构与微观行动等二分事物，打破原先以人类为中心的思考局限。

　　在这种景观行动者—网络空间中，生态体验旅游所体验到的景观要素远远超出了实现"旅游者凝视"（tourist gaze）的事物[213; 216]。体验活动不仅仅是对景观的视觉消费（visual consumption）过程，而且也是一种远足、旅行、放松及阳光浴、倾听、跳舞等的互动过程。有关乡村旅游发展的、旅行指南、图像、光盘、地图、凭证、信用卡、建筑景观设计图、乡村网站等媒体[217]，在景观行动者—网络过程中也发挥了重要的作用。

（2）行动者—网络（actor-networks）。在行动者—网络（ANT）理论中，行动者（actor）与网络（networks）的概念是彼此分不开的，两者是不能够单独存在的。与此同时，行动者又是相对独立的个体，其活动只能在网络中进行，从而有助于重新确认（redefine）它们在网络中的构成[218]。行动者（actor）概念包括了参与实践过程中的一切因素，既可指人（actors），也可指非人的存在和力量（actants），包括观念、技术、生物等许多非人的物体（object）[219]。所有的行动者在网络中都必须是有行动的，只有在行动中去寻找行动者的"身影"，他们不可能脱离网络孤立地存在。在行动者并入网络的过程中，不必去追寻谁是真正起作用的行动者，关键是看他们在网络中如何转换角色的，它们在网络中的地位取决于行动者联系的行动者数量及联系强度。

异质性（heterogeneity）是景观行动者—网络最基本的特性，说明不同的行动者在景观网络中的利益取向、行为方式、作用范围以及物理性质等是存在差异的。其中，有些是社会性的，有些是经济性的，有些是自然性的，有些是技术性的，无论哪一种属性都是促使他们建立联系的基本属性。异质性避开了人类与非人类二分（dualisms）的思维定式，以其他形式反映行动者的特性。异质性涉及行动者—网络的抗干扰能力、恢复能力、网络稳定性和多样性。一般来讲，景观异质性越强，景观的类型越多，防止外来干扰的能力也就越强，生态系统因而也就更加稳定。因此，行动者—网络的构建过程也被称为异质工程（heterogeneous engineering），选择特定的异质性要素参与异质性网络构建是景观网络构建的基本前提。

（3）转译过程（translation process）。从相对孤立的行动者到网络中的行动者，必须经过一个转译过程才能完成行动者—网络的构建过程。转译过程（也有称为转义过程）是指行动者通过不断努力把其他行动者的问题与兴趣用自己的语言转换到预设目标网络中的过程。转译过程把来自社会和自然两个方面的异质性因素都纳入统一的解释框架中，只有通过转换过程，行动者才能与行动者—网络建立相对稳定的关系。在这种意义上，行动者—网络通常也被称为"转译社会学"（sociology of translation）[52]。

在转译过程中，行动者—网络不再是原有预设行动者的简单组合或排列进入就能建立的，所有行动者的利益、角色、功能和地位都必须在转译过程之后的行动者—网络中加以重新界定、排序、赋予。现实中，有些企业在使用 Internet 促销产品及企业形象时并不成功的主要原因是转译过程不成功，就是因为转译过程中并没有汇聚（convergence）行动者之间的利益[200; 220]。在转译过程中，网络中各行动主体之间存在一个共同的强制通行点（obligatory points of passage，OPP）[221]，要想使得相关的行动者在网络成功地被转译，它们必须通过强制通行点，就是大家都关心的核心问题必须得到解决，而且是"绝对必要的"。在现代社会中，在实验室中可满足主要行动者（focal actor）最为关注的利益，也是社会关注的必经之点。

行动者—网络转译过程主要有四个关键性步骤[222]，即问题呈现（problematization）→利益赋予（interestement）→注册（enrolment）→动员（mobilization）。在这四个关键性步骤中，①问题呈现（problematisation）是指将不同行动者关注的对象问题化，找出所有行动者都关注的实现目标的"强制通行点"；②利益赋予（interessement）是指行动者在网络解决方案中所赋予的网络利益。利益赋予强化了其他行动者在问题呈现过程中所界定的角色，从而使得他们转化成一种新型行动者；③登记注册（enrolment）是指通过行动者之间达成一种"契约关系"而并入网络的过程，行动者权利在转译过程之后的网络中得到延伸；④动员（mobilisation）是指在转译之后的新型网络开始朝着预订目标执行所提出的方案，按照这种方案行动者—网络才能够建立起来。

转译过程也是行动者—网络不断重组的循环过程，这个重组过程非常类似于自组织的概念，也是一个发生在系统内部的循环过程。如果我们把乡村看成是由各种异质性元素组成的景观行动者—网络，就需要把很多要素转译成乡村经营实体的发展目标之中。将田园风光、农事活动、风土人情、劳动技能、农业机械设备等纳入景观网络中，它们就是网络构建的行动者，它们在景观网络中可能带有偶然性，但这也就意味着行动者—网络是建立在选择基础上的。事实上，所有这些选择都取决于各行动主体的异质性战略（heterogeneous strategy），而且每一种行动者的战略与整个行动者—网络战略是否保持平衡也是整个网络目标成功的重要基础。但是，如果涉及系统自组织过程时，行动者—网络理论（ANT）的解释可能显得较为薄弱与混乱，而且还缺少独立主体的理论观点。而卢曼社会系统理论（luhmann's systems theory）就能够克服这些问题。事实上，行动者—网络中存在的不确定性及自组织的循环思想等都与自我制造理论有关。这说明，在行动者—网络构建成功之后，其内部也存在某种类似系统的自组织过程。

行动者—网络理论（ANT）强调了异质性社会、生物、技术实体之间构成的网络，类似于有可操作性的封闭系统，是一种能实现自我制造的系统（autopoietic systems）。卢曼的自我制造社会系统理论[223; 224]（autopoietic social systems）（autopoiesis—来自希腊语 auto — αυτό for self-and poiesis — ποίησις for creation or production）形成于 20 世纪 80 年代中期。在这一理论体系中，自我制造系统主要有三种类型：生命系统（biological systems）、心理系统（psychic systems）及社会系统（social systems）。社会系统是在一个封闭循环的过程中不断地由沟通制造沟通的自我制造系统，它具有运转过程封闭性、环境开放性及自组织性的特点[225]。

各种景观要素都可以看作是乡村自组织系统（self-organizing systems）的基本构件。通过选择乡村景观自组织系统具有特定社会生态内涵的景观构件，类似于生物体中的 DNA，这些景观基因就会按照某种图谱的形式编辑从而能够达到了解自组织过程的目的。在乡村生态体验经济中，这种特质景观网络构建能够提供多功能的"生态体验"，为乡村生态体验旅游的发展提供新型的空间场所，确保旅游者能够获得相应的生态体验内涵的服务。因此，乡村生态体验经济行动者—网络也可以看作是一个新型景观空间的自组织系统，具有自行组织、自行创生、自行演化，并具有从无序走向有序的自我调节机制。

景观自组织系统拥有不可或缺的两个方面，即内部多样性的自发产生和在与外部环境的相互作用中对内部选择性的稳定化，即维持组织对内、对外的开放性，让系统内部所具有的多样化的子系统相互竞争，在竞争中达到协同。在协同过程中，系统内部产生一个序参量，它与系统的环境所产生的序参量是一致的，也就是说自组织系统的发展能够与周围环境的发展能够保持协调，即能够适应环境变量的改变。与行动者—网络理论（ANT）不同的是，景观自组织过程强调了景观环境的范围，也就是说这个景观系统具有一定的边界，弥补了行动者—网络理论（ANT）中没有网络边界及环境的概念，将景观的多功能性限制在一定的时空范围内，也体现了景观自组织过程具有一定的空间尺度特征。因此，按照景观自组织的含义构建了具有创新内涵的景观行动者—网络。在后面框架模型验证的过程中，通过增加行动者之间的相互作用，即：增加了网络之间的反馈关系，使得所构建的行动者—网络具备了自我调节能力，弥补了行动者—网络理论缺少自组织能力的缺憾。

3. 多功能农业理论。

从生态体验场存在的景观环境来看，从自然景观到人文景观，从产业发展到空间拓展等都与多功能农业（multifunctional agriculture，MFA）开发密不可分。多功能农业（MFA）的本质表明：农业已不再是仅仅具有生产与产品贸易及服务的功能，而且还具有其他的社会经济功能，如文化功能及旅游功能等[226; 227]。作为乡村经济社会发展的核心，多功能农业（MFA）通过塑造多功能景观格局对于保持乡村地区活力尤其是对自然资源保护发挥了巨大的作用[228]。较强的多功能农业（MFA）能够优化高质量的食物生产并保持生态系统较高的社会功能及乡村社区经济价值方面的平衡[229; 230]。

多功能农业（MFA）是后现代农业的重要选择，它作为综合农业（integrated agriculture，IA）发展的一种理念，已成为各国制定农业政策的重要依据[231]。欧盟各国以及日、韩等国积极倡导多功能农业的发展，倡导农业发展中的文化及生态功能。这些国家主张加强对农业多功能性的研究，通过发挥多功能农业的作用，以指导现代农业的可持续发展。在实践中，多功能农业不仅塑造了乡村景观的多功能性，协调了各种功能之间的作用，提高了乡村区域设施的建设水平，而且也在不断矫正传统农业在市场经济中的失误，增加农业的服务性收入，提高了乡村景观环境的保护水平及社区生活质量。如大梨树村种植的中草药五味子（schisandra chinensis），由于种植规模和产量都具有重要影响，其经济景观与文化内涵也吸引了众多的游客，18 千米长的"五味子长廊"也成为了旅游体验活动的空间场景。因此，这些国家在强调农业传统功能的基础上，注重多功能农业对保护文化遗产、保持空间平衡发展、保护乡村生态景观、保护和改善自然生态环境等方面的重要作用。

多功能农业（MFA）已经成为推动后现代农业产业体系建立的驱动力，在深化农业分工的过程中，促进农业的多功能开发已经成为发展后现代农业产业体系建设的主要方向[232]。多功能农业奠定了现代农业产业体系中的生态产业、加工产业、农业服务产业和农业创意产业四方面的内容[233; 234]，拓展了乡村生态体验旅游的发展空间。将生态体验旅游纳入多功能农业体系之中，促进乡村发展中网络知识的系统知识转换（transformation）与升华。这既是现实发展的需要，也是科学研究的使命，只有这样才有助于乡村旅游与多功能农业的协调发展，推动美丽乡村的建设与可持续发展。与此同时，多功能农业创新网络构建将遵从"公平共享""集约高效""可持续"三个原则，建立以农业生产与旅游服务等多样化推动机制，促进城镇化发展由速度扩张向质量提升"转型"，是一种产业组织与空间配置相协调的网络化过程[235]，奠定了新型城镇产业与土地开发等空间要素相互融合的基础，提升了"以人为本"的新型城镇化发展质量。

多功能农业发展（MFA）促进了乡村具有多功能性的特质景观形成，并为景观特质性的维护与延续提供保障基础。多功能景观特质性是乡村农耕活动千百年演变积累下来的人地关系积淀，是各种实践活动长期原有地域景观"图层"上的积淀，表现为所在地域自然环境特征与人文地理特征叠加的、具有生产、生活、生态"三生"功能的农业景观，如大梨树村影视城是一个将传统生活空间转换成现代文化空间的发展例子，传统的村民的传统房屋改造成今天的影视城更有了乡村文脉的延伸（如图，该图曾与自己的英文论文一同发表）。在乡村生态体验旅游开发过程中，若缺乏对农业多功能景观特质性全面系统的认识，盲目照搬城市景观建设的理论与方法来指导农业景观的建设，将导致农业景观特质核心价值的消失与乡土特色的丧失[33]。多功能农业只有在设计及发展过程中不断塑造、改变着乡村多功能景观，通过生态经济系统提供的各种服务实现其价值才具有其发展与存在的价值。

多功能景观空间是一个渐进的转换过程（transformation process）。它是一个以生产、生活、生态景观空间为基底，涉及社会、经济、产业、人口、土地等多重因素构成的复杂景观空间系统转换过程。按照空间生产理论奠基人列斐伏尔（Henri Lefebvre）的观点，空间不仅仅是背景而且也是生产要素本身，其生产是一个不断自我生产和膨胀的"空间的实践""空间的再现""再现的空间"三位一体的关系中进行的[236; 237]。体验已经成为旅游研究的出发点与归宿[43]，与城市空间重构类似，乡村体验空间重构也涉及制度转型、经济结构转型与社会结构转型[238]，以生态体验为核心的"空间性"（spatiality）与

"社会性"（sociality）及"历史性"是旅游空间开发关注的重要内容，是一个从物理空间向社会空间及文化空间递进的转化过程，反映了这种地理空间开发过程的时间属性。与此同时，这也是一种当地居民角色、地位及作用不断变化的社会参与过程。

以生态体验为核心，通过对乡村多功能景观空间管理能力、服务水平、政策调整、产品创新、资源配置、环境整治、部门协同等方面的创新组合[239]，将社会包容性与排斥性、经济发展与衰退等要素充分考虑在内，解决景观空间生产与生活生态之间的各种矛盾冲突，将征地、开发、土地收益政策落实，促进景观功能性空间的转换，实现乡村体验空间供求关系的平衡[240]，推动乡村旅游发展从单一景区发展向全域旅游方向升级[241]。

很多研究虽然关注了多功能农业价值的多样性，但对于多功能农业的功能性结构，尤其是生态美学及景观感知的过程尚很难予以有效的评价[234; 242; 243]。这也导致一些旅游开发脱离当地农业发展实践，追求一种似乎超脱于当地传统农业或现代农业发展的做法。事实上，任何脱离多功能农业而一味追求乡村旅游发展的做法，总会产生各种各样的目标偏差：或者乡村旅游停滞不前，或者乡村旅游环境恶化，或者与乡村整体发展脱节等。因此，多功能农业（MFA）构成了生态体验场的产业基础；生态体验场（E2F）必须依托于乡村多功能农业（MFA）发展空间配置，形成具有以乡村生活体验为主、以乡村产业体验为主、以乡村生态环境体验为主及以综合型生态体验为主的生态体验场。

生态体验场（E2F）也具备了乡村生态经济网络的四种基本服务功能（见图3.2），即具有供应性的服务功能（provisioning services）、调节性的服务功能（regulating services）、文化功能（cultural services）及支撑功能（supporting services）[244]。这些功能镶嵌在多功能农业的发展过程中，其实现与多功能农业的发展关系极为密切，其功能自然也受到多元化农业生态经济网络结构性的功能影响。

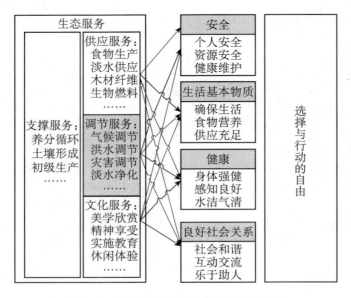

图3.2　生态体验景观基本服务功能类型

若按照某一个特定范围内对各种景观类型进行价值估算，不仅可以获得景观空间的生态贡献率，而且也可以有助于估算生态体验场的生态贡献率。在生态系统提供的这几种基本服务中，每一种服务功能都是可以感知体验的，每一种服务功能都是景观与可持续发展的桥梁[245]，每一种功能都能为生态体验景观的价值实现提供基本保障，并为其他功能价值的实现提供相互协调的保障。按照多元化的生态经济网络生态服务功能来看，某一区域内景观中自然植被斑块的总服务价值并不是最高的，但如果附加了文化服务功能基础上的生态体验功能，其总的综合性服务价值就可能极大地提高，这也促进了景观配置的重新改变。

由于乡村景观与生态系统生态服务功能空间传递和价值的异地实现，这些景观生态服务功能也常出现在河流的上下游、山地的不同坡向与高度。在现实的社会和经济发展水平条件下，景观生态系统通常会与人类活动实体在空间上出现分离的状态[246]。因此，生态体验感知也可以出现某一生态工程措施限定的空间距离内，且这种体验感知的效果不会因空间距离而出现明显的衰减。

3.1.2　生态体验场构建

1. 基本框架。

生态体验场（E2F）是建立在生态场及场域理论基础之上，能够实现以生态体验旅游行为的多功能农业行动者—网络空间配置。这种空间配置也是一种多功能景观空间，是多功能农业发展形成的景观空间。人类对多功能农业网络的感知实际上也包括了自然景观到人文景观的基本过程，尤其是对生态化的人文景观感知，反映了人类对景观的价值需求[247]。这种以景观生态为主题的体验场，包括了对空间的审美感知、审美理解、审美想象及审美继承等生态审美的内涵，能够实现教育体验、审美体验、娱乐体验及逃遁体验四种基本体验。这种理论延续了乡村景观生态审美思想演变的轨迹：从原始山川崇拜到生态文明时代的和谐理念，丰富了对景观空间体验的内涵。

与景观生态学的"生态场"范式有所不同：生态体验场（E2F）中的行动者既可能是旅游者，也可能是旅游产品及服务的提供者；生态体验场中的"体验"是一种参与到多功能景观环境中的互动"感知"，而不是被动的"感知"。这种互动的体验过程能够将农业多功能景观中的自然要素（行动者）及人文要素（行动者）充分调动起来，并对其平等看待，实现无界限的互动并达到相互和谐的状态。生态体验场（E2F）不仅是对景观空间的感知，而且也是一张与景观空间的互动交流过程，也就是说没有生态体验场的空间及行动者之间的相互作用就不能体验感知乡村景观，也就不存在"场"的空间配置。因此，作为生态体验景观（eco-experienncescape）的基本单元[49]，生态体验场是感知行为与生态体验景观空间建立联系的重要纽带。生态体验景观作为一种服务于生态体验过程的景观，是生态体验场的空间网络集成。

与市场营销学的"服务景观"（servicescapes）[199]不同的是：生态体验场空间范式将作为"容器"型的景观空间感知升华到"关系"空间（space of relationship），它所构成的是在乡村开放型空间环境下形成的生态体验景观（eco-experiencescape）网络[49]，将地方空间（space of places）、流动空间（space of flows）统一到行动者—网络空间（space of actor-network）[212]。

从空间形式发展来看，生态体验场（E2F）与生态体验景观（eco-experi-encescape）区别并不大：这正如景观生态学中的斑块与基质的区别一样，只有置身于一定的区域尺度中才能分辨其差异。从结构功能的作用来看，它们都是依托于多功能农业形成的多功能景观发展起来的乡村生态体验经济基本单元，具有多功能要素的整合作用；生态体验场是生态体验旅游的基本空间形式，而生态体验景观则是不同类型生态体验场的组合；这种组合形成的空间配置既是一种真实的地理景观空间，也是一种关系型景观空间，两者结合在一起就是生态体验旅游的景观空间载体。

从网络形式发展来看，生态体验旅游是在生态体验景观中发生的空间网络行为。作为一种由多功能农业网络塑造的多功能景观，乡村生态体验景观具备了乡村性、生态性、休闲性及经济性等多重属性，同时也具备了生态体验景观的空间属性。在充分考虑乡村发展规模、可持续性、社区参与、社区增权、互补性、创新性、利益相关性及互动性等因素的情况下，这种景观网络（行动者—网络）的构建既要体现出客体（体验者）意愿，又要尊重乡村的社区利益。这样才能构建成为乡村生态体验旅游发展的重要空间载体，使"远瞻近观"的景观构建范式向"身临其境"的景观构建范式转化。

生态体验场（eco-experience field）综合了人们在生态空间与社会关系等多方面的感知体验，形成了一个是由地理空间属性与社会关系属性共同构成的生态体验景观行动者—网络。这种景观网络既是具有旅游文化及经济行为的体验景观[159]（experiencescape），也是各种生态体验空间行为的载体。据此，生态体验景观类型可以划分为：生态体验景观、产业体验景观、社会体验景观、休闲体验景观与综合体验景观。不同类型的生态体验景观在供给服务、调节服务及文化服务等方面的相对价值与潜在价值有所不同，生态体验景观的总体价值表现也不一致。生态体验景观作为一种生态体验旅游产品，是在一种开放空间中发挥其属性的。与其他体验产品的类似，体验者对这种产品属性的认知，是在使用过程中获得期待的价值[248]。

2. 构成要素。

生态体验场是由乡村景观行动者、生态环境行动者、休闲活动行动者、经济活动行动者等乡村异质性要素构成，而且每一种异质性要素的行动者又都包含若干子要素行动者。这是一种具有"生态学习"（learning ecology）特征的乡村空间，具有不同的生物（包括人类）及其栖息地的整合生态系统（integrated ecosystem）。在该系统中，生物（特别是人类）有应变的能力和总结经验的能力，能够提高乡村地域村民的生存条件并延续其已有的地域文化，同时也增加他们与乡村时空环境的连接，并鼓励所有人的发展，提升所有人自觉参与意识的水平。

由于生态体验场是构成生态体验景观的重要空间节点，因而不同类型的生态体验场在乡村空间中构成了不同的生态体验景观网络。生态体验景观（eco-experiencescape）是建立在乡村景观基础上的新型景观，既具有传统景观的共同特征，又具有生态体验的特征；不仅是生态体验旅游的重要空间载体，而且也是乡村生态文明建设的创新载体。作为一种创新型的空间载体，是能量、物质、物种和信息按照生态系统运行机制在景观中流动或运动的重要途径[198]。生态体验场的整合作用体现在于将具有生态功能、经济功能与社会功能的行动者要素整合在一起，从而有助于乡村景观多功能性的实现，实现景观生态目标、经济目标及文化目标等可持续发展目标的重要桥梁就是多功能农业。

生态体验场（E2F）构成要素（行动者）综合构成了中国传统哲学意义上的"象"。他们不仅是事物的表象，而且也是沟通人地关系的中介，具有非客观性。从现象学的角度来看，生态体验场要素的"表征"具有某些"感知"性质，具有客观存在的基本特征，是体验者领悟与把握生态体验场本真状态（real state）的介质。在这些"表征"中，生态体验场周围的事物不仅仅是外在于人的客体，而且也与主体融合为一体。体验者通过对体验场内这些要素的"表征"（可以感知的特征）获得的是对"生态体验"的透彻领悟，而不是对"生态体验"的外在认知，强调了精神与行为的整体性。生态旅游体验过程是体验者与生态体验场（E2F）相互协商、交换资源的符号传递感知过程。

按照图 3.3 所示的生态体验场理论模型框架，生态体验场形成过程受到乡村生活、生态环境、产业活动及休闲活动四方面要素（也是网络中的行动者要素）的综合作用，具有显著的多功能性特征。因此，在生态体验场中每一种要素都由若干行动者构成，形成了分布在空间上的行动者—网络，众多类型的生态体验场构成了一定区域范围的生态体验景观。生态体验场的多功能性及需求的多样性，满足了乡村休闲多功能性（recreational multifunctionality）的多重需求。这就进一步表明：乡村地域能够提供类型丰富的多功能生态体验场。

3. 基本类型。

按照感知形成过程及行为阶段可划分四种基本的感知场类型：本底感知场、决策感知场、实地感知场和复合感知场[249]。从体验过程的参与要素来看，生态体验场主要有四方面要素行动者构成。

（1）体验者。既可以包括从事生态体验活动的旅游者，也包括提供旅游体验服务的乡村从业者。在这里，从业者不仅仅是参与提供体验服务的业者，也包括非直接提供体验服务的乡村其他要素，其内涵更加广泛。在生态体验过程中，通过参与农事体验、生活体验、田园风光欣赏等互动活动提升体验者的

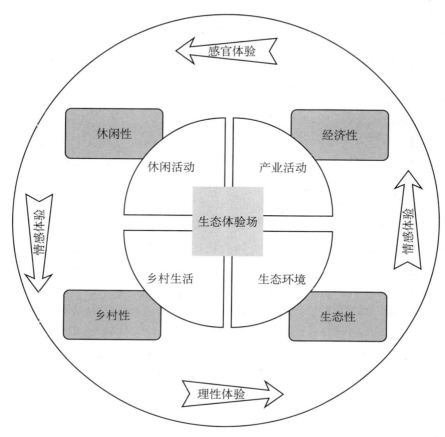

图3.3 生态体验场理论模型框架

感知水平，升华其体验过程。将行为主体的活动研究纳入景观生态学、生态经济学、体验经济学、美学与伦理学、社会表征理论等范畴内。充分发挥多学科相互融合的优势，在生态可持续目标的框架中，提升体验者在乡村生态体验场构建过程的基础地位。此外，体验者的个体因素，包括体验者的个性、受教育程度、收入、爱好、生活方式、过去的旅游经验以及对乡村旅游目的地的熟悉情况等，都会影响到旅游者生态体验的程度。

（2）乡村景观。乡村景观主要包括生活景观、生产景观、生态景观以及在这三种景观基础上建立起来的休闲服务景观，它们都是生态体验过程的重要空间载体，对旅游者的体验过程具有重要的支撑作用。作为一种综合的、动态的、活动的、变化的、细微的乡村多功能景观，它们蕴含着丰富的文化基因与传统农业基因，它们既是一种将有风景与无风景相结合的审美景观，也是能够实现创意开发的新型景观。其为生态体验者提供的服务功能，不仅具有"旅游景观"及"服务景观"的特性，而且也满足了生态体验者对乡村休闲服务的多功能性需求，从乡村的餐饮住宿到田园风光，每一个要素及每一部分都拓展了原有"旅游景观"及"服务景观"的内涵，它们都是"景点"与"非景点"的网络组合。在这种感知中，体验的空间会随着体验服务的提供而发生改变。与此同时，多功能景观提供的类型丰富旅游产品和生态休闲体验项目，也将乡村休闲服务水平及乡村社区居民的态度等都纳入这种新型景观之中。

从乡村地域生产、生活、生态及体验四个方面选取行动者指标对生态体验场进行空间类型划分，构成了乡村生态体验场的功能性类型，即：乡村生活为主的生态体验场、产业活动为主的生态体验场、生态环境为主的生态体验场、综合性的三种功能交叉的生态体验场类型（见图 3.4）。这些类功能类型的乡村生态体验场与空间中的体验媒介（experience providers，expros）组合，是乡村开展生态体验旅游营销及体验管理的重要基础[250]，也是开展创意型生态体验旅游项目的空间要素。

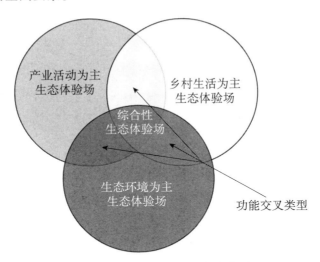

图 3.4　乡村生态体验场功能类型

在乡村旅游发展中，这些体系对体验场与生态体验场的构建影响深远但有所不同，生态体验场（E2F）空间配置更强调的是：在进行乡村生态体验旅游过程中，促进人们的体验感知留下难以忘怀的记忆，并形成感官感知、情感感知及理性感知系列的空间，不仅强调作用于生态体验过程各种要素间地位与作用的相同，而且是一种将景观空间行为网络化的过程，更强调与乡村多功能农业要素及多功能景观要素的密切关系。生态体验旅游活动是一种空间网络中的行为，与农业活动、环境保护及社区参与密不可分的，涉及的每一种生态体验场的空间类型都是行动者—网络中不可或缺的成分。每一种生态体验场在空间中既有联系又有区别，它们集成在一起就构成了乡村生态体验景观（见图3.5）。不同类型的生态体验场也是生态体验旅游产品空间设计的重要基础，是实施乡村空间整合的重要基础。能够将空间中的生产与空间的生产有机地整合在一起，将产业发展与空间开发协调起来，拓展了已有的生态空间、社会空间及文化空间，也拓宽了体验产品的开发思路，尤其是为创意农业的发展奠定了体验基础。

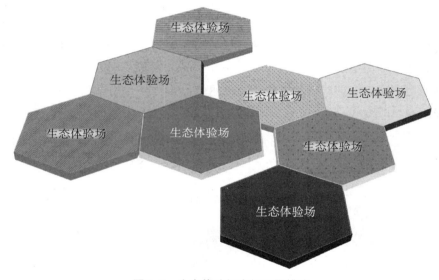

图3.5　生态体验场空间配置模式

事实上，每一种生态体验场，构成生态体验产品的空间载体。而且，生态体验产品的生产与其"背景"景观是分不开的，既要有一定的"场景"，又要有吸引人的"剧情"。"场景"与"剧情"丰富的生态体验场整合成为乡村旅游核心吸引物的聚集体。对这些景观空间的整合就构成了创意特色显著、体验服务功能相对完整的空间地域单元；由各种生态体验场相互作用形成的旅游通道（生产性与生活性通道）已成为旅游者对不同行动者体验的重要通道，同时也是连接其他生态体验场的外部通道。

按照社会交换理论（social exchange theory），产业与多功能景观空间的协同也是一种"交换"关系，把具有相同属性与不同属性及不同利益的事物连接在一起，而且产业与多功能景观空间的交换属性也将随着发展的变化而变化。乡村多功能景观空间是一种存在社会关系的社会资源，涉及社会关系的重组与社会秩序的建构。其开发涉及的经济利益可能永远是第一位的，社会利益保障了所有参与者的利益，在交换过程中表达了多功能景观空间所有成员与旅游者共同的意愿和社会共识；而且也不能忽视其景观空间的生态利益和文化遗产，"青山绿水"和"文化遗产"是乡村多功能景观空间可持续发展的重要基础；按照社会表征理论（social representation theory），在不同的沟通压力作用下，由各种要素行动者构成的多功能景观空间，也包括了乡村旅游供给链的各种表征元素中，形成了社会共识性知识[50]。多功能景观空间由于构成要素的差异而表现出来不同的功能特征，具有边界相对模糊、功能更加多元、服务更加完善等明显特征。

在生态体验场空间配置的基础上，也形成了多功能景观的空间类型：按照其基本构成划分为生态景观、经济景观与社会景观等复合景观类型；按照经济发展状态（economic development）、社会包容性（social inclusiveness）及景观空间的连续状态与功能转化方向划分为连续型景观空间（continuous space）、整合型景观空间（integrated space）、孤立型景观空间（isolated space）及对立型景观空间（differential space）。这种景观空间划分既体现了生态体验感知的状态，也体现了乡村景观空间发展的综合性特征（见图 3.6）。

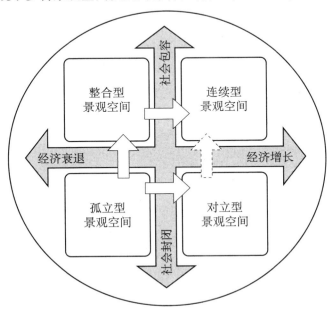

图 3.6　多功能景观行动者—网络空间的转化类型

多功能性是乡村地域的本质特征[251]。旅游发展对传统地域文化景观影响的过程中，产生了不同的空间特征[252]，其多功能性发生了较大的变化。通过建立过滤与分离、适度与协调、保护与维护、培育与参与的调控机制，调控乡村的发展方向。通过过滤对传统地域文化景观造成破坏且与传统性景观不相容的冲击因素；规划建设连接斑块的自然生态走廊和田园风光廊道，形成对传统地域文化景观的有效保护与隔离。

充分考虑游客游憩体验需要，运用栈道、步道、自行车道、桥道等与乡村"零散的"景观空间资源串点成线，将淳朴的民风和文化植入乡村农家院或民宿，开发休闲运动养老产品，以质量换数量，通过创意与农家院经营联系，打造具有特色度假的民宿，打造精品乡村旅游品牌；为来乡村旅游的自驾游客打造特色露营产业，利用优美的自然风光开展乡村摄影节事活动；推行慢游发展理念，打造具有当地特色的休闲养生目的地品牌。

（3）体验过程。与传统的景观审美有所不同，传统美学往往呈现被动消极的、以景观对象为取向的审美过程，审美者只是被动地接受景观的美学特征，基本上遵循刺激—反应模式（s-rtheory）；而生态体验过程则是活跃的、参与的、体验的，人与景观之间互动的，是一种积极主动的参与行为。体验者积极地融入到乡村景观中而不是消极被动地观看景观，乡村景观不再是一幅绘画或其他艺术对象。整个体验过程受到定制化与非定制化的影响，定制化生态体验者通过体验旅游的中介来安排体验旅游活动，要求熟悉乡村的景观特征，易远离对乡村生态体验场的真实体验；而非定制化生态体验的体验者开展乡村生态体验旅游活动时，易接触乡村当地人和当地文化。非定制化生态体验者通过更多的生态体验旅游活动的参与，对当地多功能景观的感知较为深入，生态体验旅游感知的内容也较定制化生态体验者更丰富。如何避免定制化体验活动的各种弊端与问题，我们将在以后的体验营销中加以阐述。

（4）体验结果。生态体验不是对乡村多功能景观的简单感知，而是在体验过程中扩展了人与自然的对话，这种对话又推动体验者的行动和参与，为体验者留下难以忘怀的"记忆"，促成体验者深层价值观念的改变。这种深层次的体验往往是体验最重要的产品。按照格式塔心理学理论（gestalt），体验结果不仅仅是视觉领域里的愉悦，而且也包括学习、回忆、志向、情绪、思维、运动等过程，把人们已往感知的乡村多功能景观要素有机地联系在一起，进一步提升了体验者的体验价值并形成较为完整的景观意象。

如果仅仅采用这四种体验的要素行动者来划分生态体验场类型的话，很难表现出乡村多功能景观的基本特征，往往容易忽视乡村景观的生产及生态价值和整体特性，这是因为乡村地区大多保持有相当部分的纯粹自然景观（或者是原生态的）、未遭破坏景观的独特性、多样性和完整性。这也意味着乡村景观审美价值与其生态价值之间存在一定的距离，乡村景观的某些生态特性可能由于它们在视觉上缺少足够的吸引力而不能得到重视和保护。单纯依靠风景的美学特征作为测定乡村景观审美价值的唯一标准，可能会误导乡村景观的规划建设与景观管理，造成忽视或损坏景观生态环境的不可挽回的后果。事实上，一些乡村采用城市化的规划及管理等方式，损坏了乡村原有的景观特色，造成"千村一面"的后果。不仅降低了乡村景观生态环境固有的乡村性与宜居性，也降低了乡村景观生态环境的多功能性及其吸引力。采用生态体验式的感知景观方法，就是让所有参与者融入乡村景观环境之中实现互动，有助于理解优美景观的全维度[253]。生态体验场作为生态美学体验的载体，应充分考虑从生态审美到生态体验的各种影响因子，将具有审美价值的景观管理原则与注重生态价值的景观管理原则有机地结合起来，选择最有利于乡村生态体验的主要行动者要素作为评价的指标。

景观"资本"包括了生物、地质、聚落、历史遗迹、产业、溪流、湖泊、风土民情、民间节事、方言及生活方式等自然、社会、经济及文化元素。生态体验场中的各种行动者信息提取主要是乡村地域的各类景点斑块、景点廊道及乡村景观背景，其本质就是提取或感知这些资本的过程。在提取过程中，既要充分反映当地对景观开发利用的状态，又要展示生态体验旅游供给与需求的真正内涵，确保构建生态体验场的生态网络（ecological networks）的完整性[19]。这种完整性也确保了生态体验场在实施创意设计过程中能够全面地再现产业发展与景观空间的地域特色（见图 3.7）。将地域特色文化有效植入是提升乡村景观空间生活化是传统文化展现和文脉延续与保护的灵魂，是可以成为具有广泛参与基础的生活体验场景。以居住、交往、互助、劳作、守序、崇文、敬天、祭祀、依赖等关系与情感为节点，以文化链贯穿，打造生活情感产品，提升乡村景观多功能的空间价值。

4. 网络属性。

按照格式塔心理学理论，每种类型的体验结果并不完全取决于某些个别的要素，一些局部过程也取决于整体的内在特性[254]。按照乡村地域的生产、生活、生态及体验四种活动类型选取行动者指标构建生态体验场行动者—网络，应充分考虑乡村生态体验旅游的基本特征与生态体验场的功能特征，将生态体验场的构建与乡村自然景观、社会环境及生态休闲体验

图 3.7 生态体验场的产业构造模式

活动有机地整合（integrating）在一起，具体来讲就是将乡村性、可进入性、宜居性、特色型等要素融合在一起，建立具有地域文化特色的网络联系。

　　整合（integration）乡村景观开发中宏观与微观、自然与人文、空间与非空间的要素资源，实质上就是由已有的各种资本构建一种新型的乡村景观网络。这种景观网络是由乡村行动（者）体、生态行动（者）体、休闲活动行动（者）体及经济活动（者）体等构成的异质性行动者—网络。生态体验场（E2F）中异质行动者的多功能要素既要体现自然、社会、经济及文化元素等旅游发展的"资本"内涵，如地貌、建筑、交通、植被、产业、风情等；又要体现每个测评指标（行动者）属性的具体内涵及行动者的空间配置特征（spatial configuration），以进一步揭示生态体验场行动者—网络的地方性（locality）与空间差异性（distinctiveness）。

　　生态审美体验是生态体验场中的一种特殊形式。在生态审美体验过程中，所提供的生态体验产品必须具有超越日常体验状态，将宜居性与乡村性等特性结合在一起，摒除现实意识，把现实观念"悬隔"起来，直接面对并接触体验景观对象的基本特征。体验者要完全处于一种自由放松的生存状态，才能感受到身心一体的愉悦。接下来转入生态审美理解阶段，将生态审美体验感知提升到生态审美理解的状态，从精神上把握审美对象，再现完整的"审美意象"，将"现象还原"出来；最后进入生态审美反思阶段，将体验到的景观进行了升华[255]。将感官接触与审美理解结合起来，通过对审美体验对象的反思，升华审美对象的体验层次[256]。

通过乡村土地转型利用提升生态体验场的旅游功能，将传统农业的生产功能扩展到后现代的多功能农业领域里，使其成为乡村多功能农业景观开发的重要基础。作为多功能农业行动者—网络的节点，生态体验场本质上也是多功能农业行动者—网络中的一种产业类型与空间类型的综合体。这种行动者—网络与传统乡村生态经济网络有所不同的是：生态体验场强调了乡村生态经济体系的体验过程，强调了体验者融入当地景观空间中的利益诉求及价值取向，拓宽了乡村生态经济实体的经营范围与利益空间。与其他形式的网络转译过程不同的是：其转译过程强调了乡村景观变化的创新过程，把有形的行动者要素与无形的行动者要素整合在一起，目的在于把握以内生力量（endogenetic power）为主要动力的乡村生态体验景观网络构建的主要特征。多功能农业行动者—网络中的每种行动者都配置在乡村多功能景观空间之中，深刻影响着乡村地理空间与社会各种关系的整合程度。生态体验场作为乡村生态体验的功能性基础有助于创造出新型的创意型景观，把自然要素与人文要素融合在一起的创意，充分将乡村多功能景观与多功能农业的潜力整合在一起。因此，在多功能农业中，以生态体验场代表的旅游功能是一种行动者相互作用的关系空间（relational space），推动了后现代农业生态活动中各种行动者的创新整合。

体验过程只有成为景观生态审美的深层次感知活动时，才能提升体验者的生态审美层次与审美质量。生态体验构建不仅在乡村旅游供给方面实现了创新，推动了乡村改善基础设施、旅游产品、旅游服务体系及旅游空间体系等方面，而且也在乡村社会、乡村生产及生态建设等方面实现了生态创新，促进乡村构建了以产业、政策、技术和基础设施为主要的网络发展系统。因此，在乡村生态体验场设计的过程中，应把握构成景观要素行动者的基本内涵及外在特征，充分发挥每一种行动者的内生力量，将乡村社会、乡村生活及生态建设等景观要素行动者有机地结合在一起，以乡村旅游接待设施、文化娱乐设施、购物设施、导游信息服务等空间场所的建设为切入点，通过构建系列生态体验场，发挥乡村生态体验经济在多功能农业网络构建过程中的积极作用，提升乡村旅游业及乡村可持续发展水平。

3.2 理论验证

3.2.1 数据收集

案例研究主要选择在大梨树村进行。数据收集工作共分为两个阶段。第一个阶段收集当地土地开发利用资料（土地利用规划图、发展过程等史料）；识别并测试调查问卷中各种问题的量表，问题量表由一定数量的学者、生态产业从业者及旅游者来完成，着重了解大梨树村的乡村环境、发展历程及发展特色等情况。调查问卷含有 20 个问题（观测变量），从旅游产品、旅游服务、旅游基础设施、旅游营销体系、旅游管理体系、旅游保障体系、风土人情、生态环境、社区参与等方面来考察人们对各种行动者要素（如社会、生态、产业、旅游及利益行动者）的体验感知。调查样本主要来自游客及少量村民。第二个阶段是发放调查问卷，收集对大梨树村景观变化及产业发展的感知资料，整理测试模型所需的数据。

收集到的数据主要来自初级及次级两个方面。初级资料来自 27 个调查地

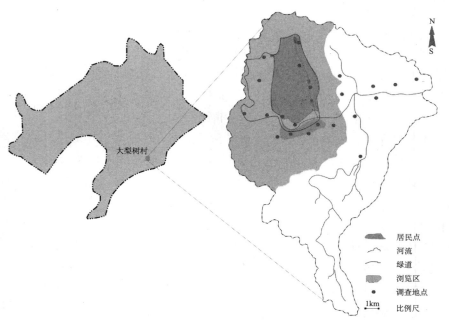

图 3.8 大梨树村位置及研究地点

点（见图 3.8）的调查问卷及参与观察，每一个地点都是与多功能农业有密切联系的旅游体验活动公共空间；次级资料则来自公开报道的材料，如土地利用现状图、乡村发展报告、公开发表的文章以及当地的森林管理系统（forest management system）等。在深度访谈并参与观察游客及当地村民行为的基础上，获得了研究地点乡村景观及多功能农业发展的体验感知资料（研究地点平均距离 1.2 千米）。与此同时，个性化的访谈调查也提供了与当地村民接触的机会，充分了解他们对可持续农业发展的基本看法。

1. 调查地点。

土地利用形式的改变是产业转变的基本写照。通过实地观察、土地利用图及卫星图片分析等形式，对大梨树村的土地利用现状进行调查，收集大梨树村土地利用形式的各种资料，了解该村土地利用与多功能农业发展的基本现状，尤其是乡村旅游发展过程及基本态势。大梨树村的土地利用类型主要为观光果园用地、生态农业用地、自然风光用地、村庄建设用地、绿色食品加工、耕地、道路、林地等形式，是大梨树村乡村旅游开发的重要空间基础（见表 3.1）。

表 3.1　　　　　　　　　　　大梨树村土地利用类型

土地利用类型	面积（公顷）	百分比（%）
观光果园用地	499.6	23.38
生态农业用地	501.63	23.47
自然风光用地	92.36	4.32
村庄建设用地	52.58	2.46
绿色食品加工	12.96	0.61
道路	22.28	1.04
耕地	132.73	6.21
林地	822.86	38.51

资料来源：大梨树村调查 2009（按照相关部门分类进行了名称的调整）。

2. 土地多功能利用总体评价。

不同土地类型是其生活性空间、生产性空间开发及服务性空间的重要基础。掌握现有土地的多功能属性并开发利用其多功能属性，有助于更好地创造出物质财富与精神财富，尤其是提供更丰富更具有地方个性化的生态体验旅游产品，满足日益增长的生产与生活需要，同时改善乡村的景观生态环境，满足土地利用可持续发展的需要。土地多功能开发利用的重要步骤就是识别土地所具有的经济、生态和社会功能。其中，社会功能是表明土地的宜居性、休闲性、文化娱乐性等属性的综合评价。因此，评价每一种土地利用形式的经济功能、生态功能及社会功能是多功能农业发展的重要基础。通过对当地土地开发中多功能属性及价值的分析，深入了解乡村多功能景观的发展过程，把握其形成的经济、生态和社会方面规律，确定其可持续发展的综合性目标。

我们采用赋分法对不同土地利用类型进行经济功能、生态功能及社会功能间的比较，这种评价的方法简洁实用。每一种土地利用类型的具体赋分方法是：较强功能赋分为2，轻微功能赋分为1，没有或负面功能赋分为0（见表3.2）；每一种土地利用类型的各种功能综合评价是：将不同类型土地所占的比重乘以评价得分，就得到大梨树村总体的土地利用评价。大梨树村土地利用类型多样，其功能也呈现多样性，这些不同功能的土地利用形式是乡村生态体验场构建的重要基础；现有的土地开发利用形式主要有：观光果园、生态农业、自然风光、村庄建设、食品加工、道路、耕地及林地等土地利用类型，是乡村生态体验旅游不同类型"场景"与"剧情"的开发基础，如经济功能较强的土地类型注重开发参与产业活动的体验活动，生态功能较强的土地类型注重开发生态环境特征显著的体验活动。

表 3.2　　　　　　　　　大梨树村土地利用功能评价

功能属性	观光果园	生态农业	自然风光	村庄建设	食品加工	道路	耕地	林地
经济功能								
生产总效率	2	2	2	2	2	2	2	2
可持续能力	2	1	2	2	1	1	1	1
产品多样性	2	2	1	2	1	0	1	0
生产专业化	1	2	2	1	1	0	1	1
产品获利性	2	1	1	1	2	1	1	1
总和	9	8	8	8	7	4	6	5
生态功能								
生物多样性	2	1	2	0	1	1	1	2
环境调节力	1	1	1	0	0	1	0	2
生物固碳力	1	1	0	0	0	0	0	1
水体保护力	2	1	1	1	0	1	0	2
土壤保护力	2	1	0	1	1	0	1	2
总和	8	5	4	2	2	3	3	9
社会功能								
空间宜居性	1	2	1	2	1	1	1	1
景观审美性	1	1	2	2	1	1	0	2
空间游憩性	2	1	2	2	0	1	0	1
遗产保护性	0	2	2	1	0	1	0	1
福利制度性	2	2	2	2	1	1	1	1
总和	6	8	9	9	3	5	2	8
累计得分	23	21	21	19	12	12	11	22
面积（公顷）	499.6	501.63	92.36	52.58	12.96	22.28	132.73	822.86

注：2—较强功能；1—轻微功能；0—没有或负面功能。
资料来源：实际调查汇总。

　　根据土地利用多功能评价的结果绘制了大梨树村土地利用多功能利用评价图（见图3.9、图3.10、图3.11）。从图中可以看出：经济功能较强的土地利用特别适于开发以生产性体验为主的体验旅游活动；生态功能较强的土地利用特别适于开发以生态体验为主的体验旅游活动；社会功能较强的土地利用特别适于开发以观光休闲为主的体验旅游活动。

　　从大梨树村土地利用的经济功能评价来看，生态果园、生态农业及生态旅游等用地的经济功能最强，是大梨树村多功能农业发展的重要基础，也是开发参与生产性体验旅游的重要基础之一。风景林、生态果园的生态功能最强，在整个大梨树村生态环境的保护性开发中具有决定性的作用；也是开发保护性体验旅游的重要基础之一；生态农业、生态旅游、风景林及乡村建设的社会功能最强，是大梨树村旅游发展中最具有社会文化活力的空间类型；这些土地类型的社会功能内部的差异也是观光休闲等旅游体验产品开发的重要参考基础（见图3.9、图3.10和图3.11）。

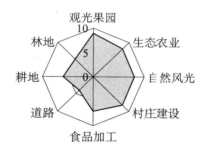

图3.9　大梨树村土地利用经济功能评价

图3.10　大梨树村土地利用
生态功能评价

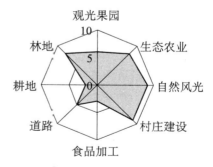

图3.11　大梨树村土地
利用社会功能评价

　　每种土地利用类型的多功能性强度与其所占面积成正比。因此，将每种土地类型的面积比例乘以每种类型的多功能性评价值，就得到了大梨树村土地利用经济功能、生态功能及社会功能的综合评价（见图3.12）。

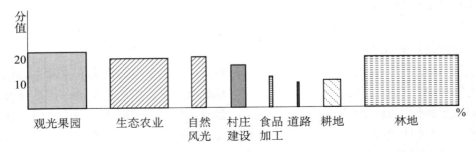

图3.12　大梨树村土地利用经济功能、生态功能及社会功能综合评价

从大梨树村土地利用类型的多功能综合评价来看：大梨树村的果园、生态农业及自然风光（图中彩色面积最大）是当地多功能农业发展的主体，也是生态体验旅游开发最主要的空间场所；其他土地利用形式所占比例虽然较小，但对生态体验旅游活动也具有积极的引导作用，如绿道建设是连接不同土地利用类型的空间纽带。

3. 调查问卷发放。

通过对调查问题反复多次验证确定下来的调查问卷（包括请业内专家学者、经营者、当地村民及部分游客等），以要素（问题）简洁的形式调查当地与多功能农业发展有关的情况。针对每个问题的回答，都采用了李克特（likert scale）五级量表的形式：1表示"强烈不同意"，2表示"不同意"，3表示"中立"，4表示"同意"及5表示"非常同意"；对3，4及5的回答都可以看作是对问题的积极回答（调查问卷中问题的反向计分已经在统计过程进行了正向调整），对这些问题的回答看作是对乡村旅游中体验感知的各种事物的积极评价。调查问卷发放是在自由轻松与环境优美的场所中进行，每一份有效的调查问卷均来自被调查对象的自由回答。在回收的有效调查问卷中，有366份（87.5%）来自游客的回答，有52份（12.5%）来自当地村民的回答（见表3.3）。

表3.3　　　　　　　　　　　　　调查样本背景资料

类别	样本特征			
性别	男性	女性		
N	220	198		
%	52.6	47.4		

续表

类别	样本特征				
年龄	19~30	31~40	41~55	>55	≤18
N	140	146	84	28	20
%	33.5	34.9	20.1	6.7	4.8
教育程度	大学本科	研究生	专科	≤高中	
N	162	28	120	108	
%	38.8	6.7	28.7	25.8	
职业	公司职员	公务员	教师	学生	退休人员
N	182	56	48	68	64
%	43.5	13.4	11.5	16.3	15.3
收入（元）	≤2000	2001~3 000	3 001~4 000	4 001~5 000	>5 001
N	112	164	78	25	39
%	26.8	39.2	18.7	6.0	9.3

注：专科学生（2 年制的学院学生）。

资料来源：笔者在大梨树村的调查，2010。

接下来的研究步骤就是将调查问卷中的各种问题转变成可以进行统计分析的观测变量。这些观测变量包括了多功能农业行动者—网络构建的各种不同属性，充分考虑了当地农业生产、社会福利、景观管理、旅游体验等多种行动者的内涵；统计结果表明：观测变量的平均值在 3.56~3.15，代表了"同意"与"中立"之间的基本体验感知态度。总体特征是：当地多功能农业发展的经济功能表现比较好的看法居多，而非经济功能及环境保护功能分别排在第二位及第三位；对调查问卷的信度检测（要求 $\alpha > 0.75$）结果表明：调查数据具有较好的信度（0.66~0.85），所有观察变量具有较好的信度（见表 3.4）。

表 3.4　大梨树村多功能农业行动者—网络中功能性行动者的特征

行动者类型	观察变量	变量内涵（1~5 等级）	平均值（Mean）	标准差（SD）	因子载荷
社会行动者（Cronbach's $\alpha = 0.68$）	可进入性	游客及当地人进出乡村地域的交通便利性	3.33	0.92	0.70
	乡村特性	人口密度低且多数土地从事农业的传统特性	3.42	0.92	0.18
	民俗风情	逗留期间参与体验感知的乡村传统社会风情	3.20	1.01	0.23
	传统民居	传统民居聚居环境继承保护继续使用的状态	3.35	0.96	0.70
生态行动者（Cronbach's $\alpha = 0.81$）	生态稳定	遭受短期小规模干扰后生态系统的稳定程度	3.61	0.89	0.69
	生态农业	可持续农业实践与乡村环境的和谐共生程度	3.23	1.08	0.79
	土地利用	乡村农业可持续发展过程中的土地利用强度	3.55	0.99	0.74
	保护措施	促进保护乡村生态环境政策法规的执行程度	3.54	0.96	0.78

行动者类型	观察变量	变量内涵（1~5等级）	平均值（Mean）	标准差（SD）	因子载荷
产业行动者（Cronbach's α = 0.66）	社区参与	社区居民参与农业生态经济体系发展的程度	3.26	1.01	0.73
	主导产业	农业生态经济体系在乡村发展中的作用程度	3.52	0.91	0.17
	区域优势	农业生态经济体系在区域发展中的竞争优势	3.46	0.86	0.19
	经济活力	农业生态体系对于乡村可持续发展的促进程度	3.28	0.99	0.30
旅游行动者（Cronbach's α = 0.85）	教育体验	参与乡村农业活动获得的某种类型乡土知识	3.35	1.02	0.74
	美学体验	参与乡村活动获得的乡村景观美学感知程度	3.34	0.99	0.78
	娱乐体验	参与乡村活动享受到乡村传统特色娱乐利益	3.33	1.02	0.78
	逃遁体验	融入乡村活动并陶醉于特色生活环境的状态	3.28	1.03	0.76
利益行动者（Cronbach's α = 0.76）	经济利益	参与乡村活动获得具有当地特色的经济利益	3.56	1.06	0.76
	生态利益	参与乡村活动获得具有当地特色的生态利益	3.33	0.97	0.73
	社会利益	参与乡村活动获得具有当地特色的社会利益	3.43	1.02	0.82
	个性利益	参与乡村活动获得具有当地特色的独特利益	3.15	1.09	0.42

注：Significant at α = 0.01 level. 平均得分为 3.38 ± 0.22（P < 0.01）；SD 为 0.98 ± 0.11（P < 0.01）。

3.2.2 研究方法

采用结构方程模型（SEM）来验证多功能农业（MFA）行动者—网络的结构关系，有助于揭示出生态体验场（E2F）以旅游行动者的形式在多功能农业行动者—网络中的地位与作用，进一步分析多功能农业行动者—网络中产业、生态、社会、旅游及利益功能之间的结构关系（见图3.13）。结构方程模型在构建过程中结合了多功能农业行动者—网络各种功能要素之间所有的观测变量及潜在变量。结构方程模型虽然没有展示其中的因果关系，但却能够展示出构造结构方程模型数据相互匹配的因果假设[257]。一般来讲，结构方程模型分析过程可以分为模型构建、模型运算、模型修正以及模型解释四个基本步骤，以路径图的方式表达结构方程模型有助于使模拟的结果变得更易于理解。

为了验证多功能农业行动者—网络理论框架的结构关系，提出了10个假设：

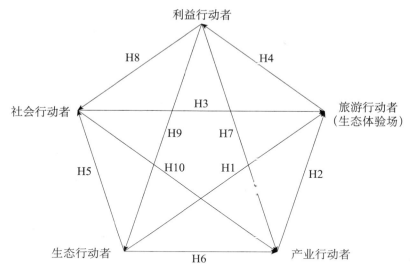

图 3.13　多功能农业行动者—网络理论框架

假设 1. 生态行动者对旅游行动者具有积极的作用。

假设 2. 产业行动者对旅游行动者具有积极的作用。

假设 3. 社会行动者对旅游行动者具有积极的作用。

假设 4. 旅游行动者对利益行动者具有积极的作用。

假设 5. 生态行动者对社会行动者具有积极的作用。

假设 6. 生态行动者对产业行动者具有积极的作用。

假设 7. 利益行动者对社会行动者具有积极的作用。

假设 8. 利益行动者对产业行动者具有积极的作用。

假设 9. 生态行动者对利益行动者具有积极的作用。

假设 10. 社会行动者对产业行动者具有积极的作用。

在这些假设中，每一种行动者都代表多功能农业行动者—网络中的单一功能。结构方程模型反映了潜变量之间关系，分为测量模型和结构模型。测量模型可以揭示可测变量与潜变量之间的关系，结构模型可以揭示潜变量与潜变量之间的关系。将结构模型与测量模型的路径图结合，反映所要研究问题的各个潜变量之间，以及每个潜变量与可测变量之间、不可测变量之间的关系，用路径图写出结构模型[258]。

结构模型的主要形式：

$$\eta = B\eta + \Gamma\xi + \zeta$$

式中，η 是内生潜变量向量，ξ 是外生潜变量向量，ζ 是随机干扰项，反映了式中未能被解释的部分；B 是 $m \times n$ 系数阵，描述内生潜变量 η 之间的彼此影响；Γ 是外生潜变量系数阵，描述外生潜变量 ξ 对内生潜变量 η 的影响；m 是内生潜变量数目，n 是外生潜变量数目。使用 amos 软件（version 6.0）测试了结构方程模型框架[259]（amos 自从 6.0 版以后已经成为 spss 的家族成员）。amos 适合进行协方差结构分析（analysis of covariance structures），是一种处理结构方程模型的软件。amos 软件可以同时分析多个变量，因此，它是一个功能强大的统计分析工具[260]。

3.3　验证结果

3.3.1　模型分析

1. 该结构方程模型是一个非递归模型（non-recursive）。

也就是其中至少含有一个反馈环的结构模型，反馈环的存在可能会使得结构模型变得不稳定。为了测试结构方程模型的稳定性，我们使用了稳定性指数（stability index）[261]评价其稳定性。若稳定性指数介于 $-1 \sim +1$ 之间时，多功能农业网络的结构方程模型稳定。我们获得的模型稳定性指数为 0.54，恰好位于稳定指数的稳定区间内，这个非递归模型是可以接受的。这个结构方程模型代表了行动者—网络理论框架，在多功能农业网络中存在一种能够达到一种平衡状态的动力机制（见图 3.14）。

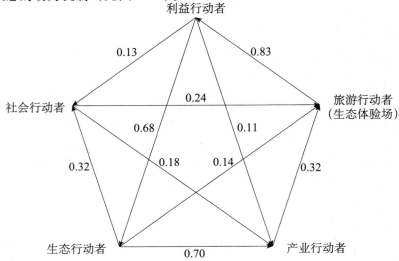

图 3.14　生态体验场行动者—网络验证结果

多功能农业行动者—网络构建的新范式不仅有助于测试多种功能行动者之间的因果关系，而且也有助于调整农业生态措施及形成综合的评价体系，有效地促进可持续农业的多功能土地利用规划。

2. 路径系数（path coefficients）综合支持了框架模型中所有的理论假设。

在生态行动者与旅游行动者（以下也称旅游功能）之间存在着较弱的网络联系（弱联系）（$\beta_1 = 0.14$）（H1）；在产业行动者与旅游功能之间存在积极的联系（$\beta_2 = 0.32$）（H2）；在社会行动者与旅游功能之间存在着较弱的正向联系（$\beta_3 = 0.24$）（H3）；在旅游功能与利益之间存在着积极的联系（$\beta_4 = 0.83$）（H4）；其他的路径估计（$\beta_5 = 0.32$，$\beta_6 = 0.69$，$\beta_7 = 0.11$，$\beta_8 = 0.13$，$\beta_9 = 0.76$，$\beta_{10} = 0.18$）表明，结构方程模型支持了从 H5 到 H10 的所有假设，这也证明了假设的所有联系都是存在的。正如结构方程模型所展示的那样，每一个行动者都以直接或间接的方式影响多功能农业行动者—网络的构建。这就意味着，产业功能对旅游功能的作用较强，而这也意味着产业功能是大梨树村多功能农业行动者—网络的主要驱动力。

3. 潜在变量与观察变量之间关系不平衡。

有些功能与一些观测变量的匹配是不平衡的，也就是说行动者—网络中的各种功能是存在差异的。产业行动者对经济活力（economic vitality）因子载荷（0.79）非常明确（见表 3.5），这表明产业功能对观测变量经济活力观测变量的作用非常强。在社会功能对乡村性及民俗风情观测变量的影响方面，因子载荷分别只有 0.18 和 0.23，这表明乡村性及民俗风情观测变量受乡村社会功能的影响较弱。这也表明所有标准的因子载荷都是统计学上的显著，每一个指标系数从 0.17 到 0.82。

表 3.5 功能要素与观测变量之间的关系

功能要素→观测变量	路径系数（标准化后）	功能要素→观测变量	路径系数（标准化后）
产业功能→社区参与	0.73	生态功能→生态稳定	0.30
产业功能→主导产业	0.17	生态功能→生态农业	0.74
产业功能→区域优势	0.19	生态功能→土地利用	0.69
产业功能→经济活力	0.79	生态功能→保护措施	0.78
旅游功能→教育体验	0.74	社会功能→可进入性	0.70
旅游功能→美学体验	0.76	社会功能→乡村特性	0.18
旅游功能→娱乐体验	0.78	社会功能→民俗风情	0.23
旅游功能→逃遁体验	0.78	社会功能→传统民居	0.70
利益功能→经济利益	0.76	利益功能→社会利益	0.82
利益功能→生态利益	0.73	利益功能→个性利益	0.42

在这种多功能农业行动者—网络理论框架中，旅游功能中的乡村性、区域优势及主导产业等观测变量的得分值较高，且与主要行动者之间联系的因子载荷较低，意味着乡村特性、民俗风情及主导产业等观测变量能够保持较为正常的状态而不受到多功能农业行动者—网络中其他因素的影响。尽管这些观测变量的因子载荷较低，但这些观测变量仍然是影响乡村旅游的主要因素之一。因此，不能因为这些观测变量的因子载荷较低而剔除掉这些观测变量，它们仍然是行动者—网络构建中不可缺少的。

4. 结构模型中存在较弱的联系。

多功能农业行动者—网络中存在一些弱联系（weak links，WLs），如 H1、H7、H8 和 H10。网络中存在的这些弱联系表明：与网络中存在的强联系相比，它们很可能是创新发展的桥梁[262]。弱联系（WLs）的存在很可能比强联系（strong links）的存在带来更多的创新思想（idea of innovation），一旦有各种形式的知识与能力相互作用时更有可能产生全新的组合、产生异质性的变化，推动网络中要素的联系更加密切的联系。这就意味着整合创新（integrated innovations）强化了生态功能对旅游功能的作用（H1）、利益功能（H7）及产业功能（H8）的作用。这种网络框架创造了一个乡村农业各种功能之间不断进行的动力结构关系，通过基础设施建设及强化社区参与程度，提高各种利益相关者对于解决网络弱联系能力。因此，多功能农业行动者—网络中多功能之间的弱联系（WLs）可能转化成乡村地区可持续农业创新发展的增长极，是整个网络要素间不断协调及整合的重要切入点。

3.3.2 模型拟合度

模型拟合度表明这种结构模型是可以接受的。拟合度是评价结构方程模型构建是否能够被接受的基本任务，是结构方程模型接受或被拒绝的重要基础，也是与同类型模型进行相互比较的基础[263]。通常采用的拟合度评价指标主要有 $\chi^2/df = 2.24$（373.996/167）（χ^2 是卡方值，df 为自由度），Bentler's 比较拟合指数（Bentler's comparative fit index） = 0.93，Tucker-Lewis index = 0.92，RMSEA = 0.055，这就意味着测量模型都满足所有的拟合度评价指标（见表 3.6）。一般来讲，RMSEA 在 0.08 以下表明结构方程模型是可以接受的，而这个值在 0.05 以下则表明拟合度较好[264]。

表 3.6　　　　　　　　　　　结构模型拟合度

拟合度指数（Goodness-of-fit indices）		实测（Measurement）	标准（Criteria）
绝对拟合指数	Chi-square/degrees of freedom（χ^2/d）	2 24（373.9/167）	1，3
	Akaike Information Criterion	499.9	越小越好
	Root Mean Square Error of Approximation	0.055	<0.06
相对拟合指数	Tucker-Lewis Index	0.92	>0.9
	Incremental Fit Index	0.93	>0.90
	Comparative-Fit Index	0.93	>0.9
简约拟合指数	Parsimonious Normed Fit Index	0.78	>0.5

注：Significant at the 0.01 level.

3.4　小结

生态体验场是生态体验旅游开展的基本空间依托，既具有地理景观的空间属性，也具有多功能农业塑造的关系型景观空间属性；它是在产业功能、居住功能、环境功能等功能基础上形成的综合型立体空间；生态体验场构建过程实质上是多功能农业行动者—网络的构建过程，网络构建促进了乡村多功能农业的发展与多功能景观空间的构建，具有增加农民收入的可持续农业特征。

结构方程模型验证结果表明：生态体验场与多功能农业行动者—网络构建密不可分；以产业功能为代表的经济功能是环境功能、居住功能、旅游功能充分发挥的重要推动力；环境功能为多功能农业其他功能的正常发挥提供了保障；建立在多功能农业行动者—网络基础上的乡村生态体验旅游，是多功能农业可持续发展的重要驱动力。

第4章

生态体验旅游网络构建过程

4.1　理论基础

4.1.1　生态体验旅游

1. 体验旅游。

自 Pine 和 Gilmore（1998）提出体验经济（experience economy）的概念以来，体验经济理念就贯穿于服务领域的各个方面[265]。人们通过视觉、嗅觉、听觉、味觉和触觉的共同作用来感知外部世界的感性体验，是升华到情感体验与理性体验的重要基础。实验表明：正常人的学习 1% 是通过味觉，1.5% 是通过触觉，3.5% 是通过嗅觉，11% 是通过听觉，83% 是通过视觉。人们通过听觉和视觉获得的信息占获得总信息的 94%[266]。作为休闲管理的末端产品，体验旅游（experiential tourism）最早来自 20 世纪 60～70 年代美国农业部森林服务（united states department of agriculture forest service）提出的户外娱乐休闲谱理论（recreation opportunity spectrum，ROS）[267；268]。休闲机会谱理论是一种以体验为基础的管理模式（experience-based management）[269]，其目的就是解决美国西部大面积公共土地上的游憩资源规划与管理问题。该理论逐渐被应用到世界各地不同类型、不同文化背景的区域旅游开发之中。随着视觉管理系统（visual management system，VMS）[270]、可接受的改变极限理论（limits of acceptable change，LAC）[271]、游客活动管理规划理论（visitor activities management planning，VAMP）[98]、游客影响监测过程理论（visitor impact monitoring process，VIMP）及生态休闲谱理论（ecotourism opportunity spectrum，ECOS）的相继提出[98]，体验已成为旅游的基本内核[272]，这也表明旅游体验是体验经济领域里最早被认可的具有产业价值的活动方式。

"体验旅游"已成为国内外学术界关注的焦点[36]。"体验"（experience）

是一种创造难忘经历的互动活动，提供体验的场所就是一种舞台[273]，消费作为一种互动过程，从开始到结束的整个过程会产生具有价值的体验记忆，并且这种记忆将长期存在。而提供体验的企业和它的员工，提供一个展示的舞台，将这种互动活动以某种"故事"情节演绎出来。生态体验旅游主要是以生态体验场为基本的体验舞台，以生态体验景观〔eco-experiencescape）为宏观场景的乡村生态旅游体验行为。这种生态体验旅游行为与乡村生态环境、乡村生活、乡村社会、乡村产业等存在着密切的互动过程[49; 274;250]，发生在乡村多功能景观行动者—网络中。作为一种新型的景观空间，这种景观网络不仅是乡村生态体验旅游活动的重要舞台，具有最基本的生态"剧情"以及地域特色的服务舞台，而且整个体验过程贯穿了"生态故事"情节，是乡村休闲体验空间生产的重点，而且也成为多功能农业发展的重要切入点[148]。

从生态经济角度来看，生态体验旅游（E2T）是一种基于乡村景观环境的生态经济（ecological economy），其效率建立在一种环境影响最小而经济价值最大的基础上，也就是其旅游活动对环境的负面影响最小；从生态角度来看，生态旅游强调的是旅游发展各类资源的可持续性，是对子孙后代负责的一种旅游方式，一种与自然和谐共处的旅游发展形式；从体验经济角度来看，生态体验经济是一种基于乡村景观的多功能协调过程，通过和谐的互动体验过程，让游客"浸润"在各种提供的体验场景之中，给游客带来深刻的印象和回忆。无论从哪一个角度来看，生态体验旅游（E2T）都是依托乡村景观生态环境发展起来的，具有生产与服务相融合性质的乡村体验经济，且与包括社会文化功能在内的生态体验景观构建过程一致，依托于多功能农业行动者—网络的新模式。从发展范式来看，传统经济与生态体验经济存在着较大的差距：生态体验旅游依托于农业的生态体验经济，是后农业时代的服务经济的主要特征，而不完全是传统农业的以生产性为主的乡村经济（见表4.1）。

表 4.1　　　　　　　　乡村传统经济与生态体验经济的区别

传统经济范式	生态体验经济范式
经济规模	经济范围
专业化，强调生产性	多样性，强调生产性与服务型及多功能性
对外部输入的高响应	减少外部输入
劳动率	附加值
化学品、机械及生物技术	农业生态、互动交流、有机技术、服务技能
减少就业和排除非农村居民	强调乡村社区居民增权，鼓励居民参与
游客以局外人观光游览、休闲度假	游客以局内人参与观光游览、休闲度假

在乡村生态体验旅游发展的过程中，其依托的每一种景观空间都是一个舞

台，都在上演着地域特色文化中包含的各种"空间故事"；每一个基本舞台都是一个生态体验场，都是集生产、生活、生态等多功能于一体的生态体验场[275]，上演着当地人与自然之间的互动"和谐故事"，这些体验场景都是建立在多功能农业行动者—网络基础之上的具有一定包容性的关系型景观空间（见图4.1）。生态体验场（E2F）作为生态体验旅游的核心，为生态体验旅游发展提供了丰富的基本"场景"类型，通过时空发展的"剧情"开展生态体验活动，扩宽了乡村已有的空间生产内涵。1%的味觉是增强空间的重要内容《舌尖上的中国》以叙事的方式讲述了美味的空间故事吸引了千家万户，美味创造的生态体验场同样需要有类似的空间故事才能吸引更多的人参与体验活动。品尝美食是一种生活，美食的诞生需要一个创意型空间来支撑，一个创意型的故事来吸引人。因此，在构建生态体验旅游的空间网络的过程中，用"一流的创意"将"一流的资源"打造成"一流产品"，在一定空间范围内塑造一流的生态体验景观品牌，促进传统农业的生产性功能向后现代农业的生产与服务功能相结合的方向转化。以生态创意的空间设计方式，融入"互联网"及"物联网"等现代科技手段，塑造具有多产业融合创新发展的农业多功能

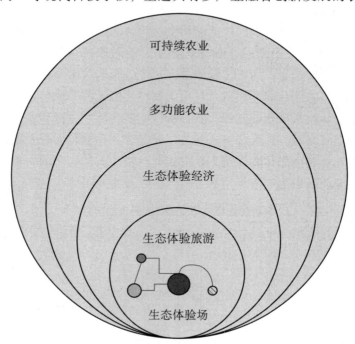

图4.1 生态体验经济与多功能农业关系

景观。如大梨树村的药王谷景区是中草药文化的荟萃之地。在这里，传统的农业生态景观中附加了文化景观，拓宽了沟域内生态景观空间的文化功能，丰富了大梨树村的生态体验空间类型。人们在游览体验中可以识别各种中草药及其药理知识，在密林溪谷体验大自然的纯净与智慧。

2. 生态美体验。

（1）生态美是各种景观存在的重要特征。美国农业部林务局北部研究站的社会科学家 Gobster 将美学与生态学结合在一起提出了生态美学理论（ecological aesthetic），他将生态美学的理念应用于公园和森林景观的管理实践中[253;276]。按照 Gobster 的生态美学理论，传统的风景美学集中在自然景观的视觉、静态、单调、固定的形式因素，重视景观的风景画特性和引人注目的外表特征，注重的是景观表面美学价值。而生态美学则是一种综合的、动态的、活动的、变化的、细微的、无风景的审美模式，更注重的是景观内涵的生态象征意义，将审美对象看作是无界限的整个森林生态系统。

乡村景观开发建设要引入生态美学的理念，建立生态学与美学之间的相互关系（aesthetics—ecology relationship），将环境（environment）、经济（economic）、公平（equity）、美学（aesthetics）、体验（experience）及伦理（ethics）6E 理念引入景观的可持续开发设计中，拓展景观生态学的研究领域[277]。在推动景观生态研究过程尤其是景观感知研究（landscape perception）的过程中，生态美学的基本要素和理论框架建立在传统风景美学批判的基础上，进一步揭示了美学与生态学内在的关联性，将生态美学引入景观研究之中，强调景观生态系统的和谐统一性[253]。按照生态美学的基本理论，审美愉悦来自对景观诸多构成要素如何相连成为整体的了解[278]。因此，将生态美学理念引入乡村生态体验景观研究过程中，尤其是引入多功能农业行动者—网络之中，从景观空间网络构建过程及构成上审视生态审美需如何"观看"景观以及人类在其中的位置，不仅提升了乡村多功能农业及可持续发展的美学含义，而且有助于完善乡村的生态管理（ecological management）。对生态体验旅游发展采用网络化的管理（network management）范式，不仅强调自然要素与人文要素的融合发展，而且也提升了乡村经济社会环境一体化的创新水平。在乡村景观开发管理中，将系统的农业经营管理知识转化为多功能农业的网络化管理知识，是一种生态创新（ecological innovation），一种融合了乡村发展网络中异质性要素的创新。在生态美学看来，生态体验与生态美学类似，都强调综合的、动态的、活动的、变化的、细微的、无风景的审美模式。与生态美学不同的是：生态体验不仅注重乡村景观构成的象征意义，也强调乡村景观的社会文化经济等功能，将各种功能性要素纳入乡村的整体审美"剧情"之中，是在网络中互动过程获得的景观感知。

（2）生态体验过程。生态体验旅游（E2T）是在生态体验场（E2F）及生态体验景观（eco-experiencescape）中进行的生态感知活动。这种跨空间的生态感知活动既保持了乡村自然景观感知及文化崇拜的基本特征，也融入了现代体验旅游的基本内涵：将形象美提升到生态美，而且也将审美体验纳入社会产业经济活动之中，完善了休闲体验的"多功能性"（multifunctionality），促进了乡村多功能景观朝着可持续发展的目标挺近。

从传统的审美角度来看，乡村景观作为生态审美行为的容器，只有能够满足审美行为与生态行为的双重需要才是真正有价值和生命力的景观。只有美学空壳而没有生态行为的景观类似一个空荡荡的博物馆，只是一件没有生命力的"风景画"。传统的农业景观作为旅游业发展的"乡村资本"主要由景观、生物多样性、地质及土壤、乡村聚落、历史遗迹、建筑遗存、乡村小路、溪流河谷、湖泊、风土民情、方言以及生活方式等要素构成，附加了现代的体验服务就构成了生态体验景观。在这里，各种服务已经融入景观之中而成为体验景观的要素，这些景观要素已经成为生态美学体验的重要内容，是乡村景观重要的生态美学特色，都无一例外地激发了人的生态性共存愿望，既体现了对现实生存的关注，也体现了对乡村可持续发展的关怀。

地貌、水文、土壤及生态等景观的自然元素提供了难以替代的生态功能服务，是非常有效的生命支撑系统（life-support systems）。如地貌高度、起伏程度、奇特地貌美感带来了生态与美学的双重变化；植被覆盖率、郁闭度、稀有种、树龄、乔灌草结合程度带来生态稳定的审美信息；气温往往决定旅游活动适游期的长短，特殊天气现象、降雨降雪不仅能带来地理生态环境两项重要指标的信息，而且也是决定生态体验旅游行为发生的重要因素。但南北方的较大温度差异，恰恰也是人们选择出行的重要因素，哈尔滨的冰雪与海南岛的热带海滨都是冬季里最吸引人的地方；水文中的瀑布、泉水（冷泉、温泉）、漂流、湖泊垂钓、游览等既有生态美又有体验感知的价值；动物中的稀有珍奇种等是吸引进行景观生态体验的要素。生态体验过程的设计需要充分掌握生态美学及生态环境等多重知识，遵守保护独特的风景（distinctive scenery）及本土生命（indigenous wildlife）的基本原则，充分发挥生态美学在景观生态系统服务功能（ecosystem service）及旅游服务功能的作用。在现实中，气候不仅是影响景观变化的最重要因素，而且也直接影响人们的生态体验旅游行为，影响客源市场需求的变化。如哈尔滨与海南岛两种截然不同的气候与景观组合在一起能够明显影响游客的体验需求：冬季海南岛是避寒人群的最佳地，夏季哈尔滨成为避暑人群的最佳地，而且哈尔滨也成为中国冰雪旅游的最佳胜地。

多功能景观（ML）中各种功能之间的协调是乡村景观生态美的集中展示，如与人们生活有关的建筑、生活方式、民俗风情、传统美食等社会元素，都是彼此相互依赖的；体制、公共消费、各种利益主体的消费倾向、政府部门结构以及彼此之间形成的正式或非正式网络关系等。在乡村多功能景观中，社会经济文化等要素行动者高度地镶嵌在与多功能农业行动者—网络之中。其经济功能存在于纵横交错的农业发展网络联系中，"印刻"在当地的农产品及相关服务中，并不断地提升农业各类产品的附加价值；文化功能（在本书中我们也将其纳入社会功能之中）分享了人类历史的很多文化遗产，通过历史建筑及其他遗迹表现出来，国内外很多历史村镇都成为吸引游客的重要目的地就是因为其拥有独特的历史遗迹或古建筑，如周庄和乌镇；生态功能促使乡村景观朝着多功能性的方向发展，使得乡村景观与乡村生活、乡村社会、乡村产业、乡村环境的联系更加紧密。

3. 生态体验旅游产品价值。

按照手段—目的链理论（means-end chain）[279]，任何一种产品都具有属性—利益—价值的结构特征。乡村生态体验产品作为一种依托多功能农业行动者—网络发展起来的，以参与体验活动特征为主的乡村旅游产品，同样也具有一般商品的属性—利益—价值的结构特征。与一般产品结构特征有所不同的是：生态体验旅游产品则是由属性—体验—价值组成的结构。这种生态体验产品建立在乡村景观生态环境、乡村社会发展与乡村民俗风情等构成的多功能农业行动者—网络之中，尤其是建立在生态体验场及生态体验景观之中。乡村生态体验场与生态体验景观复合了民俗风情、环境生态、生产种养等景观要素，具备了水系水量、植被季相，历史文化、民俗风情、土特名产、风味美食等地域特征，因而也决定了生态体验旅游产品的属性—体验—价值的网络构造层次。

生态体验经济网络建立是否成功的一种重要标志，就是衡量它能否在新型的生态体验场及生态体验景观基础上为顾客提其属性、功能及价值都兼备的系列乡村生态体验旅游产品。按照乡村旅游的基本地域特征，乡村生态体验产品既有景观物质形态的表现，又有各种参与活动的体验，自然环境与人文环境构成了乡村的总体特征，其构成反映了乡村环境、产业发展、民生环境等基本特征，也促进了乡村发展的多元化（见图 4.2）。

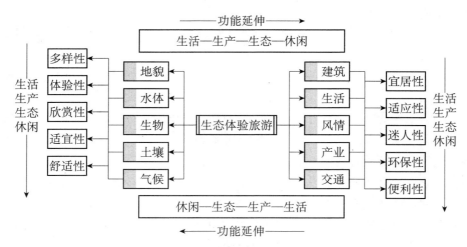

图 4.2　乡村生态体验旅游构成框架

随着大众化旅游时代的到来，乡村旅游产品逐步走向系统化、专业化、规范化。乡村生态体验经济产品与一般乡村旅游产品有类似之处（体验产品的结构层次将在第 6 章详细阐述）：在开发设计中，以生态体验场及生态体验景观构建为基础，既保护乡村生态环境、人文社会环境、产业发展环境，又能体现以游客生态体验过程为中心的服务理念[280]。以大梨树村多功能农业的发展历程为例，其乡村生态体验产品属性—功能—价值的结构特征（见图 4.3），为生态体验经济产品开发及生态体验营销奠定理论基础。其属性层作为生态体验旅游产品的核心部分，即乡村性、生态性、休闲性及产业性是生态体验旅游产品的核心属性。这些属性具备了提供各种体验活动机会并使得体验者获得更高层次体验价值的能力，充分体现了以游客为中心的理念[281]。

4.1.2　生态体验景观

1. 感知景观类型。

按照 Gobster 的"景观感知过程"（landscape perception process），生态审美的景观感知过程主要是个体、景观、人—景观互动（human-landscape inter-actions）等多种要素互动形成的感知结果[253]。Farina 按照感知方式划分了三种感知景观类型：中性景观（neutrality-based landscape）、个性景观（individu-al-based landscape）及观察景观（observer-based landscape），这三种类型的感知景观（cognitive landscape），拓宽了景观生态的感知领域[48]。中性景观是客观存在并没有特别含义的景观，个性景观则是由生物感官特别产生的景观，而

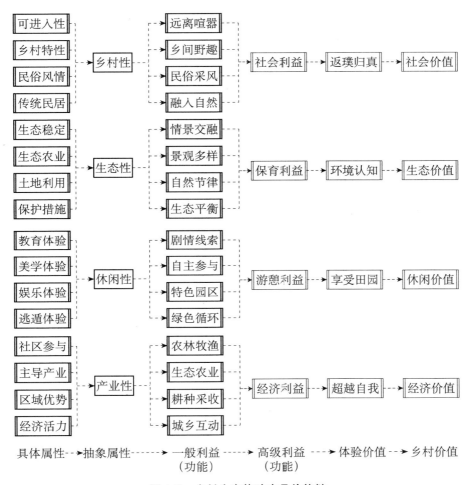

图 4.3　乡村生态体验产品价值链

观察景观则是感官感知的综合性景观。也就是说，三种类型景观的形成都与生物体的感知有关，这也是不同生物占据不同生态环境的重要原因。正是基于对景观感知的差异，它们才会与生态体验景观建立了密切的关系。

　　从中性景观→个性景观→观察景观→体验景观，是一个循环往复的转型升级过程。这是生命有机体一个由单纯感知到体验的升华过程，这个过程与多功能农业塑造的多功能景观开发有着极为密切的关系（见图 4.4）。一般来讲，中性景观在发生较大变化之后会保持一段相对稳定的时间。但是，随着人类对景观施加了各种力量，改变了原有景观的形态，促使景观的结构与功能等发生了较大变化，原有的中性景观会被新型的中性景观所替代，如流经大梨树村的季节性河流被改造成为村中最亮丽的风景线。类似地，个性景观及观察景观也是会随着人类对景观施加影响而发生较大的变化，这些变化的结果也促使人们在体验过程中形成了新型景观——生态体验景观，将景观的多功能性与可持续性整合在一起，成为乡村旅游开发的新型空间基础。

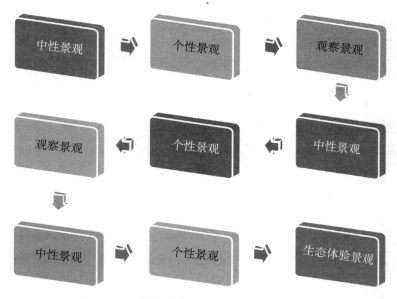

图 4.4　生态体验景观与三种感知景观的联系

2. 生态体验景观。

（1）生态体验景观（eco-experiencescape）基于生态体验场建立起来的多功能景观，是不同类型生态体验场的空间组合与重新配置结果。前面谈到，生态体验场是一种行动者—网络。从构成来看，生态体验景观较生态体验场更具有宏观的特征。它作为一种服务于旅游者生态体验的景观，是一种基于多功能农业行动者—网络形成的开放性关系型景观。这种景观与乡村生产、乡村生活、乡村生态及乡村体验等存在密切的联系[49]，既有传统景观空间的"容器型"特征，又具有新型景观的"关系型"特征，充分体现了乡村景观的多功能整合作用，也从更宏观的角度诠释了生态体验在整个景观中的状态。从丘陵山区到滨水区，它普遍存在于城乡之间的各种游憩体验环境中，是旅游者体验活动的重要景观空间[145]。一般的景观只是人类经济社会行为的容器，只有能够满足多重经济社会行为需要的景观才是真正有价值和生命力的景观。只有空壳而没有经济社会行为的景观只是一个空荡荡的博物馆，终究是不会有生命力的。由于具有景观的多功能性，生态体验景观服务于人们的各种休闲体验需求，普遍存在于和服务于人们各种休闲行为的景观环境中，如生态体验景观已成为城镇滨水区管理的重要内容[144]。

在旅游开发过程中，滨水区空间是生态体验景观开发一项重要的内容。滨水区一般是乡村生活、生产、文化和休闲游憩的核心区域，如周庄和乌镇。滨水区积累了不同时期、各具特色的生态文化景观，其沿岸的古老建筑、传统民俗、特色街道、生态环境等构成了独特的多功能景观带（multifunctional landscape belt）；是生态持续、文化传承、形象塑造、产业转型、体验互动和遗产再利用的"生态体验廊道"（ecological experience corridor），具有较强的社会、经济、文化和生态保护等方面的集聚效应，对区域的多功能农业、新型城镇化及现代服务业发展具有较强的促进作用。

滨水生态体验景观构建是乡村生态体验旅游发展的重要空间。中国很多乡村依山傍水，其发展巧妙地利用了境内的水系服务于日常的生活与生产，形成了良性的生态发展格局。滨水区建设是一个开发、保护和再开发的空间再生产过程。在工业化时代，滨水区一些工程措施与景观生态安全并不匹配。多数开发建设外表看似富丽，只考虑生活与产业活动的便利设计而缺少对滨水区生物生存及安全的关怀，缺少景观生态安全格局的考虑，生物多样性及连贯性受到不同程度的破坏。在辽宁省，大多数滨水区由于污染严重，一度成为生产生活的排污去处，别说是鱼虾等水生物的生存，人们接近走进都成为一种奢望，滨水区旅游开发也一度成为"避选地"；在后工业化时代，滨水区开发多侧重于地产景观及旅游景观、侧重打造休闲亲水空间等单一的景观。对于亲水的低碳绿色交通体系及亲水活动体系开发明显不足，降低了社区居民与游客对滨水区慢游细品乐活的体验境界，其集聚效应也并没有预期的那样高。由于很多滨水区开发是在"地价上升"时期进行的，对推动产业转型，打造宜居生活环境发挥了积极作用，但对如何以滨水生态环境为核心，将"治水、清水、亲水、透水、活水"的"五水"理念贯穿到滨水区开发建设中，以整合共生的理念将其建设成可进入性强、互动性强、生态环境优美、产业发达的多功能景观网络，仍然面临着开发建设方向、路径及动力等突出问题。

围绕滨水区可以开发的生态体验景观类型非常丰富，最重要的是推动了景观的多功能开发。多功能景观开发涉及经济、社会、生态等要素的整合共生，还涉及文化治理、自然治理及空间治理的协调发展。因此，围绕滨水区可以开发建设景区伴生型、历史文化型、旅游房产型、景观社区型、交通集散型、主题文化街型等项目，推动游憩体验地带、生态旅游景观、文化景观区、景观生态恢复区、野生地域与特殊保护地等空间格局的形成，为乡村"生态体验廊道"的发展奠定空间基础。因此，按照市场需求类型组合，推动文化与旅游的深度融合，推动景观与现代服务业的深入融合。通过政策的激励机制，大力培育开发滨水区多功能景观项目和现代服务业。以"治水、清水、亲水、透水、活水"的"五水"理念为指导，以整合共生的系统性方法开展滨水区开发建设，将其建设成为设施完备、生态环境优美、现代产业发达等目标多样化的多功能景观网络。将景观开发建设与旅游体验及现代服务业发展融合起来，增加滨水区的自然特性与生物多样性，促进景观与产业的整合共生，打造具有地域文化特色的"生态体验廊道"品牌。精心筛选景观与产业优先开发项目，实施保护性的开发政策，推进文化特色化、产业高端化、业态特色化、景观特色化，增强滨水区空间与产业发展的和谐发展能力，提升滨水区的综合价值。

（2）服务景观与体验景观的差异。一般来讲，服务景观多集中在小范围相对固定的服务场所，人文设计的创意色彩较浓厚，而生态体验景观则由具有自然景观与人文景观共同组成的服务于乡村生态体验过程的景观构成。在进行创意开发的过程中，生态体验景观对地域文化信息传递的原真性（authenticity）要求比较高。此外，乡村景观的异质性、多样性、优美性等特征决定了生态体验景观的基本特征，追求异质性与生态稳定的景观是生态体验感知过程的重要驱动力。因此，乡村生态体验景观除了能提供生态体验行为功能外，还具有如下功能：

一是产业空间配置功能。生态体验景观是在多功能农业网络基础上发展起来的景观网络。多功能农业网络生态体验景观不同缺少的空间载体，各种功能在有限的乡村空间"配置"（configuration）过程中才能有效地发挥出来，在发挥传统景观"容器"功能的基础上，也要依据其"关系型"载体特征，确保多功能农业网络产业整体目标的实现。作为一种将旅游发展及乡村各种要素连接在一起的异质性（heterogeneity）网络，多功能农业网络为生态体验旅游的发展提供自然与人文等综合性的发展空间。生态体验旅游作为一种具有空间体验行为的生态经济与体验经济在时空中的交集，将人类的休闲体验活动置于体验经济系统与生态系统之间，在整合两种体系的过程中促进体验者与体验提供者共同实现物质循环、能量转换、体验感知及价值增值等过程，不仅为体验活动提供重要的空间载体，而且也对乡村多功能农业空间多样性发展格局提出了更高的要求。

生态体验景观（eco-experiencescape）是由多功能农业（MFA）创造出的"服务景观"（servicescape），是一种将生态体验经济与多功能农业集成的景观生态安全格局（landscape security pattern）。其安全格局对于维护乡村景观生态系统结构和过程健康，维护区域与乡村生态安全，对于实现精明保护与精明增长的刚性格局具有积极的作用[282]。因此，在生态体验景观规划建设过程中，涉及对多功能农业土地规划利用的调整，如何分配各种土地利用类型的空间，促进景观空间各种功能之间的相互协调，创造一种创新型的景观格局与产业空间配置，增加了景观构造的异质性，避免传统农业景观向现代农业景观过渡过程中对一些传统的适应当地发展的较好农业生产方式的放弃，推动传统农业发展向后现代农转化的过程，提升乡村景观空间建设的水平。

二是产业多样化功能。开发多功能农业经济功能就是围绕粮食及纤维等产品的生产，大力发展优质高效的持续性农业，这也是现代农业经济价值的具体体现；开发其社会功能就是围绕在农业方面的就业、社会保障、地域文化及粮食安全等方面，发挥对维持国家社会稳定与和谐发展的重大作用；开发其生态功能，就是对发挥其涵养水源、净化空气、保护土壤、固碳释氧、防洪及保护生物多样性等方面的作用；发挥其农业的能源功能，就是开发其具有周期性和以农作物原料为基础的生物能源，发挥生物质的能源效率，走低碳经济的发展途径；开发其休闲功能就是发挥农业的景观功能与生活功能紧密结合的特征，通过发展园区农业、体验农业和休闲农业，促进多功能农业休闲价值的实现；开发其文化功能，就是发展具有文化传承的农业工艺与农业创意，充分体现农耕文化为人类社会提供的劳动过程（见图4.5）。通过这些功能的相互协调创造了关系型的多功能景观空间，成为生态体验行为发生的重要空间基础。这也进一步表明：乡村产业多样化是生态体验景观建立与发展的经济社会基础。多功能农业产业多样化创造了多样化功能，也创造了多样化价值，经济价值、社会价值与生态价值的综合协调才能为传统农业改造升级奠定了创新发展的基础，也为后现代农业的创新发展提供了战略选择空间。

此外，作为多功能景观发展的重要驱动力，多功能农业的品牌树立与乡村产业要素、环境要素、社会要素及文化要素等是密不可分的，这些要素不仅构成了多功能农业赖以生存的景观空间，而且也促成了与诸多要素密切联系的"关系型"空间发展，对于推动农业多功能性的区域拓展与品牌建立，提升多功能农业发展水平具有积极的作用。多功能农业不仅将食物生产及纤维提供等作为唯一的产品产业，而且也将生态环境保护，休闲体验等纳入其发展之中，发挥了乡村景观的多功能性作用。通过构建我国多功能农业健全发展的政策法规体系，增加农业多功能价值多元化，完善多功能农业在我国对外贸易发展中的地位和作用。针对一些国家利用多功能农业巨大的潜在价值和正外部性加大对农业的补贴与保护，损害农业出口大国的利益[283]的做法，我们也要采取对应措施，维护我国多功能农业正常发展的可持续性权益。

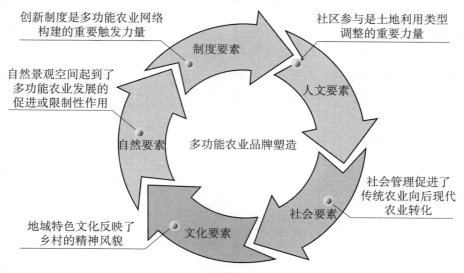

图 4.5　多功能农业品牌形成要素

三是融合创新功能（integrated innovation）。生态体验景观促进了农业发展范式向多功能农业的转变，推动了传统农业向后现代农业的转化，具有各种创新要素的融合作用（或整合作用）。在体验经济与即将到来的生物经济时代，农业将成为与生产部门及服务领域有着广泛联系并相互影响的一个综合产业，农业与"非农"产业的界限将更加模糊，乡村与城镇的边界也将淡化[284]。长期以来，农业发展理论基本概括为"农业剩余"范式，也就是从农业提供剩余（剩余产品、剩余劳动力）的角度来研究农业发展[285]，基本停留在"生产"发展范式的层面上。生态体验景观网络构建与多功能农业发展目标的结合，事实上是将实现目标与实现的模式有机地结合在一起，尤其是将本地资本与外地资本、产业链本地化、经营共生化、环境可持续化等诸多要素结合在网络发展中，形成具有联动与互动效应的网络发展模式。这种模式改变了乡村发展中单纯依赖生产性经济为主的局面，形成了"生产"＋"服务"＋"贸易"等范式为主的后现代农业发展模式，促进了乡村服务等多重功能的发挥（见图4.6）。

以生态系统服务为基础，分析生态系统服务功能及服务价值形成的生态经济体系，为增强认识农业多功能性并为其评价提供了分析框架[286; 287]。在此基础上形成的生态体验经济框架，生态体验经济的综合性服务功能及服务价值构成了生态体验景观的基本内核，为依托于多功能农业的生态体验旅游发展及评价提供了新的研究范式。

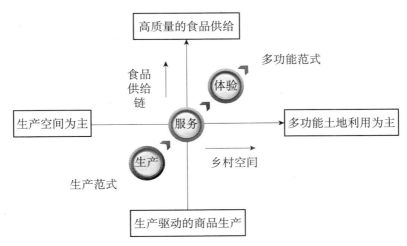

图 4.6　传统农业的生产范式向多功能农业发展范式转化

运用行动者—网络理论（ANT）与社会网络分析法（SNA）相结合的方法对生态体验景观网络构建过程进行分析，揭示生态环境、社会经济、产业形态及生态价值等行动者要素并入生态体验旅游行动者—网络的基本过程及其网络中的地位，对于提升生态体验景观质量、完善乡村生态体验旅游发展研究范式范式具有积极的意义。

4.2　构建过程

4.2.1　研究地点

1. 大梨树村发展过程。

从 1978 年改革开放至今，近 40 年时间里大梨树村先后经历了四个不同的发展阶段[44]。在村支书毛丰美的带领下，通过调整产业结构，调整土地利用方式，转变发展模式等，大梨树村以发展多功能农业为目标，建立了较为完善的乡村生态体验景观（eco-experiencescape）行动者—网络。这种景观网络在为游客提供类型丰富生态体验旅游产品的同时，促进了乡村生活、乡村产业、生态环境及乡村社会的协同发展。如今，大梨树村不仅成为区域内社会主义新农村建设的典范，而且也被授予"中国农业公园"称号（2010 年）。正是由于生态体验景观网络的构建，使得大梨树村发展了以乡村旅游为龙头的生态体验经济，创建了依托山区沟域经济[61]发展的辽东模式。

2. 生态体验景观网络构建过程。

乡村生态体验景观网络构建过程实质上是行动者—网络的转译过程（translation process），分为四个阶段：

（1）生态建设初始阶段（始于 20 世纪 80 年代）。这个阶段类似于行动者—网络理论中问题呈现（problematization）阶段。在转译过程的初始阶段中，要将生态体验景观中不同行动者关注的对象问题化，找出利于所有行动者并入网络并能实现目标的"强制通行点"（an obligatory passage point，OPP）。

在 20 世纪 80 年代以前，大梨树村以种植业为主，由于境内山地较多，陡坡种植及过度放养柞蚕使得森林植被遭到破坏，造成山地植被稀疏、水土流失严重、河流暴涨暴落、生态环境非常脆弱。此时的大梨树村虽然也实施了"家庭联产承包制"，但仍然处于贫穷落后的状态，极少生态体验旅游活动发生，生态体验景观尚未构建起来，也就没有所谓的生态体验经济效益。农民的收入主要依赖种养业及外出打工。建设一种全新型并能够促进土地多功能性发挥的景观，充分发挥土地的生态经济效益并给当地人带来致富的希望，在当时来讲仍然是一个朦胧的"灰匣子"，这种"灰"景观是新型景观网络构建的一个"必经之点"。

20 世纪 80 年代初，大梨树村人到黑龙江省做土豆及小米生意赚取了 1 万元，挖掘到"第一桶金"（1982），他们在凤城市（丹东市的县级市）内建龙凤宾馆（1985）及凤泽大市场（1992），为大梨树村集体经济发展奠定了基础。1989 年末，大梨树村通过治理荒山种植果树，将承包给一家一户的荒山以集体租用的方式实现统一经营管理，将农业产业结构调整与乡村景观生态规划建设紧密联系起来，农业景观开始朝着减少粮食种植、栽种多种果树的方向转变，为多功能农业及生态体验景观的构建奠定了基础。

在这一时期里，大梨树村的可进入性、田园风光、民俗风情及传统建筑（聚居适宜性）等要素发生了改变，这些要素与生态环境、生态农业、开发强度及环保措施等行动者要素建立了网络联系（见图 4.7）。由于这一时期中国的旅游业也尚在起步阶段，大梨树村的生态体验旅游活动仍然很少，以乡村旅游为主的生态体验经济薄弱，效益低下。乡村商贸活动成为这个时期景观网络构建的创新动力，大梨树村在凤城市内兴办的"凤泽大市场"及"凤城龙凤宾馆"不仅为大梨树村乡镇企业发展奠定了资金保障基础，也促使当地农民开始走出大山进城闯荡市场，从祖辈经营土地的束缚中解脱出来，以"革新"（novelty）的发展模式改变了传统乡村发展之路。

（2）产业链本地化阶段（20 世纪 90 年代）。乡村产业链本地化（localiza-

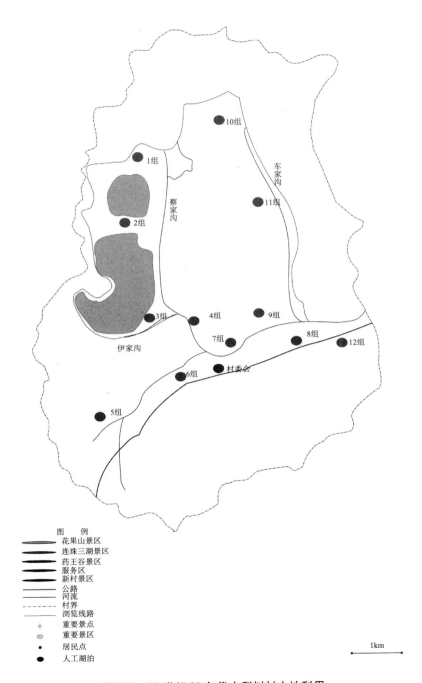

图例
花果山景区
连珠三湖景区
药王谷景区
服务区
新村景区
公路
河流
村界
浏览线路
重要景点
重要景区
居民点
人工湖泊

1km

图 4.7 20 世纪 80 年代大梨树村土地利用

tion）阶段类似于行动者—网络理论中的利益赋予阶段（interestement）。进入20世纪90年代以后，大梨树村的产业调整与景观生态建设取得初步成效。经过几年时间开发建设的水果生产基地"花果山"，其景观建设与产业发展均呈现良好的发展势头，这也给大梨树村发展带来了新的致富希望。然而没过几年，就在花果山进入盛果期不久，市场上水果价格呈现大幅度下跌趋势，以水果生产的收益大幅度降低。大梨树村（1997年）开始转变发展思路，通过发展观光农业，让游客进入他们的花果山上，随意采摘享用水果。当年仅靠水果采摘活动获得的收入就比往年自己采摘储存并外销水果的收入要多好几倍，大梨树村初步尝到发展观光农业的甜头。此后，他们开始围绕花果山开发建设环山的景观道路与五味子绿色长廊（2002年）等，形成了一系列的绿色自由观光长廊，为游客游览采摘体验活动提供了多功能景观空间（见图4.8）。到了1992年，大梨树村成立了实业总公司，将各种经营实体纳入到统一经营的范围内。到了1999年，又成立了隶属于实业公司的旅游公司，构建了生产性与服务性企业的发展格局，乡村景观空间中的各种行动者开始并入产业发展的链条中，为产业链本地化奠定了基础。

与生态体验旅游活动有关的产业活动行动者、乡村生活行动者、休闲体验行动者及生态环境行动者等行动者要素开始建立景观的行动者—网络联系，但这些联系在某种程度上还是属于单向的联系，生态体验景观网络构成抵御外界干扰的能力还比较脆弱。这一时期行动者—网络的创新动力主要来自于乡村产业的体制性自发调整，如通过以集体承租的形式改造农户承包的荒山，开始较大规模地对荒山实施绿化工程，使得当地的乡村产业链开始延伸，这些产业逐渐与观光旅游产业建立起网络联系，使得大梨树村成为辽东山区闻名的富裕乡村，大梨树村也因此拥有高于其他乡村的"生态位"优势。

（3）并入网络阶段（2000～2005年）。这个阶段类似于行动者—网络理论的登记注册阶段。乡村发展中的各种利益相关者通过利益诉求的契约关系，实现了进入生态体验旅游网络的"登记注册"过程。大梨树村将村里各项产业纳入到统一经营管理范围内，以集体经营管理的形式，将本地的产业链向纵深领域延伸扩展。他们规划建设了以花果山—山间湖泊（王母瑶池、龟山东湖、双龙湖）—药王谷—影视城（2005）—五味子生产基地—庄稼院—青年点等为主体的生态体验景观网络（见图4.9），将原有的生活空间转化成可以实现经济社会文化功能的新型空间，建立了多功能景观网络。在这个时期成立的旅游公司开始与乡村外部建立起密切的业务联系，主动到东北等地的客源市场开展

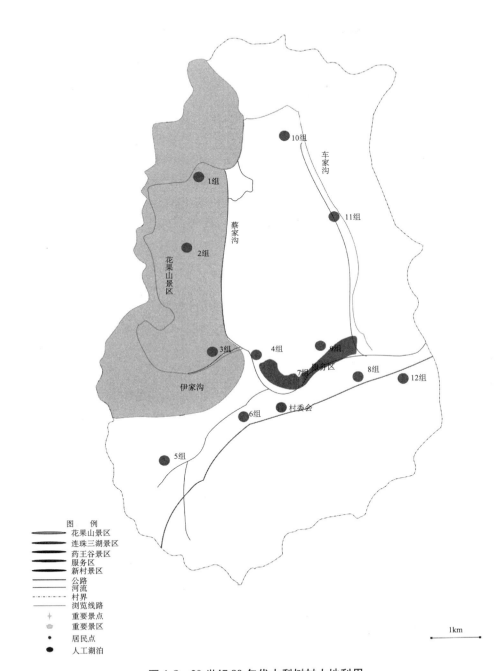

图 4.8 20 世纪 90 年代大梨树村土地利用

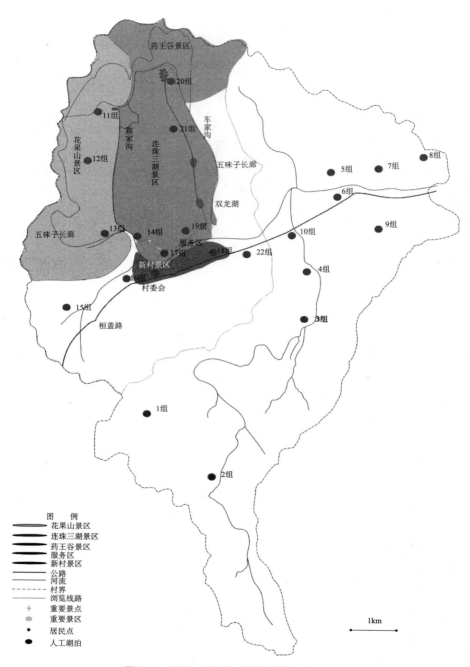

图 4.9 2000～2005 年大梨树村土地利用

市场营销活动，吸引更多的外地游客。由于营销活动的增强，这个时期大梨树村的对外影响力逐渐增强，到大梨树村观光旅游的人越来越多，大梨树村旅游发展的效益也越来越明显，大梨树村因此成为全国农业旅游示范单位（2004 年）。

2002 年，大梨树村开始引种中草药五味子，种植面积由开始的 330 公顷逐渐扩展到 800 公顷，因而也成为中国北方最大的中药材五味子（schisandra-chinensis）种植基地。与此同时，与水果生产基地花果山相连的五味子长廊（18 千米）将经济功能与旅游体验功能融为一体，成为具有地方特色的绿色廊道，成为游客自由旅游体验的重要交通廊道；五味子烘干厂、五味子酒、五味子饮料不仅延伸了五味子的产业链条，也为生态体验旅游发展提供了丰富的产品。2003 年相邻的利民村并入大梨树村，村域面积范围扩大了一倍，进一步扩大了生态体验旅游行动者—网络的构建空间。

大梨树村将村域车家沟内的大王沟、二王沟开发建设为"药王谷"（2002 年），在保护景观多样性基础上，种植了大量的特色中草药，引入了传统的中医药文化，丰富了"药王谷"景观的医药文化内涵。在景观开发建设过程中，将原有的生态空间进行了重新构建，增加了具有文化功能的新型景观，使生态体验景观中的休闲体验产业链条不断延长与升级。在这一发展阶段里，资本投入、决策民主化、经营共生化、产品本地化、服务特色化及设计情景化等逐渐形成一种和谐状态，促进了乡村生态体验景观中行动者—网络的构建，并成为生态体验旅游网络构建中的重要创新驱动力。

（4）景观产业互动阶段（2006～2016 年）。这一发展阶段类似于景观行动者—网络理论转译过程中的动员过程阶段。在这个时期，进入乡村景观网络中的所有行动者开始朝着预订的目标发展，将景观的各种功能有机地整合在一起，实现各种行动者要素间的协调互动。在这一阶段，乡村景观、生态环境、休闲活动及经济活动等行动主体开始建立网络联系，以生态绿道的连接方式形成了花果山—大梨树河—山间湖泊（王母瑶池、龟山东湖、双龙湖）—药王谷—"干"字广场—影视城—五味子生产基地等构成的生态体验景观网络（见图 4.10），促进了"居住—自然—生产—互动—体验"之间的生态和谐，充分体现了"天人合一"的生态文明境界。2008 年休闲体验产业综合收入超过 1 500 万元，且只是生态体验景观行动者—网络构建所带来的部分收益，而在 20 世纪 90 年代以前，休闲体验等服务性产业的综合收入为零。2016 年，他们又投资兴建了现代农业展示馆"七彩田园"，引种了香蕉、火龙果、木瓜、人心果、芒果、柠檬等 41 种南方果树，为游客近距离观赏、了解、品尝提供了弥足珍贵的好机会。这里根据不同作物生长习性和种植模式，展示了现代蔬

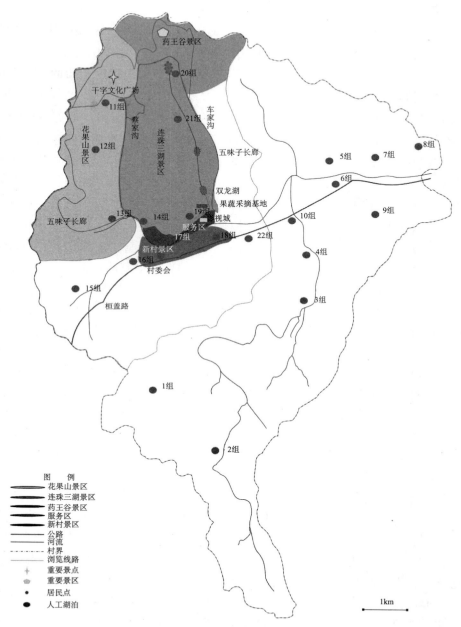

图4.10　2006～2016年大梨树村土地利用

菜瓜果立体种植科技、新奇特品种、创意文化景观以及菜果种养采摘等互动内容的设置，带着游客一起在大梨树村体验现代科技农业的独特魅力。全方位展

示现代农业科技、品种、创艺景观、艺术体验等内容，凸显大梨树村现代农业
科技成果。在这里可以欣赏到"七彩田园"的建立促进了大梨树村乡村旅游
的转型升级，为全年观光旅游奠定了坚实基础，拉长了大梨树村现代产业的
链条。

　　大梨树村在景观空间中的创意配置上下功夫，将创意设计付诸实施。景观
网络构建的创新动力来自与乡村生活体（行动者的集合体）、生态环境行动
体、休闲体验行动体及产业活动行动体等要素之间建立起的相互关系。从景观
网络的构成来看，实现了景观链、风情链、产业链等形式与体验场景的立体链
接，实现具有了乡村创新发展阶段中的"景观"构建，包括实现创新发展的
体制环境。生态体验景观网络在这一阶段真正构建起来，促进体验者的生态体
验消费，促进生态体验经济体系目标的实现。

　　乡村生态体验经济始于生态体验景观网络的构建，而且是伴随着乡村多功
能农业调整升级而形成的农业可持续发展网络。生态体验景观是乡村生态体验
经济的重要载体，不仅是生态体验经济供需双方相互作用的空间，成为美丽
乡村建设目标所要追求的形式，而且也是农业从传统农业发展向后现代农业
转型升级的重要驱动力量。这种力量推动农业从生产范式向服务范式及多功
能范式转化，促进多功能农业发展中经济效益、社会效益及环境效益之间的协
调。在乡村体验经济发展中，能够满足生态体验旅游者"期待"的生态体验
价值，才是生态体验经济追求的目标。这也有助于乡村从"底层"状态下设
计出更加丰富的生态体验经济产品，使得生态体验产品成为观光产品剩余时代
的升级产品，改变单纯依赖"顶层"状态下设计乡村生态体验旅游产品的发
展模式。

4.2.2　验证方法

1. 方法基础。

与采用结构方程（SEM）验证生态体验场（E2F）及生态体验景观（eco-
experiencescape）的网络结构关系方法不同[49; 148]，本部分内容的研究采用社
会网络分析方法（social network analysis，SNA）分析乡村生态体验景观网络构
建过程的阶段性特征。同是对生态体验景观的测评与验证，前者（SEM）是对
生态体验景观的现状评价，后者（SNA）则是对生态体验景观构建过程的阶段
性特征进行分析。

　　两种方法的不同之处在于：采用的数据类型不同。结构方程模型采用的是
由众多利益相关者（stakeholders）参与调查问卷获得的属性数据。属性数据是

指那些关于行动者态度、观点和行为方面的数据，它们被视为行动者的个人或者群体所具有的财产、性质、特点等；社会网络分析法（SNA）采用的是关系型数据。关系型数据是指那些在社会关系中关于联系、联络、关联、群体依附和聚会等方面的数据，是一种能把一个行动者与另外一个行动者联系在一起，同时又不能还原为单个行动者本身属性的数据。所谓的关系并不是行动者的基本属性，而是行动者—网络中行动者之间的属性。

社会网络分析法（SNA）由社会学家根据数学方法、图论等研发的定量分析方法，广泛应用于乡村社会[288]、经济、旅游[140]、心理学[289]等研究领域。因此，采用社会网络分析法（SNA）有助于揭示单一行动者在网络中的地位与作用。在具体研究中采用了社会网络分析法中的密度（density）、点度中心（degree centrality）、中间中心度（betweenness centrality）指标衡量生态体验旅游网络构建过程及其构成要素在网络中的作用与地位。

密度（density）是衡量网络结构图中各节点（行动者）之间联系紧密程度的指标，表明网络关系图中各行动者凝聚力的总体水平。行动者之间的连线越多，密度就越大，对行动者的状态及行为等产生的影响可能就越大；点度中心（degree centrality）描写图中任何一点在网络中占绝的核心性，表征社会网络中，行动者间是否存在直接联系，如果行动者居于中心地位，则网络拥有较大的"权力"；点度中心用与该点有直接联系的点数目来衡量；中间中心度（betweenness centrality）是表征行动者在网络中是否居于重要地位，测量的是行动者对网络节点资源的控制程度。

（1）密度计算公式[290]：$D = \dfrac{L}{n(n-1)}$，其中，L 代表实际的连接数，n 代表网络中行动者的个数，该测度的范围为 [0, 1]，只有在比较完备的图中（即任何两结点间都存在联系的行动者网络）中密度值取值才为 1。

（2）点度中心：$C_{AD} = \dfrac{\sum\limits_{i=1}^{n}(C_{ADmax} - C_{ADi})}{\max\left[\sum\limits_{i=1}^{n}(C_{ADmax} - C_{ADi})\right]}$，其中，n 代表网络中行动者的个数，点 i 的绝对中心 C_{ADi}，图中行动者的绝对中心的点度中心最大值为 C_{ADmax}。

（3）中间中心度计算公式：$C_{AB} = \sum\limits_{j}^{n}\sum\limits_{k} b_{jk}(i)$，j≠k≠i，并且 i<k。

计算过程采用 UCINET6.0 软件完成。该软件能有效地处理调查中所获得的关系型数据，以分析生态体验场中行动者—网络的结构及其相互关系，揭示出大梨树村行动者—网络构建过程中的关系特征。

2. 数据收集方法。

①收集大梨树村 20 世纪 80 年代、90 年代、2000 年和 2005 年的 1∶5 万土地利用图（现状与规划图）、卫星遥感影像资料（主要是选用 Google 卫星影像资料）、旅游规划图件以及大梨树村史（主要来自大梨树村村史馆）等文献资料；②与当地主要企业负责人以及社区居民深入访谈了解大梨树村的发展历程；③采用实地调查法，深入观察分析大梨树村内不同行动者的空间特征、生态特征及美学特征等；④与专家学者探讨选取影响多功能农业发展的因素，分析行动者的基本属性及相互关系。所选取的行动者要素与前面生态体验场网络结构分析保持一致，通过对不同时期资料的分析，建立了不同时期行动者之间的联系，成为不同时期网络构建的数据基础。

在研究过程中，直接从研究区内旅游景点斑块（patch）、廊道（corridor）、基质（matrix）等提取有关行动者要素的信息（包括从个别景点廊道及基质中提取的行动者信息）。通过相关资料（土地利用开发、村史资料及卫星图片等）比较不同地点的行动者信息，建立了相关行动者的邻接矩阵（adjacency matrix）。将研究区内不同景点斑（patch）作为行动者（actors）进行比对分析之后，建立具有跨越空间联系特征的网络（network）。景点斑（类似于景观中的斑块）除了与一些风景廊道（corridor）之间有密切的联系之外，还与当地生产（industry）、生活（dwelling）、生态（environment）及体验需求有密切的联系。在邻接矩阵（adjacency matrix）中，其行与列分别代表网络中完全相同的行动者，矩阵中的数值表示两个行动者之间的关系强度，"行"为关系发送者，"列"为关系的接受者。其中"0"表示两个行动者（景点斑或廊道）之间没关系，"1"表示两个行动者之间"有关系"。此外，还可以用"2"和"3"表示"关系强"及"关系很强"的内涵，本研究考虑到研究过程的复杂程度，使用"1"和"0"来表示行动者之间的关系有无。

事实上，一个完整的邻接矩阵代表一个相对完整的社会网络结构图。将构造好的行动者邻接矩阵中的数据输入 UCINET6.0 软件进行处理，就会获得不同时期行动者—网络图及行动者密度、平均距离、点度中心、中间中心度等指标。根据这些网络评价指标，对网络中行动者要素的地位进行评价。为了方便地绘制网络结构图，将所有的行动者要素（变量）都简化成四个字的形式来表述，如"可进入性"行动者表述乡村交通的便利程度；"乡村特性"行动者表述人口密度较少的乡村性（也可以表述为田园风光，本研究为了与前后发表的论文协调一致，都改为乡村特性）；"土地利用"行动者则用来表述乡村土地开发利用的强度；"保护措施"行动者则用来表述乡村生态环境保护的相关措施；"经济活力"行动者表述为乡村发展的活跃程度；"区域优势"行动者则表述为乡村发展的区域竞争力等。

3. 乡村生态体验旅游发展特征。

生态体验经济在发展过程中构建了生态体验景观，其构建过程是一个行动者不断并入网络形成节点的转译过程（translation process）。进入景观网络并成功进行转译过程之后的行动者仍然拥有不同强度及品质的自然、社会、经济及文化资本。与网络尚未进行转译过程之前的状态相比，行动者在网络中的角色与作用发生了较大的变化，这种变化就来自各种行动者之间建立起来的网络联系。因此，生态体验景观是生态体验旅游通向"舞台"的桥梁与纽带，而转译过程则是将各种行动者纳入新景观网络中的重要内驱力，行动者才会在不同的生态体验场（E2F）构建过程中实施体验过程。

大梨树村生态体验景观网络的构建过程主要分为四个阶段（见表4.2）。每个阶段都是以生态体验经济为主导的多功能农业发展，都是不同行动者要素逐步进入网络并完成角色变化的过程，这也过程同时也符合行动者—网络转译过程的基本特征；在生态体验景观构建的每一个阶段里，不同的行动者要素都会呈现出乡村产业、社区参与、景观变化、生态体验、创新发展及网络构建的区域发展特征。

表4.2　　　　　　大梨树村不同历史时期发展网络构建过程

	乡村产业	社区参与	景观变化	生态体验	创新发展
生态建设初始阶段（20世纪80年代）	商贸兴村：走出乡村到城里经商，奠定乡村发展基础	个别参与：联产别包，传统农业经营模式未发生改变	荒山秃岭：中幼龄柞木林为主。山上放蚕，山下种地	提供生态休闲体验活动机会极少，体验过程发生较少	革新阶段：农村改革，农民积极性被极大地调动起来
产业链本地化阶段（20世纪90年代）	工业兴村：部分农民成为乡镇企业工人，经济活跃	组织参与：景观恢复建设开始，改变种植结构	果树种植：荒山变成面积达1733hm²花果山（1997年）	赏花摘果、品农家菜、住农家屋等生态休闲体验活动	利基阶段：其他产业为农业结构改变奠定经济基础
产业调整提升阶段（2000～2005年）	农业富村：花果山、五味子种植等改变粮食为主局面	大众参与：农业景观与其他景观构建为旅游景观	药材种植：五味子（2002年）种植面积超过800hm²	新增药王谷、若干广场等景点，丰富人文景点内涵	体制阶段：农业产业与景观建立联系，奠定旅游基础
网络构建完善阶段（2006～2016年）	旅游强村：旅游促进景观建设，景观与旅游密切联系	全面参与：各种景观相互链接成为旅游景观网络	景点构建：药王谷、影视城、"干"字广场等旅游景观	新村、影视城等景点的增加拓宽了生态休闲体验机会	场景构建：产业与产业及景观构建起生态体验景观

资料来源：2009年实地调查。

在每一个阶段中，任何一个要素的变化都会触发产业的变化。五味子种植形成的种植长廊变成了游览体验的长廊之后，改变的是北方五味子种植标准的制订，大梨树五味子通过欧盟 GAP 认证，取得了国家地理标志性产品；在大梨树村的现代化农业展示馆七彩田园中，一颗小小的拇指西瓜让人啧啧称奇，一个个造型独特的瓜果让人感受到高科技农业的独特魅力。而各类瓜果、蔬菜新奇特品种立体栽培的创意表现手法，还充分展现了大梨树村的"干"字精神。无论是独特魅力还是干"字"精神，这里创造的新型生态体验景观都将人们的生态体验活动不断的提升，创造出更多的体验价值。

4.2.3　构建结果

1. 20 世纪 80 年代的生态体验景观。

依据 20 世纪 80 年代大梨树村各种资料所提取的行动者要素信息，构建了含有行动者要素关系的邻接矩阵。这个邻接矩阵也表明，由于这个时期的行动者要素彼此之间发生联系及相互作用的机会较少，大梨树村只有几种类型的行动者建立更为直接的联系（见表 4.3）。

表 4.3　　　　　20 世纪 80 年代大梨树景观行动者的邻接矩阵

	可进入性	乡村特性	民俗风情	生态农业	主导产业	社区参与
可进入性	0	1	0	1	0	1
乡村特性	1	0	1	1	1	0
民俗风情	0	1	0	1	1	1
生态农业	1	1	1	0	1	1
主导产业	0	1	1	1	0	1
社区参与	1	0	0	0	1	0

这个时期大梨树村各行动者之间联系的强度不高，网络节点（即行动者）相互联系的水平一般，各行动者的中心地位尚待加强，调整行动者的内涵，有助于乡村生态旅游资源的规划与开发，进而提升乡村生态体验旅游的层次。

通过网络关系图可以看出，20 世纪 80 年代大梨树村生态体验景观行动者—网络中的行动者较少，景观空间的网络结构形式相对简单。主要的行动者有可进入性、乡村特性、民俗风情、生态农业、主导产业及社区参与 6 种形式的行动者（见图 4.11）。这个时期空间中的网络结点（行动者）相对较少，网络的密度较小，说明能够并入网络中的行动者较少，乡村体验旅游开发的程度较低；行动者之间的联系程度较低，生态体验景观的强度也较低，旅游活动较为单一，对外的吸引力较低。由于生态体验景观的影响强度较低，对其中行动者的变化也显得较为敏感。如可进入性可以进一步划分为外部可进入性与内部可进入性。当外部进入性发生改变而内部可进入性改变不大的情况，可进入性要素行动者与其他要素行动者建立联系的程度就低甚至无法建立联系，进而影响了整个行动者—网络的建立。

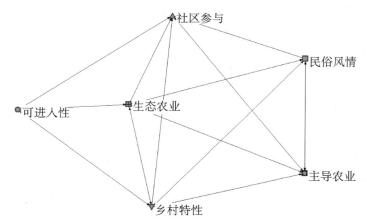

图4.11　大梨树村20世纪80年代生态体验景观行动者—网络

（1）网络密度及平均距离。网络密度主要是指网络中各种要素行动者的密度，主要采用社会网络分析法计算获得，具体运算过程在软件UCINET6.0中进行。

20世纪80年代生态体验行动者网络的密度为0.833 3，平均距离为1.167（见表4.4）。表明这一网络中，网络密度值中等偏上，要素行动者之间相互影响的可能性不大。每两个行动者之间的平均距离为1.167，网络中的相互联系水平较低。

表4.4　20世纪80年代大梨树村网络密度及节点间的平均距离

网络密度	平均距离
密度 = 0.833 3	平均距离 = 1.167
标准差 = 0.372 7	基于距离的凝聚性 = 0.917

（2）网络中心性。网络中心性指标主要表达了每个要素行动者构成的节点在网络中的中心地位，对于衡量要素行动者在网络中的地位与作用非常有用。从这些网络评价指标的变化可以看出，不同时期网络节点行动者的数量及作用是不一样的，它们对其他要素行动者支配的作用也是不同的。

网络的点度中心和中间中心度指标分别为13.33%和4.86%，每种要素行动者在网络的地位都不是很高，它们其他要素行动者的支配作用较小，也就是说对景观资源控制的程度较低（见表4.5）；网络的凝聚性为0.917，处于较低水平。一般来讲，网络中心性过高或过低都不利于行动者间的交流与互动。因此，在 20 世纪 80 年代生态体验行动者网络中，各种行动者处于较低水平的交流与互动，生态体验场的强度相对较弱，对景观的感知程度较低。

表 4.5　　　　　　　　　20 世纪 80 年代大梨树村的网络中心性指标

	点度中心	标准化点度中心性		中间中心性	标准化中间中心性
均值	5.429	90.476	均值	1.000	3.333
标准差	0.728	12.141	标准差	0.630	2.100
网络中心性 = 13.33%			网络中心性指数 = 4.86%		

2. 20 世纪 90 年代大梨树村生态体验景观行动者—网络。

依据 20 世纪 90 年代大梨树村各种资料所提取的行动者要素信息，构建了含有行动者关系的邻接矩阵（见表 4.6）。

表 4.6　　　　　　　　20 世纪 90 年代大梨树景观行动者的邻接矩阵

	可进入性	乡村特性	民俗风情	生态农业	主导产业	社区参与	娱乐体验	经济活力	传统民居	土地利用
可进入性	1	1	0	1	1	1	0	0	1	1
乡村特性	0	1	0	1	1	1	0	1	0	1
民俗风情	0	1	0	1	1	1	1	0	1	1
生态农业	1	1	1	1	1	0	1	1	1	1
主导产业	0	1	1	0	1	1	1	1	0	1
社区参与	1	1	1	0	1	1	1	1	0	1
娱乐体验	1	0	1	1	1	1	1	1	1	0
经济活力	1	0	1	1	1	1	1	1	1	0
传统民居	0	1	1	1	0	1	0	0	1	1
土地利用	0	1	1	1	0	1	0	1	1	1

20 世纪 90 年代以来，大梨树村生态体验景观行动者—网络中的行动者增加到 10 个（见图 4.12），增加了娱乐体验、经济活力、社区参与及土地利用等类型的行动者，景观空间中网络密度开始增大，说明景观空间网络中行动者联系的程度也增强，生态体验景观的强度有所增强。这一时期，中国旅游发展基本初始的"井喷"状态，闲暇时间与人们收入的增加对旅游产品的需求也呈现较为旺盛的需求，促进了乡村旅游景观的开发。

（1）网络密度及平均距离。20 世纪 90 年代生态体验景观行动者网络的密度为 0.836 4，平均距离为 1.164（见表 4.7）。网络中虽然增加了行动者的数量，但网络的密度没有较大的变化，行动者间的联系水平仍维持中等水平。

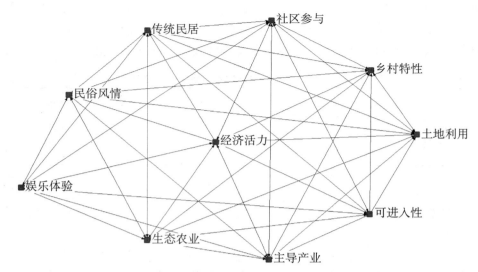

图4.12   大梨树村20世纪90年代生态体验景观行动者—网络

表4.7   20世纪90年代大梨树村网络密度及平均距离

网络密度	平均距离
密度=0.836 4	平均距离=1.164
标准差=0.369 9	基于距离的凝聚性=0.918

（2）网络中心性。点度中心和中间中心度指标分别为20.00%和1.56%，与20世纪80年代的网络相比分别有升降（见表4.8）。中间中心度（4.86→1.56）的值相对下降，说明网络中的要素行动者"中介"作用在增强，网络的凝聚性（cohesion）略有增加（0.917→0.918）。但从整体上来讲，20世纪90年代生态体验行动者网络仍是在较低水平下实现行动者之间的交流与互动。也就是说，这个时期生态体验的个性化与互动性仍然处于较低的发展水平，但在整个区域内已经处于发展的前列，大梨树村成为远近闻名的"辽东第一村"。

表4.8   20世纪90年代大梨树村网络中心性指标

	点度中心性	标准化点度中心性		中间中心性	标准化中间中心性
均值	8.364	83.636	均值	0.818	1.818
标准差	1.150	11.499	标准差	0.504	1.121
网络中心性=20.00%			网络中心性指数=1.56%		

3. 2000～2005年大梨树村生态体验行动者—网络。

依据2000～2005年大梨树村各种资料所提取的要素行动者信息，构建了含有行动者关系的邻接矩阵（见表4.9）。

表4.9 2000～2005年大梨树景观行动者的邻接矩阵

	可进入性	乡村特性	区域优势	生态农业	主导产业	社区参与	娱乐体验	经济活力	传统民居	土地利用	教育体验	生态稳定	美学体验
可进入性	1	1	1	0	1	1	1	1	0	1	1	1	1
乡村特性	1	1	1	0	1	1	1	1	0	1	1	1	1
区域优势	1	0	1	1	1	1	1	1	1	0	1	1	1
生态农业	1	0	1	1	1	1	1	1	1	0	1	1	1
主导产业	0	1	0	1	0	1	0	1	1	1	1	0	1
社区参与	0	1	0	1	1	1	1	0	1	1	1	1	1
娱乐体验	0	1	0	1	1	1	1	0	1	1	1	1	0
经济活力	1	1	1	1	1	0	1	1	1	1	1	1	1
传统民居	0	1	1	1	0	1	0	0	1	1	1	1	1
土地利用	1	1	0	1	1	0	1	0	1	1	1	1	1
教育体验	1	1	1	1	1	1	1	1	1	1	1	0	0
生态稳定	0	1	1	1	1	1	1	1	1	1	0	1	1
美学体验	1	1	1	1	0	1	1	1	1	1	0	1	0

这一时期，各种要素行动者汇集的速度加快，网络中的要素行动者增加到了13个（见图4.13），传统民居、生态稳定及美学体验等行动者要素开始并入网络的构建过程，不仅增加了网络中的结点数量，也增大了网络之间的密度，进一步增强了生态体验景观网络行动者之间联系的强度。

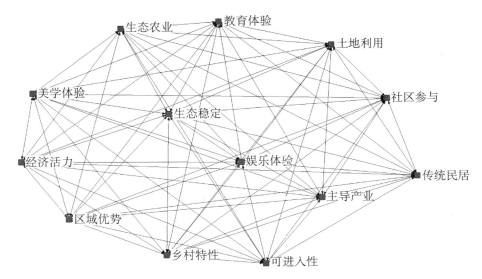

图4.13 大梨树村2000～2005年期间生态体验景观行动者—网络

（1）网络密度及平均距离。2000～2005 年间生态体验行动者—网络的密度为 0.879 1，平均距离为 1.121（见表 4.10）。表明行动者—网络密度值提升到一个中等偏上的水平，这也意味着每两个行动者平均只要通过 1.121 个行动者就可以建立相互的联系，与 20 世纪 90 年代相比就更加密切了。

表 4.10　　　　　　　2000～2005 年大梨树村网络密度及平均距离

网络密度	平均距离
密度 = 0.879 1	平均距离 = 1.121
标准差 = 0.326 0	基于距离的凝聚性 = 0.940

（2）网络中心性指标。网络的点度中心和中间中心度指标分别为 14.10% 和 0.54%（见表 4.11），与 20 世纪 90 年代的网络相比有所下降，这个时期的网络凝聚性（cohesion）开始增加（0.918→0.940），说明要素行动者在网络所起的中介作用在增强。从这些指标可以看出：2000～2005 年期间，行动者—网络的整体水平超过 20 世纪 90 年代的生态体验行动者—网络，而且网络中融入的要素行动者也增加了，行动者之间联系的强度也在增加。

表 4.11　　　　　　　2000～2005 年大梨树村网络中心性指标

	点度中心	标准化点度中心性		中间中心性	标准化中间中心性
均值	11.429	87.912	均值	0.786	1.007
标准差	1.116	8.583	标准差	0.347	0.445
网络中心性指数 = 14.10%			网络中心性指数 = 0.54%		

4. 2006～2016 年大梨树村生态体验行动者—网络。

依据 2006～2016 年间大梨树村各种资料所提取的行动者信息，构建了含有行动者关系的邻接矩阵（见表 4.12）。

表 4.12　　　　　　　2006～2016 年大梨树景观行动者的邻接矩阵

	可进入性	乡村特性	民俗风情	生态农业	主导产业	社区参与	教育体验	经济活力	区域优势	土地利用	传统民居	生态稳定	娱乐体验	美学体验	逃遁体验	保护措施
可进入性	0	1	0	1	0	1	0	1	1	1	1	0	1	0	1	0
乡村特性	1	0	1	1	1	1	1	1	1	0	1	1	1	1	0	1
民俗风情	0	1	0	1	1	1	1	0	1	1	1	1	1	1	1	1
生态农业	1	1	1	0	1	1	1	1	0	1	1	1	1	1	0	1
主导产业	0	1	1	1	0	1	0	1	1	1	1	0	1	1	1	1
社区参与	1	1	1	1	1	0	1	1	1	1	1	1	1	1	1	1
教育体验	0	1	1	1	0	1	0	1	1	1	1	1	1	0	0	0
经济活力	1	1	0	1	1	1	1	0	1	1	1	1	1	1	1	1
区域优势	1	1	1	0	1	1	1	1	0	1	1	1	1	1	0	1
土地利用	1	0	1	1	1	1	1	1	1	0	1	1	1	1	1	1
传统民居	1	1	1	1	1	1	1	1	1	1	0	1	0	1	1	1

续表

	可进入性	乡村特性	民俗风情	生态农业	主导产业	社区参与	教育体验	经济活力	区域优势	土地利用	传统民居	生态稳定	娱乐体验	美学体验	逃遁体验	保护措施
生态稳定	0	1	1	1	1	1	1	1	1	1	1	0	1	1	0	1
娱乐体验	1	1	1	1	0	1	1	1	1	1	1	0	1	0	1	1
美学体验	0	1	1	1	1	1	1	1	1	1	1	1	1	1	0	1
逃遁体验	1	0	1	0	1	1	0	1	0	1	1	0	1	1	0	1
保护措施	0	1	1	1	1	1	0	1	1	1	1	0	1	1	1	1

2006 ~ 2016 年间，生态体验场行动者网络中的行动者增加到 16 个，相当于 20 世纪 80 年代的 2.5 倍，新并入网络的有逃遁体验、区域优势及保护措施 3 种类型的要素行动者，使得网络中结点和密度趋于复杂化，行动者之间联系的紧密程度增强，在网络中发挥作用的强度也不断提升（见图 4.14）。

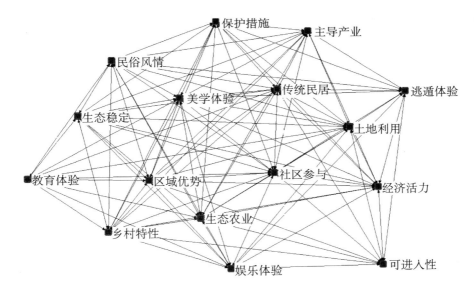

图 4.14 大梨树村 2006 ~ 2010 年期间生态体验景观行动者—网络

（1）网络密度及平均距离。2006 ~ 2016 年间生态体验景观行动者—网络的密度为 0.852 9，平均距离为 1.147（见表 4.13）。表明在这一网络中，密度值维持在中等层次上，每两个行动者平均只要通过 1.147 个行动者就可以联系起来，较 2000 ~ 2005 年的联系更加密切。

表 4.13 2006 ~ 2016 年大梨树村网络密度及平均距离

网络密度	平均距离
密度 = 0.852 9	平均距离 = 1.147
标准差 = 0.354 2	基于距离的凝聚性 = 0.926

（2）网络中心性指标。行动者—网络的点度中心和中间中心度指标分别为16.67%和0.70%（见表4.14），与2000~2005年期间的相比有所下降，不同行动者所起的中介作用进一步增强，网络的凝聚性（cohesion）开始回落（0.940→0.926），这也说明并不是增加的所有行动者都会对网络凝聚性有增强作用。2006~2016年生态体验景观强度维持历史上一个较高的水平，其行动者—网络是在一般水平上确保行动者之间的交流与互动。

表4.14　　　　　　　　2006~2016年大梨树村网络中心性指标

	点度中心	标准化点度中心性		中间中心性	标准化中间中心性
均值	13.647	85.294	均值	1.176	0.980
标准差	1.643	10.268	标准差	0.512	0.427
网络中心性=16.67%			网络中心性指数=0.70%		

运用社会网络分析法分析乡村生态体验景观行动者—网络不同时期的网络密度、点度中心、中间中心度等指标，衡量网络中行动者联系的密切程度与地位，有助于通过各项指标变化，不断地调整各种行动者的内涵，它能有效地整合景观网络中宏观层次与微观层次上的自然要素及人文要素，将绝对的实体景观空间与关系型景观空间结合在一起，创新景观存在的形式及景观的感知模式，构建了景观生态学与社会行为学相结合的桥梁，使得乡村生态体验旅游开发向纵深层次方向发展。

4.2.4　网络构建的创新意义

一是促进了产业间的融合创新。通过传统农业与现代服务业的整合共生，推动"第一+第二+第三=第六产业"新业态形成。通过乡村生态体验旅游的引领作用，促进了产业之间的跨界发展，尤其是以创意的方式推动创意农业发展的过程中，将地域特色文化与生态体验等理念融入了传统农业的发展过程中，推动了传统农业实现融合创新发展，提升了传统农业的服务化水平。在推动后现代农业发展的过程中，将网络化的发展理念融入乡村生态体验旅游中，将旅游业的要素与后现代农业相结合，扩展乡村旅游发展的内涵，推动了乡村旅游的转型升级。

二是促进了产业与空间的融合创新。地域环境和自然资源决定了从自然界中获取生存所需材料的方式，也决定了当地居民的生活方式，决定了乡村的景观。产业发展与空间的创新融合已经不再是容器型空间的重新布局，也不再是填充式的空间配置，而是以生态体验为核心增强要素之间联系的创意开发。借鉴我国著名古村镇滨水开发的成功经验，开发滨水表演垂钓等活动于一体的生态体验景观空间，使其成为乡村滨水区开发建设的先导区。通过实施产业与空间的融合创新战略，强化滨水区游憩景观空间的多功能性，在丰富滨水区社会经济文化生活的同时，也使得现代多功能景观赋予了生态体验景观的内涵。

4.3　小结

依托多功能农业行动者—网络基础上发展起来的生态体验旅游，将乡村发展的各种要素行动者有机地整合在一起，成为与多功能农业行动者—网络的重要组成部分，也构建了生态体验景观的空间基础，奠定了传统农业向后现代农业转化的过程基础。生态体验旅游发展是以生态体验景观构建为载体进行的创新发展过程，是一种与多功能农业发展有密切联系的网络构建行为。生态体验场与生态体验景观之间的关系类似于景观生态学中的斑块与基质，它们是生态体验旅游网络构建、生态体验产品开发及生态体验营销的基础。

采用社会网络分析法（SNA）密度及网络中心性指标分析生态体验景观构建过程的表现，有助于揭示出行动者并入网络的基本过程，进而发挥各种行动者在构建生态体验网络中的作用。

第5章

乡村生态体验旅游发展架构

5.1 乡村生态体验旅游产业

5.1.1 产业形式

1. 生态体验旅游基本属性。

在生态体验场及生态体验景观发展起来的乡村生态体验旅游，实际上是与乡村景观、乡村生活、乡村生产、乡村社会与乡村环境密切相关的产业链，是一种与多功能农业发展密切相关的行动者—网络。无论是早期的采摘、赏花、垂钓、美食、住宿，还是逐渐发展起来的大地创意体验等乡村旅游活动，乡村生态体验旅游发展与多功能农业网络诸多要素密切相关，是一个诸多生产性、生活性及社会性等要素整合的发展过程。因此，整合各种要素是促进乡村生态体验产业正常发展与产业转型升级的重要举措。尤其是将传统农业文化与现代文化有机地整合到乡村生态体验旅游中，进而实现多功能农业发展的"和谐相融"，是乡村可持续发展的难点之一。经济、文化、生态及管理机制的整合，是乡村景观多功能开发与生态体验旅游产品的整合，实现行动者要素间的融合创新发展。

（1）乡村生态体验旅游仍具有现代旅游活动的六大要素基本属性。主要表现如下。

饮食（cuisine）——以当地特色食材为主的传统农家饭菜虽然没有城市的高档饭店名气大，但农家特有的传统烹调方式，是旅游者追求返璞归真体验的重要内容。游客在指定的生态体验场（E2F）内可以上架采摘葡萄、南瓜、湖边垂钓、溪河摸鱼虾，推磨碾汤子（玉米制成的精美面食），在农家柴灶生火做饭，自己动手剥葱炸酱实施特有的乡村生态"剧情"，充分享受具有田园风光和乡村家庭式的美餐。与此同时，传统饮食文化的蕴涵（如白肉血肠、猪肉粉条、苞米面大饼子、大葱蘸大酱等东北典型的满族农家风味）在体验过程中能够充分感知到，特别是满族饮食风味小吃（风味饽饽、酸汤子、萨其玛、豆面饽饽、苏叶饽饽、年糕饽饽、金丝糕、凉糕、春饼等）等特色美食，能让游客品味出乡村地域文化的生态内涵。

住宿（accommodation）——冬季里，火炕是东北传统建筑中不可缺少的设施。这种集做饭取暖等多功能于一体的设施，也创造了丰富的地域特色文化类型。屋外享受冰雪世界里快乐的滑雪、游泳等近乎极限的快乐活动，在林海雪原中乘坐木爬犁感受一下冰雪娱乐的情趣；屋内可以坐在火炕上围着火盆聊天，舒展自己的四肢，不仅是享受那份城市里难得的惬意，而且也能体验到这里人们对严寒气候环境下的适应性创造。夏季里，在优美的乡村景观映衬下，山间田野之中，农家葡萄架下、大树下面倾听蛙声一片；星空下，空气洁净得可以让人仰视苍穹中的星座，数一数那久违的星星。乡村的夜空没有城市繁华灯光的绚丽，没有城市空中漂浮的尘埃粒子，星空可能显得更加清澈透明，肉眼看到的星星也较城市多。住宿在具有创意特色的民宿中，品味乡间独有的宁静与虫蛙的"吵燥"。

旅行（traveling）——乘坐各种牛马车行走在乡间田野中，呼吸散发着花草树木芬芳的空气，欣赏田园风光，让游客在乡间田野间的自由氛围中产生一种豪爽和潇洒，那些花草激发的似曾相识的回忆——田野中花草树木的芬芳具有较强的刺激大脑的作用，唤醒游客经历过的许多美好事物。从大鹿岛上的海滩到大梨树村的农业公园，从河口的青山绿水到青山沟幽静的虎塘沟，乡村体验过程中的每一个环节都可能让游客感到新鲜有趣。

游览（wander）——让游客在乡村的森林中穿越，体验温带原始森林穿越的刺激。原生态的森林浴能为游客终日劳累的大脑，疲倦的身体洗掉尘垢。由于丹东降水是中国北方最多的地区，区域内河溪密布，森林覆盖率高，与同纬度的其他地区相比，这里的植被更加茂密高大，为原始森林的探险提供生态环境基础。与此同时，茂密的暖温带森林里生活着众多野生动植物也是吸引游客乐意前往探险的因素。清晨里，乡村腾起的薄雾让人感受如入仙境，完全有别于城市里的雾霾天气。

娱乐（entertainment）——游客能够参与到乡村娱乐体验的活动项目很多，如傍湖垂钓（fishing）、林下采摘、野餐、烤地瓜、烤玉米、烤毛豆、野外篝火晚会、河流上木排漂流等系列项目；参加民族特色的节庆活动，融入当地当地的生活习俗之中。一系列的互动参与活动，把乡村地区生态体验的原始性、风险性、趣味性充分展现出来，进而产生对游客的吸引力，使乡村特有的生态体验景观尽可能多地展现其多功能价值。

购物（shopping）——直接在乡村采摘果蔬、亲手种植、酿造、制作的农产品以及乡村传统的手工艺品等都是游客可购买的纪念品，其中最受欢迎的要数那些无污染的山野菜、特色食材及中草药材。这些地方特色产品承载的是对乡村景观与参与活动的美好记忆，承担了传播乡村景观生态美的"形象大使"，也承载了自己在体验活动中的美好记忆，而且通过销售这些特色纪念品也延长了乡村的生态体验过程。

（2）乡村生态体验旅游仍具有农业和旅游业的双重属性。这种双重属性表现在生产与服务的同时进行，在山村、渔村、少数民族村寨等，在养殖园，如水产养殖园、家禽养殖园、家畜养殖园，在种植园，如果园、花卉园、苗圃等；森林；在现代农业科技园区等体验空间中，旅游者都能体验到生产过程与服务过程的同时进行。其体验空间开发定位在当地的"农"字上，突出"农"字特色，并以创意的多样化方式让游客体验到乡村的田园风光、原真性的纯朴乡风民俗、纯粹的传统自然风格，"乡村味"多一些、浓一些，体验的生态"场景"才会真实，"真实性"是生态体验旅游的重要特征之一。

（3）生态体验旅游产品是由感官体验→情感体验→理性体验三个层次组成的金字塔结构（见图5.1）。而且，在感官体验与情感体验之间、情感体验与理性体验之间也存在着过渡类型的体验，这些过渡类型将在后面的生态体验产品标准制定过程中加以采用。不同体验层次之间的递进实际上是随着体验活动的深入而实现的。无论哪种层次的活动都是在体验着当地的"空间故事"，使得体验活动更具有对乡村地域特色的完整认识。与此同时，这也对当地体验

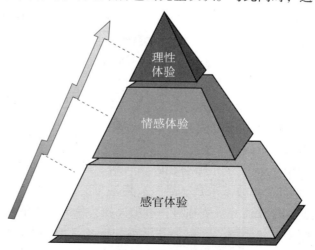

图5.1 乡村生态体验旅游产品结构层次

产品开发提出了更高的要求，尤其是要有感官的刺激与吸引力，这样才能引导体验活动深入并提升体验的层次。

以乡村生态体验景观为基础，可开发出一系列感官体验旅游产品，这些感官的体验旅游产品类型通过感官的感知就可以体验其生态美学的基本特征（见表5.1）。

表 5.1　　　　　　　　　乡村生态体验旅游的感官体验产品

嗅	田间晨风、乡野花香、渔家海风
视	季相变化、小桥流水、彩蝶恋花
闻	蛙叫蝉鸣、林鸟细语、畜禽自言
尝	野果酸莓、山珍海味、农家自酿
触	感受习俗、田园耕作、果菜采摘

乡村生态体验旅游产品是情感体验产品。情感体验是在感官体验基础上形成的一种感受，属于高层次的生态体验活动，而且与体验者的个人感受有关。通过组合相关的互动活动方式，调节游客的生态审美情趣，有助于升华其体验的价值（见表5.2）。

表 5.2　　　　　　　　乡村生态体验旅游产品的情感体验产品

体验类型	升华体验
食品	农家饮食
家庭	永恒瞬间
愿望	精神升华
学习	个性成长
安全	无忧无虑

生态体验旅游产品是理性体验产品。理性体验是在感官体验及情感体验基础上产生的更高层次生态体验类型，是情感体验在引导体验过程中的一种升华，是对整个体验过程的一种价值的获取，因而也是体验价值的更深层次的体现（见表5.3）。

表 5.3　　　　　　　　乡村生态体验旅游产品的理性体验产品

体验理性挑战	体验理性渴望
知识性	参与过程学习
意识性	关注环境变化
真实性	追求质朴无华

需要强调的是，从感官体验到情感体验及理性体验的三个层次划分从整体上展现了体验产品的层次变化。将在后面的章节中进一步阐述生态体验旅游产品的结构划分为五个基本层次。

2. 生态体验旅游产品具有多维度价值。

由于环境与生态系统生态服务功能的空间流转和其价值的异地实现，在一定程度上导致了生态资产占有和使用的分离[246]。以青山沟国家级风景名胜（包括青山沟村）为例，由于其是辽宁省开发较早的国家级风景名胜区，其生态环境、产业发展及民俗风情具有一定的原生态性，因此在空间体验产品开发的过程中，充分挖掘生态体验旅游产品的属性特征，发挥其供给服务、调节服务、文化服务等多重功能的作用，丰富体验产品的空间类型及活动的多样性，进一步拓宽已有的经济功能、生态功能及文化功能内涵，推动乡村生态体验旅游产品的融合创新，增强其区域的影响力与竞争实力（见表5.4）。

表5.4　　　　　　　　　　　乡村生态体验经济要素的服务差异

生态体验经济属性	生态体验经济服务						总体表现
	供给服务		调节服务		文化服务		
	相对价值	潜在价值	相对价值	潜在价值	相对价值	潜在价值	
生态为主体验景观	＊＊	＊＊＊	＊＊	＊＊＊	＊＊	＊＊＊	＊＊＊＊＊
产业为主体验景观	＊＊＊	＊＊＊	＊＊	＊＊＊	＊＊	＊＊＊	＊＊＊＊
社会为主体验景观	＊＊	＊＊	＊＊	＊＊	＊＊＊	＊＊	＊＊＊＊
休闲为主体验景观	＊＊	＊＊	＊＊＊	＊＊＊	＊＊	＊＊＊	＊＊＊＊＊
综合性体验景观	＊＊＊＊	＊＊＊＊	＊＊	＊＊	＊＊	＊＊	＊＊＊＊＊

资料来源：青山沟实地调查，2010。

3. 生态体验旅游产品功能定位及产业升级途径。

任何一种产业形式的功能定位都与其产业发展的形态及潜力等要素分不开，尤其是与其在多功能农业发展网络中的地位分不开。作为乡村生态体验经济的核心内容，乡村生态体验旅游在多功能农业网络中的地位不断的提升，已成为多功能农业可持续发展的推动力。与传统的乡村旅游有所不同，这种旅游形式不是原有乡村产业的补充，而是与其他产业要素、生活要素及生态要素之间存在网络联系的一种功能性要素；通过网络调节机制，空间中行动者要素之间的关系与地位发生相应的变化。生态体验旅游存在于乡村相互关联的空间发展网络中，既有纵向的种养殖业，也有横向的服务业。因此，这种纵横交错的新型乡村发展网络夯实了乡村多功能农业的发展基础，为乡村生态体验经济的融合创新开拓了新的发展路径。

融合创新推动乡村农业发展范式转变。乡村生态体验旅游依托于城乡经济、环境保护、社会环境及乡村景观等构成的行动者—网络体系之中，离不开环境、经济、社会等构成的发展体系（见图5.2）。从生态体验旅游的功能定位可以看出，生态体验旅游依托于多功能农业发展网络，也促成了一种农业发展范式的转变：从传统农业的生产范式向后现代农业的服务范式及多功能范式转换。其中多功能发展范式最重要的特征就是以农业为基础的服务业，这种服务业不仅仅是传统意义上的生活性服务业与生产性服务业，而是将第一产业+第二产业+第三产业＝第六产业，融合了现代农业＋互联网＋物联网＋大数据＋云计算等诸多现代科技发展的新型服务业。通过服务业与其他乡村其他行动者要素间的融合创新，构建了功能齐全、服务特色的乡村生态体验景观，打上本地烙印的产品、品种、品质和品牌，推动了多功能农业与可持续农业的密切结合，促进了美丽乡村的可持续发展。

图5.2　乡村生态体验经济功能定位

社区参与是生态体验旅游发展不竭的动力。社会参与到社区培训形成乡村地域上特有的社区意识，构建具有地域特色的乡村生态社区，是乡村生态体验旅游发展的一个重要目标。事实上，有很多影响社区参与到乡村旅游开发的因素，如社区旅游地开发基础认知、旅游地归属感、旅游开发影响感知、农户参与能力、农户参与态度、农户参与决策、旅游地开发偏好、参与旅游行为等因素是影响乡村农户参与旅游决策的重要变量。充分认识这些影响因素的作用，在选择各种主观评价指标的过程中，就要考虑到各种利益主体的感知（stakeholders' perceptions），以协调资源—社区—旅游之间的相互关系[291]。

景观基因始终是地域文化的基本单元。重视乡村地域景观基因的开发，促使景观基因"遗传"成为乡村生态体验旅游发展脉络的基本单位。景观基因是指景观文化"遗传"的基本单位，具有某种时代传承的并且区别于其他文化景观的文化因子。这种因子对景观文化，尤其是对文化景观的形成具有决定性的作用，反过来，景观基因也是识别文化景观的决定因子[292]。在乡村生态你旅游开发中，充分考虑乡村景观基因的生态内涵及其作用，从景观基因的"点—线—网—面—体"等五个方面进行综合考虑[293]，继续调整景观中"斑块"与"基质"之间的空间联系及其发展机制，发挥"廊道"的纽带及其生态体验的空间作用，引导生态体验"空间故事"有序地展开，整合生态体验场及生态体验景观形成的行动者—网络。通过这些要素行动者的整合与重新定位促进乡村旅游发展创新，开发出具有融合创新的特色生态体验旅游产品，创建地域特色生态体验旅游品牌，不断提升乡村生态体验旅游体系建设的水平，促进美丽乡村的可持续发展（见图5.3）。

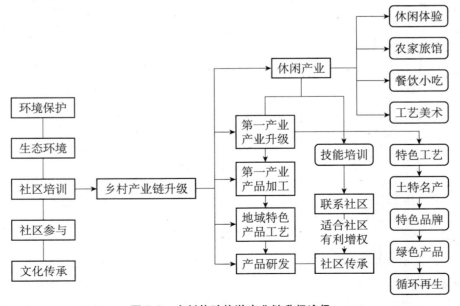

图5.3 乡村体验旅游产业链升级途径

乡村生态体验旅游品牌建设要以多功能农业品牌的打造为基础，重视多功能农业的生产性及服务性的经济产品与非经济产品的支出平衡，如保障粮食安全、就业增收、农业景观、生物多样性、生态保护、观光休闲、文化传承和社会福利等产品间的平衡。通过整合乡村发展的经济机制、管理机制、文化机制及生态机制，建立一个持久而稳定可靠的生态体验旅游品牌形象。通过品牌形象的塑造，在旅游消费者心中树立对乡村生态旅游情感到理性体验的综合认知，对乡村社会及生态环境诸多要素产生一定的信任感，并让游客真正体验到乡村生态体验的地域差异。通过塑造特色生态体验场及生态体验景观，增强对客源市场内游客的吸引力，提高其生态体验旅游产品的购买欲望，最终凝聚成乡村旅游品牌和乡村旅游地的无形资产。

5.1.2　发展机制

1. 利益相关主体参与机制。

在乡村生态体验旅游开发中，乡村的旅游吸引物体系与传统的景观旅游吸引物有着极大的不同。在乡村地区，环境＝景观＝资源＝资本的模式，在一般情况下是成立的（实际上，景观与环境有着明显的不同，但在乡村地区，为了研究方便，假设体验环境与景观没有本质上的区别）。如何把景观变成乡村生态体验旅游发展的资本，就需要在产业发展尤其是多功能农业发展的过程中，有效地把握资源的开发过程及产品的设计过程，使得景观资源的内在价值在整个旅游业的发展中，真正地展现给各种利益相关者（stakeholders），从而有利于调动他们在乡村生态旅游产品生产过程中的积极性。

在进行乡村生态体验旅游规划建设过程中，充分调动各种利益相关者的积极性，采用肯定式探询法（appreciative inquiry）4D（discovery-dream-design-delivery）的循环设计方法[294; 295]，即发现—梦想—设计—交付。这种循环的过程实际上由乡村自然、产业、社会等要素综合决定的。如大梨树村在大范围种植五味子中草药的过程中，他们发现：坡向对五味子种植的影响较大，山地背阴坡的生长较好，其他坡向的生长较差。在不断地观察与探索之后，他们对地块的坡向进行了重新选择，实现了五味子种植质量好且稳产高产；而选择就意味着放弃和重新开始，新的地块规划规划建设就较以前地块要考虑到的因素就更多一些。通过一系列的土地调整与五味子种植方式的优化，五味子生产的产量及品质都不断地提高。如今，国家标准化委员会因而确定大梨树五味子基地为国家级标准化种植基地，取得了进入国内外市场的绿色通行证，这也标志着大梨树村的五味子生产获得了国家地理标志认证。与此同时，大梨树五味子还是中国第一家接受欧盟组织认证（Good Agricultural Practices）考核的农产品生产基地，使得五味子生产成为地理标志性保护产品。

在乡村旅游开发过程中，大梨树村以调整地块适当集中的集体发展方式进行，在调动了村民积极性的同时也兼顾了村民的利益。在社区参与的发展过程中，蕴含了4D循环设计的理念。这种不断循环提升的方式依托于多功能农业发展，提升了生态体验旅游产品的价值层次及市场竞争力，如今大梨树村已经被授予"中国农业公园"（2010年），进一步增强了它在区域乡村旅游发展中的地位。由于4D设计是一个不断循环的过程，是一个各种过程交叉在一起形成的肯定式探询过程，因此，在4D基础上提出一个行动过程：个别参与→组织参与→大众参与→全民参与的发展模式（见图5.4），这个发展模式在乡村旅游发展过程不断地得到验证。在丹东地区，以旅游扶贫的形式，通过扶持乡村旅游经营示范户，组织经营业户开展岗位培训，进而带动其他农户参与旅游经营，实现乡村地区旅游发展的全面参与，把乡村建设成为"没有围墙的农业公园"。如今，游客来到大梨树村可以在村内自由游览，随处有风景、随处有风情。

在4D模式中，发现模块（discovery）主要是指生态体验旅游规划过程中，

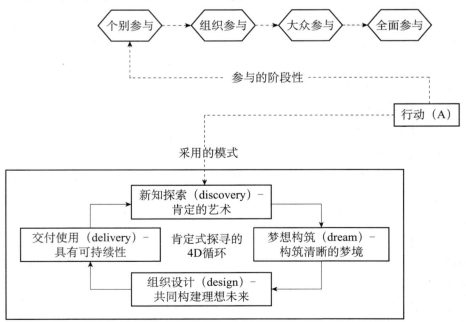

图5.4　乡村生态体验旅游4D循环设计过程

寻找景观环境是否具有支撑生态体验旅游场景的质量基础。哪些体验场景具有一定的空间感知效果？那些能够确保规划设计成功实施的要素属性是什么？乡村生态体验旅游开发成功的标志是什么？梦想模块（dream）主要是指乡村旅游的成功属性是什么，这些场景属性在未来发展过程能否确保其可持续发展？在乡村旅游发展过程中还有哪些因素尚未考虑在内？设计模块（design）主要是指应采取哪些活动有助于实现梦想？这些活动怎样才能增强游客的生态体验感知质量？其中哪些设计环节是最重要的？交付模块（delivery）主要是指能够马上采取的措施及路径有助于实现体验场景设计的梦想。在生态体验旅游产品设计开发过程中，要明确真正提交给游客的体验有哪些，是否与具有价值提升的系列体验活动。整个 4D 模式过程的实施是与多功能农业行动者—网络构建有关的，采取网络化的发展形式来解决乡村生态旅游规划中的问题。

2. 乡村生态体验旅游产品整合机制。

在生态体验旅游的场景设计中，实现景观美学与生态美学的有机结合，追求体验场"天人合一"的理想目标，有助于提升旅游者在生态体验场的融入水平与体验质量。需要强调的是，景观美学特征往往是设计过程中考虑最多的一个因素，而生态美学的影响因素却很少考虑到，尤其是具有生态美学特征的体验活动设计就更少。在生态体验旅游产品开发过程中，不要把生态美学与景观美学割裂开来，而要通过体验设计让两者相互融合，将生态美学的理念融入体验活动的设计之中，达到体验者与生态体验环境的和谐共生，推动生态体验旅游产品健康有序地开发。

在生态体验旅游产品的具体开发过程中，以切实解决乡村发展中所面临的农业比较效益低下、集体经济弱化、环境不断恶化、城乡差距持续拉大等关键问题。事实上，以某种特色体验为切入点的体验产品设计往往具有产业链条的延伸及空间扩展的带动作用。这种体验产品或者是美食，或是赏花，或是采摘，或是赏景，都有可能是生态体验旅游产品链条的始端，在与其他要素行动者实现跨界融合的过程中实现了创新发展。大梨树村以赏花采摘为切入点、青山沟镇以赏美景为切入点、大鹿岛村以赶海活动为切入点、河口村以体验异国风情为切入点，等等，这些生态体验产品链条的延伸扩展了乡村多功能农业网络的创新发展。在实践中，以提升乡村自我发展能力和统筹城乡协调发展为核心目标，把生态体验旅游开发同当地丰富的农业资源、独特乡村文化结合起来，调整土地规模经营机制，促进富民合作社机制创新，探索乡村多功能农业发展的新范式。整合乡村发展中的自然与人文等诸多要素，实现乡村发展网络的融合创新。在整合的过程中，要突出三个理念：确立土地集约利用的理念；

确立"强村富民"的理念；确立城乡整体规划与和谐发展理念[296]；确立具有产品带动作用的切入点。充分发挥经济机制、管理机制、文化机制与生态机制的整合作用，使得乡村生态体验旅游产品在发展中保持旺盛的生命力（见图5.5）。

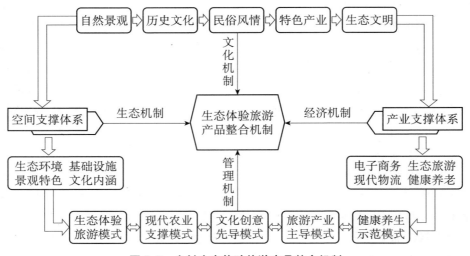

图5.5　乡村生态体验旅游产品整合机制

乡村生态景观与地域文化构成了生态体验旅游开发的重要空间基础，是乡村空间生产的重要基础。对乡村景观空间按照功能属性进行分类划分，实现景观空间的统一规划与开发，既要开发出"遗传"景观中各种传统文化基因的乡村生态体验旅游产品：乡村民俗体验旅游、乡村名胜体验旅游、乡村传统农业体验旅游、乡村风水体验旅游、乡村休闲体验旅游、古村镇体验旅游、乡村土特产体验旅游等，也要开发出具有现代特色的乡村生态体验旅游产品：乡村农业高科技体验旅游产品、乡村生态环境体验旅游产品、乡村园林体验旅游产品、现代新农村体验旅游产品、乡村康体疗养体验旅游产品等。通过生态餐饮服务业、生态交通业、生态旅馆业和生态旅游服务业和生态商品业等服务业链条为之提供生态体验旅游活动的配套服务，强化生态旅游产品的品牌建设。需要强调指出的是，每一种体验旅游类型，其体验性产品绝不是过去产品名称的简单叠加，而是按照体验旅游产品的设计理念，将各种旅游产品赋予一定的"剧情"，并在一定的"场景"中由游客的积极参与活动完成。这种参与互动体现了生态体验的深刻内涵：生态剧情、生态场景及参与活动，获得的是生态体验。

　　除了把握体验产品开发的原则及基本理念外，还要从资源—市场—活动—体验四方面的运作模式来开发生态体验旅游产品（见图5.6）。遵循资源—市场—活动—体验的开发模式，在较大空间尺度的乡村生态旅游资源开发中，可以依据生态旅游机会谱的理论指导开发，实现大尺度空间的生态娱乐机会选择；针对中小空间尺度的乡村生态旅游资源开发，可以依据景观生态学理论，把斑块—廊道—基质理论有机地结合起来指导开发。如斑块相同，其生态场可能是相似或是不相似，其娱乐体验的选择机会就会有众多的选择；对文化特征较强的生态体验场感知则是通过物化、精深化和制度化的形式来实现的。体验场则是游客凭借自己的感知体验爱好选择的感知空间。要实现不同生态场、文化场（分析不同时期的文化层面，巧妙地把握文化的采借过程，充分展示乡村地区地域文脉）和体验场的空间选择，挑选真正的生态体验场，能够让旅游者实现以环境的生态服务为舞台，旅游体验服务为道具的体验过程。

图5.6　乡村生态体验旅游发展的资源—市场—活动—体验模式

5.2 资源—市场—活动—体验开发模式

随着旅居时代的到来，"候鸟式养老"与"度假养老"已经悄然兴起。规划建设中的丹东市世贸健康养老基地位于新区附近的鸭绿江边。健康养老基地以"黄海鲸"为主体的一种具有地标性的创意多功能景观综合体，位于城乡结合部的空间中。在这个创意型的综合性大型建筑中（与周边广场等健康养生养老等附属建筑共占地32~226亩），主体建筑以鲸鱼的流线型造型表达了"财富＋智慧＋力量"发展理念。其主要由四个板块构成：经济景观＋社会景观＋文化景观＋生态景观，是生态体验旅游与健康养老的重要空间载体。丹东世贸养生养老基地与城市新区的体育馆、市民服务中心、医院、鸭绿江岸（江上的黄金坪岛）及安民山公园等临近，交通条件优越，山水环境俱佳。依据资源—市场—活动—体验规划建设的丹东养老基地，主要体现在以下几个方面。

1. 资源。

丹东世贸养老基地开发建设的发展各种资本主要有以下几种。

（1）经济资本。丹东是中国对朝贸易的重要边境口岸，中国对朝贸易超过70%的货物通过丹东口岸完成，一直被视为外界观察朝鲜的一个窗口。朝鲜在丹东附近鸭绿江上的黄金坪岛设立了由中朝共同管理、共同开发黄金坪经济区，丹东与朝鲜的经贸联系将更加紧密。随着新鸭绿江大桥的建设竣工，中朝贸易将发生巨大的变化。尤其是中朝边民互市贸易区的建立，丹东市距陆路边境20公里以内的边民，可持边民证在互市贸易区内与朝鲜边民进行商品交换活动，并享受每人每日价值在人民币8 000元以下商品免征进口关税和进口环节税的优惠政策，这些都为中朝贸易的新发展注入新的活力。

丹东城区人口虽然只有90万人，但现代服务业的发展水平居全省第五位。有70%以上的赴朝旅游游客经过丹东口岸出境。优越的生态环境基础（70%~90%的森林覆盖率及中国北方河网密度最大的区域）及旅游产业发展基础，使其成为辽宁省最重要的生态旅游发展基地，这也为丹东健康养生养老产业发展奠定了良好的基础。其国土面积有10%以上是风景秀美的生态景区，其景区面积占国土面积比例在全省第一位，也就是说在丹东市境内，向任何一个方向走30公里左右就能够来到一个景区。在全域旅游发展的今天，鸭绿江畔的上游景区被誉为"鸭绿江畔的香格里拉"，处处是开展生态体验旅游的最佳目的地。丹东世贸养老基地通过整合资本发展健康养老产业，对丹东市养生养老资源加以重新整合配置，将休闲养生养老与赴朝旅游紧密结合在一起，目前开展的赴朝旅游已增加至登岸旅游＋朝鲜自驾游（东林景区二日游，即为在朝鲜境内的自驾游），丰富了养老基地发展的内涵。

赴朝旅游一直具有一定的垄断性，通过赴朝旅游探访世界最为神秘的国度——朝鲜，这也丰富了休闲养老基地建设的内涵。鸭绿江作为中国景观最美、最适宜自驾的界河精华段，沿线串联了水丰湖、河口景区、虎山长城、浪头港、湿地观鸟园等重要旅游景观节点。在这些旅游节点中，可以实现跨国水上观光、中朝旅游合作试验区、赴朝集散、边境名城度假、边境自驾游、海洋垂钓、河口湿地观光、山地度假等一系列的深度体验活动。

2016年7月9日，中朝双方首个跨境旅游合作项目——赴新义州登岸游项目正式开通。赴朝旅游（登岸新义州）游客办证时间从原来的半天缩短至半小时，实现游客"即来即游"的发展目标。沿着辽宁滨海公路，可以游览大孤山—北黄海温泉—大鹿岛形成的旅游产业集聚区，实现海岛休闲、海洋观光、宗教旅游、温泉养生、海鲜美食、历史文化体验等休闲体验活动，极大地丰富了休闲养老基地的内涵。

（2）生态资本。作为国家园林城市，丹东具备了养生养老的生态环境功能。世贸养老基地所在的丹东市新城区，具有视野开阔、阳光充足、空气新鲜、无噪音、气候温和、植被覆盖率较高、江水清澈等基本特征。丹东是中国北方降水最多的城市，其年降水量在800～1300mm，多集中在夏季6～8月，夜雨约占2/3，光照充分，最热月平均气温为22.2℃，最热月超过30℃的天气每年只有5天左右。冬季最寒冷的月份平均气温也只有－10℃，全年极端寒冷（低于－15℃）的天气不超过5天；气候舒适度指数表明，夏季已经成为少酷暑的最舒适季节，全年最舒适的月份超过6个月，优越的气候环境宜居宜游，是养生养老基地建设的最佳选择。

鸭绿江也是中国黄河以北地区产水量（单位面积上拥有水量）最多的河流，10公里以上的河溪有上千条，成为优越生态环境的灵魂。而且丹东段的鸭绿江水质都在Ⅱ水，河流整体水质和各断面水质状况皆为优，水质清洁、稳定，不仅是全省最干净的一条大河，也造就了区内许许多多的秀美景观，成为开展水上休闲娱乐活动的最佳河流。

丹东世贸建于丹东市新区中心鸭绿江沿岸的200m范围内，总投资将超过1亿美元，总占地面积3400万平方米（32～226亩），总建筑面积超过30余万平方米，是集"健康养生养老中心＋创意体验空间"等多功能于一体的创意型养生养老综合体。养老基地不仅能享受到高品质的养老服务，领略异国风情，而且也能享受到鸭绿江边负氧离子含量较高的清新空气。由于江水对空气也具有拖曳作用，随时都能呼吸到最清新的空气，是一处可以长期享受"空气浴"的地方。

自然风光优美、气候宜人、物产丰富、物价较低、医疗交通条件较好、人口不很密集的丹东市，其生态宜居环境已经确立了适于养生养老城市的地位。青山沟有"长寿之乡"之称，满族风情及特色美食是生态景观以外最有吸引力的发展项目。2015 年丹东已被评为适于养老的 10 个城市之一，其被评为适于养老城市的理由就是闲适安静。在 2016 年全国适于养老城市的评比中，按照宜居指数、空气指数、医疗指数、交通指数来评价，丹东虽然位居 37 位，但其空气质量指数（16.7）与医疗指数（14.29）明显高于位于第 16 位的杭州（13.26 和 7.49）。

（3）交通资本。从宏观区位来讲，丹东地处东北亚的核心地带，现已建立起发达的海陆空交通网络体系。仅就两个"高速"而言，高速公路就有三条（鹤大高速，丹阜高速以及丹锡高速），高速铁路（动车）就有两条；机场、港口（丹东与韩国仁川市开通了客货轮及航班）等应有尽有，养老基地距离丹东机场只有不到 20 分钟的车程。丹东与国内各大主要机场开通航线，丹东—平壤国际航线也即将开通，将中朝跨境旅游合作区的内涵不断扩大。两条高铁将丹东市纳入省内一小时圈内，即便前往哈尔滨也不过 4 小时左右，极大地缩短了与邻近省份各主要城市之间的距离。

从微观区位来讲，新老城区交通网络四通八达。其他服务机构与养老基地空间联系密切，周边的服务大厅、医院、体育馆、安民山公园等都给养老基地的建设提供了各种便利的条件。世贸养老基地距离丹东站仅有 15 公里，车程不超过 20 分钟。距离鸭绿江断桥、虎山长城等传统景区都在 20～40 分钟的车程；丹东世贸养老基地与鸭绿江上的朝鲜黄金坪岛（面积约 12 平方公里）紧邻，步行只有 10 分钟的路程。

在丹东市所辖的三个市县中，有两个是"全域旅游"的示范区（宽甸与凤城），是辽宁省旅游由观光旅游向休闲度假及专项旅游转型升级的城市，在这里处处可以体验到地域特色景观与人文风情，处处可以实现养生养老的交通环境，区内自由游览的可进入性将为养生养老客户提供一种便利的"想走就走，想住就住"宜游宜居交通环境。

（4）政策资本。随着国家大力推动大健康产业的发展，大健康产业将呈现"井喷"式的发展。以美国为例，健康服务是美国第一大产业，截至 2009 年占美国国民生产总值的 17.6%。我国的健康产业及其相关服务业刚刚起步，仅占国内生产总值的 5% 左右，随着全国城市人口老龄化和城镇化加速，未来市场前景非常广阔。2015 年，中国大健康产业规模达 3.8 万亿元，占 GDP 的 5% 左右，预计，2020 年，市场规模将突破 8 万亿元，2030 年目标实现 16 万亿元。如今，健康产业已成为国家重点发展战略行业。中共中央、国务院印发了《"健康中国 2030"规划纲要》（新华社北京 10 月 25 日）为健康产业的发展提供政策保障基础。我国健康与养老服务工程重点加强健康服务体系、养老服务体系建设，大幅提升医疗服务能力，形成规模适度的养老服务体系和体育健身设施服务体系。早在 2014 年，《丹东市人民政府关于加快发展养老服务业的实施意见》（丹政发〔2014〕25 号），就明确提出健全养老服务体系，逐步满足多样化养老服务需求的具体政策。

2. 市场。

市场需求是健康养老产业发展的重要驱动力，也是健康养老产业发展的驱动力。

（1）市场需求强劲。截至 2015 年底，全国 60 岁及以上老年人口 22 200 万人，占总人口的 16.1%，其中 65 岁及以上人口 14 386 万人，占总人口的 10.5%。2020～2050 年为我国人口老龄化高发阶段，老年人将从 2.3 亿增加到 4.1 亿，老年人比重从 15.6% 上升到 25.8%。据《2015 年辽宁省老年人口信息和老龄事业发展状况报告》，辽宁省人口老龄化程度较高，60 周岁及以上户籍老年人口 837.3 万人，占总人口的 19.6%，与全国老年人口占总人口 16.1% 相比，高出 4.5 个百分点。沈阳、大连、鞍山、本溪和丹东等 5 市人口老龄化程度超过 20%，而且呈现出高龄化、空巢化、失能化加剧和增速加快的态势，全省老年人口增长率达 6%。

据估计，我国现在老年人市场消费的年需求已达到 1 万亿元，然而实际上的供给却不足 1 000 亿元。而且这个市场规模还在迅猛增加，到 2020 年，我国老年人市场消费的年需求将达到 7.2 万亿元。预计到 2050 年，市场规模将超过 26 万亿元。对于大健康产业来说，美国 2011 年相关产业人均消费为 100 美元，而中国同期人均消费均为 7 美元，较发达国家有巨大的差距。但从另一方面来看，这种差距也预示着中国的大健康产业面临着空前的发展需求。

（2）产业发展需求。一是产品形态面临着多样化与多元化的升级需求。传统的健康产业仅仅是给病患提供诊疗、护理服务等服务，未来的健康产业不仅限于此，而是将养生与休闲体验、旅游度假等密切联系在一起，产品形态多样化与多元化的升级需求将转化为紧迫的发展机遇。二是面临着新兴产业融合创新的发展契机。养老、保健和中高端医疗器械等智慧型养老服务系统将代表着未来的发展方向。现代"互联网＋"及"物联网"等新技术体系具有较强的扩散性。这种扩散不再追求较大中心城市的经济技术优势，而是更加趋向于生态环境优越，风光优美，人文风情浓厚的中小城市，这对于环境条件优越的丹东无疑是难得的发展机遇。三是"养老＋大健康"及"养老＋互联网"已成为未来的发展趋势。刚需养老为底，养生养老为体。基于"养老＋"理论，医养结合、社区和居家养老、智慧养老之后，生态养老、旅居养老、养生养老、高端保健、中医养老、养老保险等将得到进一步的发展。

随着我国第一代独生子女的父母进入老年，中国家庭结构已转变为以"4∶2∶1"家庭为主，独子养老时代来临，家庭养老已不能满足现阶段的养老需求，养老方式转变成为必然。现代老年人观念目前正从"养儿防老"向"养生防老"及"休闲养老"发生转变，越来越多的老年人开始与儿女从心理上"分离"，在精神上和行为上逐渐独立出来，退休后选择进行旅游活动的老年人数越来越多。随着旅游业进入到分时度假时代，游客越来越注重旅游的体验性与参与性。在此背景下，旅游业与养老业逐渐结合形成的旅居养老已成为重要的养老形态。

（3）世贸养老基地的核心价值。充分展示"休闲、智慧、开放、生态"等综合型养老基地的发展理念，将养老与休闲旅游结合在一起，体现智慧养老时代的休闲特征。丹东市已将休闲养老服务业列为"十三五"规划中发展的重点产业。充分发挥良好的环境、气候、旅游和文化资源优势，引领城市健康产业创新发展已经成为世贸养老基地的核心价值，并成为丹东市现代服务业发展的重要先导基地（见图5.7）。

充分利用信息网络技术和先进的设施设备，为用户提供智能化的养生养老照护服务，打造生态休闲养生基地。以轻运动、重休养、调心情、慢生活作为打造第三空间的新型生活方式；建立经验丰富的医疗护理团队、营养师团队、疗养团队、管理团队和先进的价值理念，为区域老年用户提供定制化的周到养生养老服务（包括机构培训）。

3. 活动。

（1）养老产业"1＋N"开发模式。"1"是以养老产业为核心的开发，"N"是与养生养老相配套的产业开发。"1＋N"的开发目的就是增加其发展的赢利点。针对老年人无障碍设计的养老公寓、度假物业、餐饮配套、养生医疗配套、娱乐休闲配套以及公共设施配套。以养老产业为中心，以健康产业为主体的居住、养生、康体、休闲、度假等相关配套的"1＋N"开发模式。"N"为相关的配套设施，主要包括居住配套、度假配套、餐饮配套、休闲娱乐配套、公共设施配套等，为人们提供一个吃、住、行、游、购、娱为一体的

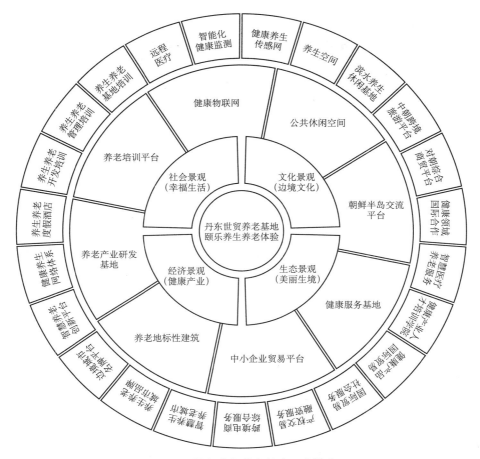

图 5.7　丹东世贸养老基地开发模式

健康养生养老综合体。丹东世贸养老基地发展模式以"产业＋物业"为主，尤其是地产与医疗、养老、养生、文化、旅游等行业结合，其中，产业是灵魂，物业是支撑，产业的关键在运营，根基在消费者。以"互联网＋智慧养老"的理念，引入"物联网"技术，打造集"颐乐教育、养生休闲、健康养老社区"等多功能于一体的颐乐养生养老综合体。

（2）休闲开发模式。随着社会老龄化程度的加深，家庭结构的转变，越来越多的老年人需要借助其他养老方式来满足自身养老需求。老人不再满足于一地一处的生活方式，期望通过外出休闲、旅行等活动体现自身价值。而家庭收入增加、医疗卫生水平提高、交通条件改善以及老人思想观念转变，为老人进行休闲旅游及养老活动提供了保障。但受到身体机能限制，老人无法选择与大众游客群体类似的休闲方式。老年群体生理心理特征、消费习惯及旅游行为特征，决定了老人特殊的休闲旅游方式。随着旅游业进入到分时度假时代，游客在旅游目的地停留时间逐渐增长，越来越注重旅游的体验性与参与性。在此背景下，旅游业与养老业逐渐结合，旅居养老成为重要的养老形式和旅游形态。但从目前养老旅游市场发展现状来看，我国养老旅游市场还很不成熟，产品类型还比较单一，特别是住宿产品，更不能满足老年游客多元化的需求。

4. 体验。

（1）现代技术融入体验。充分利用信息网络技术和先进的设施设备，为用户提供智能化的养生养老照护服务，打造生态休闲养生基地。以轻运动、重休养、调心情、慢生活作为打造第三空间的新型生活方式；建立经验丰富的医疗护理团队、营养师团队、疗养团队、管理团队和先进的价值理念，为区域老年用户提供定制化的周到养生养老服务（包括机构培训）。充分发挥养老基地的健康产业服务贸易平台的国内外交流优势，促进健康养生养老项目与国内外知名的健康养生养老机构实现全方位的合作，为客户提供老人养生养老咨询服务、金融理财、保健品、医疗等一站式服务，为客户提供高品质的养老关怀与保障，将丹东世贸养老基地发展成为城市发展的重要品牌。

养老基地经营管理有五大模块：基础设施模块、管理模块、居住模块、产业模块及公共服务模块。在这五大模块中有国内首创在同一综合体内运营六大中心，即医疗体检中心、康复疗养中心、运营服务中心、数据信息中心、厨房食品中心、研究培训中心，构筑养老综合体的灵魂，建立全方位养老养生服务系统。以智慧城市建设为主线，以智慧医疗、智慧交通、智慧家居等为手段。在充分考虑丹东地域特色文化及生态环境优势的前提下，养老基地建筑设计充分考虑到在丹东城市新区的位置与城市空间、功能和体量的关系，按照不同功能的特点和性质，确立养老社区的公共配套设施；地块南侧设计为养老住宅，形成安静的养老生活社区及养老住宅类型。

在这种宜居宜游的建筑中，居可以享受到一流的养老服务，优越的环境可以实现各种休闲体验活动；游可以休闲的方式享受到一流的丹东市生态环境体验，说走就走的便利设施提供了可以进入临近中朝两国的跨境旅游景区中（可以较为方便地进入对岸的朝鲜新义州岸边旅游区），体验朝鲜的"神秘感"与民俗风情，将智慧养老与特色休闲体验紧密结合在一起。边境城市淳朴的风土人情与较低的生活成本，是丹东成为辽宁旅游城市"金三角"端点城市（另外两个端点是沈阳与大连）的重要原因。与朝鲜的黄金坪岛开发临近（岛屿距中方岸边不足30米），使得养老中心不仅是边境线上最具有魅力的休闲空间，具有较大的升值空间，成为养老投资置业的最佳选择。

（2）休闲体验。养老基地主体建筑由四个部分构成，该主体建筑奠定了赢利点的空间载体形式与产业发展模式，成为最富有价值的丹东地域特色文化（民族文化、边境文化、江海文化等）创意型空间载体（见图 5.8）。由于养老基地位于边境线 200 米范围内（鸭绿江是中国以岸为界的界河，这种情况在世界上少有），不仅成为中朝边境上最具地域特色的创意型养老基地，而且也拥有办公、购物中心、电影院、健身中心、SPA、酒店、商业会议室、停车场等空间，可以满足不同层次客户的多样化需求；引入温泉疗养（丹东也是辽宁省首个温泉之城）、品尝药膳（中国民族医药协会授予丹东市"中国满药之都"称号）、书法绘画等休闲养生养老旅游产品营销。

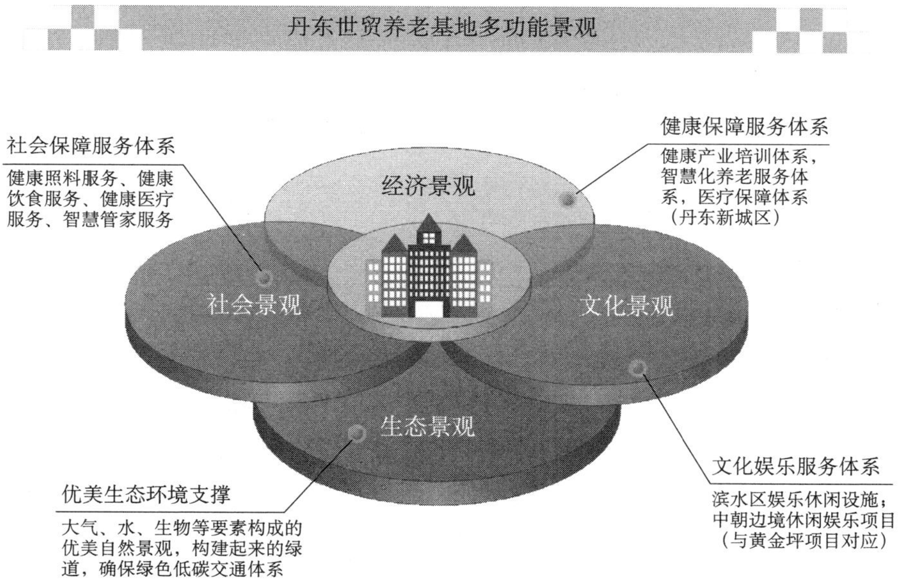

图 5.8　丹东世贸养老基地多功能景观

顺着鸭绿江大道向下游行驶 30 公里，即可到达鸭绿江与黄海汇合的河口地点，欣赏鸭绿江河口湿地壮观的鸟类觅食场景；在主体建筑的顶部，可以欣赏到朝鲜新义州城区与朝鲜田野耕作的场景。这座集经济功能、社会功能、文化功能、生态功能以及休闲体验等功能于一体的多功能建筑景观，其内部构造采用智慧型养老设计理念与现代建筑语言诠释了它休闲养老的创意型特征。

就土地空间开发而言，以养生养老为核心的土地综合开发，充分体现了建设"智慧型社区"的"复合型资源＋综合性利用"的思想，挖掘了城市的多层空间；就产业开发模式而言，养老基地包括了创意、养生、养老、文化等健康产业的综合发展理念，把握了养老产业发展的综合型赢利点。

5.3 乡村生态体验产品构建

5.3.1 理论框架

与其他的乡村旅游产品开发有所不同的是，乡村生态体验旅游产品是一个行动者—网络构建过程。在这一部分主要以河口村旅游发展为例，分析生态体验旅游产品开发中的关键性因素，促进行动者—网络转译过程的顺利实施。以生态体验旅游发展框架为基础，建立了一个以背景—创业—市场（Groundings-Enterprises-Markets，GEM）为基础的理论框架，建立了融合创新—创新产品—乡村景观—特色体验耦合联动的机制，揭示了各种异质性要素在多功能景观行动者—网络构建中的作用及相互关系（见图5.9）。

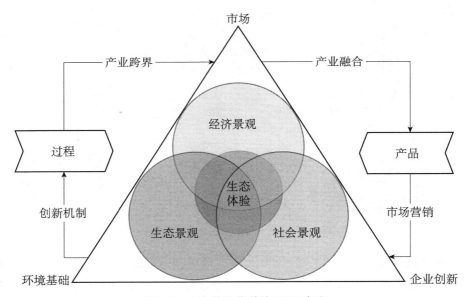

图5.9 生态体验旅游的 GEM 框架

从理论框架的结构来看，GEM 框架是一个以游客体验为核心，以经济景观、生态景观及社会景观为环境保障，融合了市场需求、企业创新及环境基础等背景性的支持要素，以创新机制推动、产业跨界融合营销战略为驱动力量的多功能景观行动者—网络。在这种由异质性要素构成的多功能景观行动者—网络中，既包含当地特色文化的感受性与故事性，也包含了高附加值的原创性和体验性，采用文化绘图（cultural mapping）的方式再现了地域特色形象[297]，建立了旅游驱动乡村转型发展的作用机理，是一个产业与景观耦合联动的统一体（continuum）。

从理论框架的空间来看，景观行动者—网络创新模式包括了经济景观、社会景观及生态景观等多种景观空间类型。在每种空间类型的交汇处构成了功能单一空间、多功能景观空间及休闲体验空间，纯粹生产性用地、纯粹居民生活用地及非生产性用地等多种空间用地类型。各种景观空间类型并没有截然的分界线，其空间分布呈现间断性的状态。与此同时，这也是一种开放性的发展空间，通过创新机制、产业跨界、产业融合以及营销战略的调节打破了各种类型用地的空间割裂与制约，强化了各种景观空间之间的联系。

从理论框架的功能来看，景观行动者—网络包含了产业创新及景观空间相互作用的各种创新性要素。这种景观网络统一体（continuum）是一种包含经济景观（产业景观）、社会景观（文化景观）及生态景观（自然景观）的复杂性网络，存在着对创新过程起到调节作用的反馈作用，促进网络的转译过程朝着稳定与可持续性的方向发展。

5.3.2　验证方法

该理论框架存在着类似于复杂的社会生态经济系统的耦合机制，其复杂性主要表现在结构复杂性、过程复杂性、行为复杂性、功能复杂性等方面。德国系统思想大师 Vester 教授最早将生物控制论（bio-cybernetic）引入复杂性系统研究之中，建立了网状思维理论体系[298]。他提出的灵敏性模型（sensitivity model）是一种跨学科解释复杂系统行为的有效方法。该模型并不过分追求信息的丰富性和精确性，相反认为系统的主要特征常常是由少数要素决定的。多功能景观行动者—网络是一种类似于复杂系统的复杂性网络，通过网络要素的主动性、被动性、关键性和缓冲性指标计算，有助于评价各种异质性要素在网络中的角色与地位，探索其在网络转译过程中的重要作用。

5.3.3　验证过程

采用敏感性模型（sensitivity model）分析复杂性网络的主动性、被动性、关键性和缓冲性指标，解释每个要素在复杂网络中扮演的角色以及要素对网络的重要性程度，主要有五个基本步骤。

1. 网络描述。

GEM 框架是一个以体验为核心的，由经济—社会—生态等行动者构成的多功能景观网络。在这种新型景观空间中，其目标就是其经济功能、社会功能、生态功能能够提供最大化的旅游体验并实现多功能景观的可持续性开发。

2. 筛选要素。

采用异质性要素代表 GEM 框架中的行动者。这些要素涵盖了以体验为核心多种景观的社会、经济及生态服务功能。本研究筛选的要素是衡量景观网络多种功能的 20 个指标，每种维度由 5 个要素指标来衡量。

3. 构建矩阵。

影响矩阵（impact matrix）由 20 个代表 GEM 框架的行动者要素组成，要素相互作用的强度分为四级：0 代表没有影响，1 代表较弱的影响，2 代表中等强度的影响，3 代表较强的影响。

4. 影响指标。

四种类型的影响指标（impact indices）代表异质性要素在景观行动者—网络中的作用：①行向之和 AS（active sum）表达要素在网络中的活跃性程度，衡量一个行动者对网络整体的影响程度。②列向之和 PS（passive sum）表达要素在网络中的被动性程度，衡量行动者对网络发生改变的敏感程度。③采用 AS 和 PS 的乘积 P 来衡量网络的关键性行动者。如果一个行动者主动性和被动性程度都较高，则其在网络中必然发挥着关键枢纽作用，是网络中的关键性行动者。④主动性 AS 与被动性 PS 之商 Q（AS/PS）衡量行动者在网络中的相对活跃性。Q 值越小，表示该行动者越不活跃，属于网络中的缓冲行动者。

5. 作用分析。

通过"影响强度"（impact strength）和"参与程度"（involvement）等指标评价网络中行动者的作用。①影响强度（impact strength）主要是通过活跃指标之和（AS）与被动指标之和（PS）的 Q 值（AS/PS）来获取。$Q > 1$ 的是活跃性行动者，对网络中其他行动者有较强的影响作用；$Q < 1$ 的则是被动的行动者，受到网络中其他要素较强的行动者影响[299]。②关键性指标（critical variables）用来衡量影响网络发生可持续性改变并具有杠杆作用（lever）的行动者[300]。主动性和被动性都比较强的要素可以作为关键性行动者，但被动性要素的变化也有可能导致网络发生难以期待的改变。

在本书中，将要素在网络中的作用划分为 9 个区域（见表 5.5），分别表达要素在网络中的活跃与被动程度。

表 5.5　　　　　　　　　　　要素在网络中的作用分区

分区	要素分区	AS	PS	要素对网络作用的意义
1	活跃区	高	低	要素对网络控制具有潜在的杠杆作用，要素改变将增加网络的稳定性及恢复能力。
2	活跃—关键区	高	中等	要素对网络变化具有较高的杠杆作用，但可能造成网络的不稳定，比 1 区更难以控制。
3	关键区	高	高	要素是启动网络变化的媒介，其结果非常难以控制，而且也可能使网络恢复能力处于风险之中。
4	活跃—缓冲区	中等	低	要素对网络具有中等杠杆作用且具有最低程度的负效应。
5	中性区	中等	中等	外部力量很难控制该区域的要素，但对于网络的自我调节非常有用。
6	被动—关键区	中等	高	要素改变可能不会使得网络获得期待的变化结果。
7	缓冲区	低	低	要素对网络对其他行动者的影响较低，控制网络的杠杆作用较低。
8	被动—缓冲区	低	中等	要素改变只能导致网络发生迟缓的反应，但可作为网络改变的试验性行动者。
9	被动区	低	高	要素的改变不会导致网络发生持续改变，可能是网络"修复性失败"的要素。

资料来源：依据（Schianetz and Kavanagh 2008），有改动，2015 年 1 月。

5.3.4　研究区域

河口村位于辽宁省宽甸县长甸镇境内的鸭绿江畔，与朝鲜青城郡隔江相望，河口是中国对外开放二类口岸，与朝鲜的青城郡都是中朝两国在鸭绿江上的口岸城镇。早在 19 世纪末，河口就是鸭绿江上重要的水陆码头、著名商埠。东北地区所产的珍贵药材、兽皮、木材大多经河口转运至今天的丹东。其空间聚落位于水丰电站大坝与下游太平湾水电大坝之间鸭绿江畔的狭长平地之间，边境风光、满族和朝鲜族民俗风情、红色旅游、万亩桃园已成为河口村的主要特色。与河口村隔江相望的是朝鲜的清水郡，如果泛舟江上，可观赏到主题思想纪念馆、清城联合国军监狱、女子兵营、清水工业区、烈士陵园、军营哨所、朝鲜民居等朝鲜境内地点，这些聚落形态、分布特点以及建筑布局构成了河口村景观多样性的丰富内涵，2014 年，以"自然生态美、生活幸福美、文化和谐美、创新引领美"为主要评价标准的"寻找中国最美乡村推介活动"（CCTV），宽甸县河口村荣获了"中国十大最美乡村"称号。

河口村交通便利，辽宁边境公路及铁路通过该村，其外部可进入性较强。60 多年前的抗美援朝战争时期，中国人民志愿军就从此处渡江奔赴朝鲜。铁路通过最靠近鸭绿江边的火车站（火车站名：上河口）经过河口村上游一座铁路桥后与朝鲜清水工业城相连，然而这条铁路自从抗美援朝战争结束以来一直未再通车。歌曲"在那桃花盛开的地方"，将河口村的美丽带给中国大江南北，也让这个边疆乡村名扬神州。"河口断桥"曾是鸭绿江上兴建比较早的公路桥，抗美援朝战争期间被美军飞机炸断。毛泽东主席的儿子毛岸英就是从这座桥在晚上秘密渡江作战的。毛岸英牺牲后，他的妻子刘思奇为了缅怀他，在断桥附近的江边修建了一所"毛岸英小学"隔江与朝鲜相望，成为中国最靠边境的一所小学。

河口村发展的每一个阶段都是景观行动者—网络构建的过程。从家庭联产承包制实施开始，河口村经历了传统农业到农业加工业、商贸服务及现代多功能农业四个发展阶，每一个阶段都是产业转型与创新型景观构建的发展过程。由于靠近鸭绿江的平地较窄（800～1 500米），河口村的人均用地面积较少，全村2 900口人拥有土地面积只有18平方千米，人均耕地面积不足1亩。凭借优越的自然环境及气候优势，河口村多年来一直以水果种植为主，全村板栗的种植面积达到5.6万亩，艳红桃2万亩，银白桃1万亩，苹果3 000亩。从山上到山下，从地面到水上，盛开的桃花与成熟的艳红桃已经成为河口村的形象和村民生产生活的核心。

从艳红桃（prunus persica L.）、板栗（castanea mollissima Bl.）种植到赏花摘果，再到民俗活动等旅游体验活动开展，经历了赏花—摘果—民俗—休闲等系列的体验活动发展阶段。在旅游产品日益丰富的过程中，注重当地特色民俗（朝鲜民俗村）及优势产业发展，塑造了特色多功能景观。近几年，河口村先后开发了几十款特色旅游项目，如"鸭绿江边桃花节""辽东特色山珍采摘节""边境游船观光""朝鲜民俗村体验""长河岛异域风情""江心岛异国风光""红色景点之毛岸英学校""红色景点之河口断桥""红色景点之抗美援朝纪念馆""河口特色大锅炖鱼"等，把自然风光、生态农业、人文历史和休闲旅游的所有要素整合成为一个完整的体系。如今，河口村直接或间接从事旅游服务活动的农户占到当地村民总数的1/3。到达河口村的游客以15%的速度递增，2014年游客已经超过30万人次，全年旅游综合性收入达到2亿元人民币，农民人均收入达到1.5万元，农户有50%的收入来自于农产品销售，旅游服务业收入占总收入的1/3。旅游基础设施开发获得了较大的突破，尤其是通过构建"公交＋慢行"的一体化交通出行模式，建立连接乡村内外的慢行休闲绿道网络，打造休闲、生活、娱乐的乡村绿色慢行休闲系统。

在河口村发展的过程中，受利益驱动、生态驱动、民意驱动和资源驱动的作用，河口村的产业与景观也发生了一系列变化。其景观行动者—网络构建的转译过程始终围绕着产业发展与景观开发之间的和谐互动展开的。评价异质性行动者要素在网络中的地位与作用，有助于推动乡村旅游业转型升级，有利于提升多功能景观的美丽乡村建设水平。

5.3.5　资料收集

在资料收集过程中，主要分为深入访谈与专家评判两个阶段。

第一阶段：2014～2015 年的 7～8 月，调查河口村乡村产业发展与景观开发的基本概况。田野调查的对象主要有：当地旅游管理部门、旅游专家学者、当地旅游企业经营者、当地社区居民及游客等 42 人。在调查中，围绕景观的经济性、社会性、生态性及体验性四个方面的主题，以半开放方式询问了"对旅游发展影响的经济因素有哪些？""乡村的社会风情怎样？""乡村的生态特色有哪些？"以及"乡村体验的最大特点是什么"等 4 个方面主要问题，获得了有关河口村发展的定性资料，包括区域环境背景，产业发展过程等资料。

第二阶段：2016 年 2 月，筛选 20 个景观网络评价指标进行统一"编码"并作为研究的出发点，通过专家学者针对 20 个指标代表的要素进行关系辨识，获得了影响河口村发展的关系型数据（380 个比较数据），建立了包括经济、社会、生态等维度的影响矩阵（impact matrix）。影响矩阵中各种要素相互作用的强度采用四个数据来表示：用 0 表示"没有影响"，1 表示"弱影响"，2 表示"中等影响"，3 表示"强影响"（见表 5.7）。

5.3.6　结果

1. 通过各种景观要素之间的相互作用，景观行动者—网络内部存在着明显的结构与功能性差异，形成了由经济、社会及生态等景观要素构成的聚落空间、生产空间、生态保护空间及具有综合性的多功能景观空间，说明 GEM 理论框架是成立的。

影响评价指标 AS 与 PS 存在着明显的差异（见图 5.10）：其景观的生态性与社会性相对较为稳定，而经济性较为活跃；经济活力、休闲活动及文化呈现等要素位于关键区，表明河口村的经济性较强。与此同时，农事体验、休闲活动、创业氛围等要素影响指标 PS > AS，表明其他要素对它们的影响较大，河口村经济发展受到内外因素的影响都比较大；乡村聚落、土特名产、景观连接度、水体清洁度等要素的影响指标 AS > PS，表明它们对其他行动者的影响力较大，河口村社会生态形象比较突出。

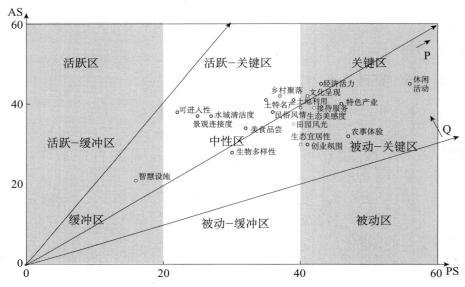

图 5.10　河口村景观行动者—网络要素 AS 与 PS 分布

2. 景观行动者—网络中要素活跃程度是不同的。

多数要素集中在中性、活跃—关键、关键与被动—关键区等四个区间（表 5.6）。休闲活动（16）、经济活力（10）、文化呈现（19）等要素的评价指标 P（AS×PS）值及 Q（AS/PS>1）值都比较大，是对网络影响较强的关键行动者（critical actors）；特色产业（9）、接待服务（20）、生态宜居性（11）、生态美感度（15）、农事体验（18）及创业氛围（5）都是被动—关键要素，其他要素对它们的影响较强；土地利用（6）、乡村聚落（2）及土特名产（7）等要素的影响指标 AS > PS，都是活跃-关键要素，表明它们对其他要素的影响力较大，河口村社会生态形象比较突出；可进入性（1）、景观连接度（12）、美食品尝（17）、民俗风情（3）、田园风光（4）、水域清洁度（14）及生物多样性（13）等都是中性区要素，虽然对景观网络的控制作用有限，但对于景观网络的自我调节非常有利；智慧设施是活跃—缓冲性要素，对网络稳定性具有负面效应较小的中等程度杠杆作用，现代科技融入河口村产业发展的水平较低，尤其是融入旅游业的智慧型基础设施呈现"孤岛式"的发展状态，它们暂时对多功能景观行动者—网络开发的贡献不大，但它们有可能成为促进多功能景观行动者—网络构建的潜在驱动力。

表 5.6　　　　　　　　　　河口村行动者—网络要素分区

序号	关键要素	活跃—关键要素	被动—关键要素	中性要素	活跃—缓冲要素
1	经济活力	乡村聚落	特色产业	可进入性	智慧设施
2	休闲活动	土特名产	接待服务	景观连接度	
3	文化呈现	土地利用	生态宜居性	美食品尝	
4			农事体验	田园风光	
5			创业氛围	生物多样性	
6			生态美感度	民俗风情	
7				水域清洁度	

3. 关键性要素是启动行动者—网络"转译过程"通过"必经之点"的"关键性要素"。与景观塑造的传统动力农业生产过程相比，这些塑造动力来自于感知体验、产业资本、社会资本与生态资本等新型力量与资本的融合创新过程，融入了地域特色文化与现代科技发展的"智慧"成果。在融合创新的过程中，以"产业＋文化"与"体验＋景观"的方式，形成了产业跨界创新与景观多功能开发的统一体，推动乡村地区向"后生产时代"（post-productivism）与"多功能时代"（multifunctional-productivism）并存方向发展，促进金乡村旅游的全域化。

5.3.7　结论

1. 以旅游体验为核心的景观行动者—网络构建，建立了一种从容器型向关系型过渡的全新景观类型。

通过发挥关键性要素对网络构建过程的整合作用，拓宽多功能景观的开发内涵。各种要素地位的变化促进了景观网络中结构与功能的转换，建立了行动者进入网络并实现创新发展的内在机制，有助于提升乡村旅游发展理念和发展模式的创新水平。将创意与农业相结合的理念引入景观行动者—网络构建之中，通过产业融合实现人人向往的新田园生活方式，为推动休闲景观的开发提供了情感支撑（emotional support）。在吸纳各种投融资建设休闲景观的过程中，吸引各种类型的从业者（employers and employees），促进了乡村社会经济景观空间的重构，也使得行动者要素的功能不断地朝着社会经济各个领域里扩展，推动了乡村旅游业转型升级的发展，建立了乡村旅游业从观光体验向休闲度假方向发展的基本路径。

2. 多功能景观行动者—网络的构建拓宽了景观开发的内涵，创造了较多的"游客体验机会谱系"（tourist experiential opportunity spectrum），缓解乡村旅游发展与景观空间开发之间的矛盾。

通过拓展开放发展空间，打破地域分割、行政分割，打破各种制约，走全

表 5.7　河口村乡村多功能景观行动者—网络要素评价矩阵

编号	景观功能	要素影响	1 AC	2 AH	3 FC	4 RL	5 EP	6 LU	7 NP	8 ST	9 CI	10 EL	11 LB	12 LC	13 BD	14 RQ	15 EA	16 RA	17 CF	18 FA	19 CR	20 HP	AS	P(AS×PS)
1	社会功能	可进入性	0	2	1	0	3	3	1	1	3	3	3	3	2	0	2	3	3	2	2	3	38	836
2		乡村聚落	1	0	1	1	2	3	3	1	3	2	2	2	3	2	3	3	3	3	3	3	42	1 554
3		民俗风情	0	1	0	2	3	2	3	0	3	2	2	1	2	1	2	3	3	3	3	2	38	1 368
4		田园风光	0	2	0	0	1	1	0	1	2	3	3	3	1	1	3	3	1	3	3	2	35	1 365
5		创业氛围	0	1	1	0	0	2	2	1	3	3	1	3	2	1	2	2	2	3	3	2	30	1 230
6	经济功能	土地利用	1	3	1	3	2	0	2	0	3	3	2	2	3	0	3	2	0	3	2	2	41	1 599
7		土特名产	1	2	3	2	2	3	1	2	1	3	0	2	2	0	0	3	2	3	2	3	41	1 435
8		智慧设施	3	0	1	1	2	0	2	0	0	2	2	1	0	3	3	3	0	0	0	3	21	336
9		特色产业	2	2	3	3	2	3	2	0	0	2	1	3	2	3	3	3	2	1	3	2	40	1 840
10		经济活力	2	3	3	2	3	3	3	2	3	0	3	2	2	2	2	3	2	1	2	2	45	1 935
11	生态功能	生态宜居性	1	3	2	3	1	1	1	2	2	2	0	0	2	2	1	3	0	3	2	1	30	1 200
12		景观连接度	3	3	2	3	3	3	2	2	1	1	3	2	3	0	3	3	0	2	1	2	37	925
13		生物多样性	0	2	2	3	0	1	1	0	2	0	3	0	1	2	3	3	2	2	0	2	28	840
14		水域清洁度	0	2	1	1	1	3	3	1	3	2	3	3	0	0	3	3	3	3	1	0	37	999
15		生态美感度	2	2	1	3	2	2	2	2	3	2	3	1	2	2	0	3	0	3	1	2	39	1 560
16	休闲体验	休闲活动	2	3	3	2	3	3	3	2	2	3	2	3	3	2	2	0	2	3	3	3	45	2 520
17		美食品尝	0	0	2	2	3	1	1	3	3	3	2	0	0	0	0	3	0	3	3	3	34	1 088
18		农事体验	0	1	3	3	3	3	2	1	1	2	1	2	2	2	1	3	3	0	3	3	32	1 504
19		文化呈现	3	2	3	2	3	2	3	2	2	3	3	3	3	2	2	3	3	3	0	0	42	1 722
20		接待服务	1	2	3	2	3	2	3	2	3	3	2	3	3	2	2	3	3	3	3	0	39	1 638
		被动要素之和 PS	22	37	36	39	41	39	35	16	46	43	40	25	30	27	40	56	32	47	41	42		
		Q(AS/PS)	1.7	1.1	1.1	0.9	0.7	1.1	1.2	1.3	0.9	1.0	0.8	1.5	0.9	1.4	1.0	0.9	1.1	0.7	1.0	0.9		

注 1：0 means no impact, 1 means weak impact, 2 means moderate impact, and 3 means strong impact. This is a non-symmetric directed graph matrix; AbbreviationPS represents Passive sum, abbreviation AS represents Active sum.

表 5.8

行动者—网络要素作用分析表

评价指标	1	2	3	4	5	6	7	8	9	10	11	12	13	14	15	16	17	18	19	20	网络作用分析(role analysis in actor-network)
P = AS ×PS	836	1 554	1 368	1 365	1 230	1 599	1 435	336	1 840	1935	1 200	925	840	999	1 560	2 520	1 088	1 504	1 722	1 638	P > (n-1)² 的要素是关键性要素(critical),它对系统中的其他要素具有较强的影响,同时也容易受到其他要素的影响;P < (n-1)² 的要素是缓冲性要素(buffering)影响其他要素的作用较小,同时也受其他要素对其影响也较小。而且也有较长时间的延迟。
Q = AS/PS	1.7	1.1	1.1	0.9	0.7	1.1	1.2	1.3	0.9	1.0	0.8	1.5	0.9	1.4	1.0	0.9	1.1	0.7	1.0	0.9	Q < 1 的要素即使受到剧烈的变化也不易使得系统受到较大的变化(被动性要素);Q > 1 的要素(主动性要素)具有较强的稳定性效应而不容易受到较弱的干扰。它们虽然不是系统的控制杠杆,但它们能够延长系统对外部干扰的应变行为。
要素分区	主动	主动	主动	被动	被动	关键	主动	缓冲	关键	关键	被动	主动	被动	主动	主动	被动	主动	被动	关键	被动	

方位开放之路，形成乡村全域化发展旅游的大格局。在休闲经济时代，通过构建乡村绿道体系增加"游客体验机会谱系"，在改善乡村交通网络建设提高外部可进入性的同时，其内部可进入性的改善则采用绿色交通方式，如自行车道体系构建，将乡村休闲体验性空间以慢型交通的方式进行串联，使得乡村的绿色交通成为休闲体验、健康养生的重要方式。与此同时，河道、废弃的铁路等交通通道，也有助于构建网络化绿道体系成为乡村景观多功能发展体系。

3. 景观行动者—网络构建建立了旅游产业转型升级与景观行动者—网络构建的耦合联动，推进了乡村全域旅游的发展。

推进休闲农业、乡村度假、特色民宿的发展，促进城乡旅游互动和城乡发展一体化，带动乡村地域更广泛的旅游基础设施投资，提高乡村人口共享发展方面的福祉。在景观网络构建的过程中，通过融合创新发展机制的引导，促进中性要素向关键性要素转化；启动被动—缓冲性要素向其他活跃的关键性要素转化进程，有效地配置乡村景观的社会文化资源。在推动行动者—网络构建的"转译过程"中，协调各种景观行动者之间的利益使其成为景观中不可或缺的网络节点，走出高度依赖景区景点的传统观光旅游发展模式，推动"创意＋农业"的方式整合乡村旅游产业与多功能景观，拓展新型的旅游发展空间；通过"互联网＋旅游"的融合创新，提升"智慧旅游"对旅游"全域化"的贡献率；构建登岸跨文化"旅游廊道"，建立跨边境旅游体验的平台，发挥地域文化特色。

5.4 民宿体验

5.4.1 民宿发展历程

1. 欧美民宿发展。

民宿作为乡村旅游的主要载体，最早来源于英国的 B&B（bed and break-fast）的经营方式，它的性质是属于家庭式的招待，这就是英国最早的民宿。欧洲民宿多采用农庄式民宿（accommodation in the farm）经营，让一般民宿能够享受农庄式田园生活环境，体验农庄生活；加拿大则是采假日农庄（vacation farm）的模式，提供一般民宿假日可以享受农庄生活；美国都多见居家式民宿（homestay）或青年旅舍（hostel），不刻意布置的居家住宿，价格相对饭店便宜的住宿选择。但英国的 B&B 方式逐渐遍及欧洲乡村和城郊的小型客栈，只为住客提供住宿和早餐，酒店内房间数较少，设施简单，仅满足游客最基本的需求，相当于国内的经济型酒店，因此即使与民宿有相似之处，但两者还是存在明显差别。乡村民宿是一种提供有别于传统饭店、宾馆等的住宿体验，给游客温馨亲切的家的感觉的旅游接待设施[301]。早期的民宿只是一种农民将自己家的部分起居室出租给游客的住宿设施。但随着民宿的不断发展，其定义也逐渐得到完善，即在原有的基础上增加了许多限定条件，使其与传统的酒店分开来。例如，民宿作为副业方式经营；主人与游客必须要充分认识交流；不具有经济上的优势，通过当地优质景观、特色休闲活动、个性化服务等给游客提供不同的体验，在经营中更加强调住宿的环境、服务品质、与当地的互动程度。

2. 日韩民宿发展。

20 世纪 70 年代由于日本社会经济的高速发展，夏季旅游胜地与冬季滑雪活动人潮汹涌，旅馆住宿空间明显不足，一些洋式民宿（pension）开始兴起；部分农场也以副业经营方式，提供旅客住宿需求，同时也产生了农场旅舍（farm inn）。民宿（minshuku）是了解日本最直接的方式，入住一家风情民宿，从建筑、美食、温泉、人文等多角度进入日本的生活。典型的民宿以传统产业（农渔业）盛行、具有观光资源的乡间地区为多，例如属于休闲农业分类的（市民农庄）便是，至于在旅馆林立的都会区则较少见。住家主人将客房提供旅客住宿，就是民宿的一种，民宿的规模则视主人的居家环境而有不同。最小的民宿可能只有一间客房，大型的民宿则可能具有露营地、独栋别墅等，某些民宿主人也发展许多与当地观光有关服务，如协助住客租赁车辆、规划有当地旅游、当地特产制作过程等的行程。所以具有当地特色与口碑的民宿常为热门之选，不少家庭出游，往往宁舍连锁旅馆，而选亲切热情的民宿。此外，不少具有建筑风格、客房装修精美的民宿，经常成为媒体杂志报道的焦点而成为知名民宿，更有甚者成为连续剧的取景地而广为人知。在绝美悬崖、平静的海湾、山谷深处、闹市中心等到处都有民宿，它们是日本观光的招牌。踏入一家民宿，游人几乎就踏入了一家日本传统文化的博物馆，体验温泉、喝杯清酒、吃一次 13 道菜的怀石料理、欣赏榻榻米房间内"床之间"的插花、让旅馆的女将跟你聊聊天。当你泡在温暖的泉水中时，或许你能明白日本人每逢站在人生的十字路口时，都会选择一间民宿小住静思了。

在风格多样的韩国民宿类型中，传统的韩式房屋住宿一般是指在传统的韩式房屋内留宿，睡的是传统的地热、铺盖的也是韩国传统布料缝制的被褥。在传统的韩式房屋中，一般每个房间都串联着地热取暖，韩国人称其为"温突"。无论是传统的韩式建筑，还是现代的韩式建筑，其屋内的居住方式几乎都与古代韩国人一模一样，所以韩式房屋的住宿是体验韩国传统生活方式和文化的绝佳方式。韩国的民宿设施都比较齐全，洗衣机啊冰箱啊什么的都有提供，有的民宿还有大的屋顶可以乘凉。

3. 我国民宿发展。

（1）民宿市场需求强劲。随着旅居时代到来，民宿对于促进乡村旅游健康快速发展起着至关重要的作用。在自由行盛行的体验旅游趋势下，人们的旅游需求日益多样化和个性化，民宿是乡村旅游发展的重要升级版，成为乡村旅游发展的必然趋势。2016 年 1 月 27 日，中央一号文件《关于落实发展新理念加快农业现代化实现全面小康目标的若干意见》发布，明确指出要大力发展休闲农业和乡村旅游，有规划地开发休闲农庄、乡村酒店、特色民宿、自驾露营、户外运动等乡村休闲度假产品。目前我国的民宿种类较多，虽然没有统一的标准概括，但是每一种类型又都包含民宿的一般特征，例如"农家乐"的概念。农家乐（北方很多地方称之为农家院）、家庭旅馆经营相对粗放，而民宿更加精细和严格，需要经营者的热情和文化、技艺、情趣、品位的参与。民宿更多参照的是酒店管理标准，需要通过公安、消防、卫生等审批，才能经营，而农家乐主要参照旅游部门制定的相关服务标准。目前，浙江省率先以地方立法的形式重新设置了民宿的范围和条件。在《关于确定民宿范围和条件的指导意见》中明确指出：民宿的经营规模，单栋房屋客房数不超过 15 间，建筑层数不超过 4 层，且总建筑面积不超过 800 平方米。民宿的建筑设施、消防安全、经营管理都需要符合一定的标准，并交由相关部门发放相应的经营许可或准予申报登记。

随着旅居时代的到来，民宿开启了乡村旅游全新的发展方式，乡村旅游发展的一个方向也必然民宿开发。心理学家罗杰·乌尔里希说："从生物学上讲，我们先倾向于喜欢具有显著自然特征的景象[302]"。这也就很容易解释为什么在休闲空间的选择过程中，去选择能够寄托"乡愁"的拥有广阔的自然景观的空间居所。现实社会的种种压力，使得年轻的一代人在追求幸福与健康的理解方面与上一辈人有着完全不同的理解。他们消费理性，追求内涵、品质和服务，更懂得生活，平日工作压力较大，更接近自然的民宿模式符合他（她）们追求自我解放的需要，可以从日常压力环境中释放出来。随着经济发展到一定程度，人们逐渐提高了对感性消费的需求，从舌尖上的挑剔到服务环境及氛围的挑剔，怀旧环境是满足人们对空间寄托的一种形式，这也是在很多乡村民宿中看到环境中摆设各种年代久远的器具与照片的重要原因。社会的大发展造就了很多新旧的快速更迭、消失，因此对于承载着太多回忆、情感的怀旧系列商品，消费者更愿意埋单。民宿就像一部"时光机"为人们的自然怀旧提供了新型空间与穿梭时空的平台。在民宿，大家可以体验儿时的环境和感受；在民宿，可以体会失去的时光；在民宿，可以体验 HIDEAWAY（逃离）；在民宿，让"乡愁"的寻找有了归属感。民宿"家"的情怀将成为它可持续发展的竞争力。

（2）发展呈井喷式增长态势，区域增长不平衡。仅以杭州民宿发展为例，2010 年 6 月底，西湖景区民宿数量仅为 41 家，到 2013 年 6 月底，已增长至 96 家，2015 年年底进一步增长至 146 家，到了 2016 年 6 月底，这个数字已经变为 210 家，杭州民宿大多为旅游民宿[303]。截至 2016 年全国的民宿已经超 4 万多家，主要分布在南方，这与我国的旅游发展整体态势相吻合[304]。其中，以浙江莫干山的民宿最具有代表性。莫干山的民宿更是将传统与时尚文化融合发挥到极致。莫干山大多数民宿的设计在外形上保留了当地传统民居的建筑风格，保留了当地的文化特色，而在内部的装修设计上则体现了现代人的休闲度假需求，包括五星级的床、落地窗、茶吧、隐于山林之间的游泳池等，满足游客在高端度假和体验传统文化上的双重需求。此外，我国民宿发展也呈现从低端单一产品、同质化开发、个体经营、分散布点向高级且有特色的休闲产品、差异化发展、企业操作和集群布局转变的发展趋势。区域增长不平衡主要呈现出两个截然不同的发展极化：一方面以浙江省莫干山为代表的少部分早期民宿发展区，依托成熟的区域市场表现出强劲的发展活力，全年无淡季，定价堪比星级酒店；另一方面全国 70% 的民宿经营者，却面临着定位失准、客源不稳的发展困境，在日益激烈的竞争之下举步维艰。

4. 民宿发展类型。

（1）赏景度假型民宿——结合自然的景观或是精心规划的人工造景，如万家灯火的夜景、满天星斗、庭园景观、草原花海或是高山大海等。

（2）艺术体验型民宿——由经营者带领游客体验各项艺术品制作活动，包括捏陶、雕刻、绘画、木屐、果冻蜡烛、天灯制作等，游客可亲手创造艺术作品，体验乡村或现代的艺术文化飨宴。

（3）乡村体验型民宿——在传统的农业乡村中，除提供有乡村景观、体验农家生活之外，并有农业生产方面的体验活动，配套观光果园、观光菜园、观光茶园等。在乡间小住数日，让身体舒畅也让心情愉悦，享受漫食、漫游的生活，不论往北、往南，都能方便自在，这趟旅程是田园之旅、是心灵之旅，更是难忘的假期。

（4）温泉民宿——精致温泉民宿的温泉套房设备，每间套房各具特色、宽敞加大泡汤池并设有 SPA、按摩、冷热池设备，另有 DVD 设备，旅客可携带影片自行操作。在温泉民宿如同回到家的感觉，尽情地放松心情，让大自然做最好的医疗师；复古经营型民宿——其住宿环境均为古厝所整修，或以古建筑的式样为设计蓝图，提供游客深切的怀旧体验。

5.4.2　台湾地区民宿发展

在对乡村旅游的考察过程中发现，台湾地区民宿的发展对于乡村旅游推动作用最有代表性。台湾南投埔里镇桃米民宿·布拉姆索（源自《托斯卡纳艳阳下》中的 bramascle 庄园名，意为思慕太阳，在这里可以追逐阳光，渴慕幸福）到澎湖岛西卫海民宿度假村（"海之径""海湾湾""海旅巢""海蓝蓝""海璞" 5 间民宿）、人鱼之丘民宿、台东月光夏民宿（summer of moonlight）等民宿，风格与特色迥然不同。

1. 台湾地区民宿起源。

台湾地区民宿起源于 20 世纪 80 年代，在台湾岛内的旅游绝大部分为散客旅游，而这部分人是民宿的主要客源[305]。台湾地区民宿经过 30 余年的发展，已经由"容器"上升至"磁极"，处于成熟阶段，台湾民宿发展的最核心吸引力就在于原汁原味的乡村风情，这其中就离不开学术研究的指导与推动[306]。台湾地区 2001 年出台的《民宿管理办法》第一章第二条指出："民宿系指利用自用住宅空闲房间，结合当地人文、自然景观、生态、环境资源及农林渔牧生产活动，以家庭副业方式经营，提供旅客乡野生活之住宿处所；其经营规模，以客房数数间以下且客房总楼地板面积 150 平方公尺以下为原则。但位于原住民保留地、经农业主管机关核发经营许可证登记证之休闲农业区、观光地区、偏远地区及离岛地区之特色民宿，得以客房数 15 间以下，且客房总楼地板面积 200 平方公尺以下之规模经营[303]。此定义完全诠释了民宿有别于旅馆或饭店的特质，民宿不同于传统的饭店旅馆，也许没有高级奢华的设施，但它能让人体验当地风情、感受民宿主人的热情与服务、并体验有别于以往的生活，因此蔚为流行。

台湾地区民宿业发展得非常成熟。台湾地区是世界民宿密度最高的地方，有经济、别致、奢华的无数选择。这些民宿在不同地方有着各自特色，九份的怀旧古朴，清净农场的欧式风格，垦丁的面朝大海。台湾民宿精致独特，主题丰富，形态各异，饱含着民宿主人的巧思妙想，带着地域特色的文化气息，散落在静谧安然的青山绿野间，潮起潮落的海岸沙滩旁，向游客传递着台湾同胞骨子里的浪漫情怀和脉脉温情。民宿本身已经超越了住宿属性，不仅成为当地旅游的一种核心吸引力，而且也成为当地人的一种生活、一种文化。

2. 台湾地区民宿特色。

一是干净与精致的个性相匹配。台湾地区民宿都非常干净、舒适，就算最偏远山区的民宿，其寝具、洗漱用具、卫浴设备也一点儿不马虎。较高品质的民宿"门脸"给客人了留下良好的第一印象。台湾地区民宿从房屋外观到内部结构，从装修风格到物件摆设，都是主人按照自己的想法设计的，所以即使是在同一个地方，每户民宿也各具特色。由于民宿经营规模限制在 5 间客房以下，150 平方米以内，这也决定了规模小的民宿，更要走精致和个性路线。

二是走主题创意发展之路。民宿发展思路。台湾地区民宿注重多样化发展，很多民宿融合了当地的自然人文环境要素，再加上创意和美学元素，打造成了颇具特色、不同主题的民宿产品。有很多台湾地区民宿主人曾是建筑师出身，从外观设计、内部装潢，到家具摆件等都由主人精心挑选设计而成。因此，众多民宿风格迥异，呈现出多彩的风格，极具差异性。以地方特色来说，宜兰的民宿强调田园乡村主题，垦丁则以南洋异国休闲风为主，花（花莲）东民宿强调原住民文化的奔放与山海相遇的激情，台北九份的民宿以矿山小镇怀旧为主题，澎湖民宿以离岛度假、水上娱乐为特色，苗栗县南庄乡的民宿则散发着浓郁的客家风情。以主人的旨趣来说，有田园乡村主题、人文艺术主题、异国风情主题、原住民风情主题、家庭温馨主题、怀旧复古主题等。民宿也就成了主人个性的最佳秀场和吸引志趣相投之人的聚集地。

三是宾至如归家的经营理念。台湾地区民宿处处体现"家"的理念，具有鲜明的特色。复古风、小清新风、后现代风等，无论哪种类型的台湾民宿，都能带给游客居家的感觉。入住台湾民宿，晚上可以在露台上吃水果、看星星，早上有老板娘亲手准备的精美早餐，就如同在家中一样亲切。台湾地区民宿经营者一般都亲自接待客人，与客人交流互动。在客人入住前一天，民宿主人就要提醒他们安排好出发时间，如果预定报到时间客人没到，他们也要打电话询问情况，是否需要派去接等服务（2015 年夏天，我们几个大陆学者从台北乘坐火车快要到达台东的时候天下起了大雨，民宿主人多次打电话核实我们乘坐的车次与到达时间。我们到达台东火车站时，他早已在车站等候多时）。待客人办理完住宿手续后，他们会和客人聊家常，介绍自己家的布局设计，当地的山水风光和风土人情，并解答客人的行程路线安排疑问等。

民宿主人招待客人的方式也像是亲戚朋友来串门一般，他们可能不会像酒店那样给你标准式的微笑或程序化的服务，但家里的摆设用具随意用，让客人和自己同桌共进早餐，提醒客人最好晚上 11 点前回家。诸如此类的点滴细节，无不让客人感觉到家的温暖和温馨。所以说：民宿的主人是民宿最重要的灵魂所在。有一些民宿主人还会兼职向导，带客人逛家乡，尝美食，与旅游团队不同，他们会选择小街巷弄或相对小众但有特色的山水线路。台湾民宿富有创意，主人热情好客，通过民宿，游客不仅能观赏到当地绝美的风景，还能感受到原汁原味的当地生活风情，深刻体会当地的文化特色。所以游台湾，住民宿，成为当下的生活时尚。

3. 桃米社区民宿。

桃米村是先营造社区再造民宿的典范。埔里镇隶属南投县，位于台湾地区地理中心，是东西互动的交通交汇点。埔里镇处于群山环抱的盆地之中，年均温约 20℃，冬无严寒，夏无酷暑，雨量丰沛，湿度较大，无强风，是适宜居住的城镇。这里的森林多位于中低海拔，蝴蝶与青蛙的密度是全台湾地区最高的地方。

埔里镇往日月潭台 21 线旁的桃米村是在"九二一地震"（1999 年 9 月 21 日大地震）灾后重建发展起来的"知识经济民宿村"。这要得益于社区营造方式的重建工作机制。在地震之前，这里是一个典型的乡村社区，存在着人口结构老化、产业经济衰退、社会关系疏离、公共空间简陋等问题，青壮人口持续外流的一般农村，但是如今已转变成非常火热的生态休闲民宿村。"九二一地震"发生在南投县集集镇，而距震央 20 多公里的桃米村被震出一个"桃米坑"。桃米村 369 户人家的房屋倒塌了 168 户，有 60 户半倒。灾后重建将各种问题暴露的过程中，也引起全社会的关注和反思。2000 年，新故乡文教基金会邀请了台湾地区农委会特有生物研究保育中心协助桃米的生态调查及规划。他们在调查中发现，因经济衰退而低度开发的桃米村，竟蕴藏着极为丰富的生态资源：这里拥有全台湾地区二十九种蛙类的二十三种；台湾地区一百四十三种蜻蛉类，在桃米村就发现四十九种，因此，桃米村也被称为"青蛙王国与蝴蝶世界"。

地震不仅让桃米村成为社会关注的焦点，也得到了众多社会资源的投入。地震后不到一个月，廖嘉展的新故乡文教基金会就来到这里，积极帮助桃米村进行灾后重建的规划。此外，政府、学界、社会、非营利组织与小区居民开始跨领域的合作下，一同进行产业、小区生活环境、生态环境的营造与重建工作。新故乡文教基金开始会面向村民开设系列生态课程，为当地培养了许多"生态讲解员"，介绍青蛙的保育知识及其他生态知识（下图是布拉姆索民宿主人谢先生向我们介绍院落中百香果的品种）。我们在布拉姆索民宿居住期间，民宿主人向我们介绍说，随着重建步伐的加快，桃米村社区营造取得了巨大的成绩，找青蛙、观蝴蝶已经成为桃米村生态旅游的经典项目，爱惜环境与生命共同体的理念付诸实践并逐渐成为现实。如今，由讲解员带领游客看漫天星斗、站在清澈的溪水中，打着手电在山间湿地中寻找蛙类，倾听蛙类的演奏会；可以在山林中观看美丽的蝴蝶，而这些生态环境讲解员都是当地的村民。致力于生态环境知识学习，把握身边优势的生态资源是桃米村发展成为知识性社区的重要过程，而推进公益服务的社会组织参与则是桃米村再现辉煌的关键。

新故乡文教基金会鼓励有条件的居民先把自家旧房屋，打扫一两间出来

"试营运"。并且在经营民宿得先建构一个"知识经济的社群","新故乡"邀请世新大学观光系专家，培训村民休闲产业的相关课程；另外，将造屋过程变成了重塑社区核心价值的契机，进而将桃米社区推向"合作与互助的时代"，逐渐把人与人之间的感情联结起来。桃米生态村提炼的新文化符号是"青蛙共和国"，在桃米，处处可以看到青蛙雕塑和图案，还有湿地公园，以及一家家民宿院落里的生态池——为青蛙营造生态家园，你甚至可以看到，男女卫生间也命名为"公蛙"和"母蛙"。此外这里还开办社区营造培训班，既面向桃米居民，也面向外面的社区营造者。桃米村中的"纸教堂"（paper dome），已成台湾地区知名的旅游景点。从这以后，各种民宿纷纷建立起来，台湾地区桃米村已经发展成为"以环境及生态知识为先导的一个知识经济民宿村"，桃米村从生态环境知识与生态旅游服务中找到了结合美学、感性、游憩与创意的特色休闲产业。在重塑产业的过程中，结合青蛙观光特色，进行知识化与智慧化的社区营造，乡村风貌也得以保持与延续，造就了桃米村成为一个幸福的社区。目前，民宿也由最初八家业余的发展到现在十几家专业的。早期民宿业的发起人，目前一年收入好几百万新台币，是新毕业大学生的 3 倍还多。

5.4.3　民宿的生态体验趋势

1. 个性化与多样化的主流方向。

民宿既是乡村旅游的空间载体，也是乡村旅游发展的必然方向。中国民宿的发展虽然起步较晚，但发展速度较快。与此同时，部分地区也出现了民宿发展住宿收益单一，同质竞争、跟风建设严重，运营无序化等问题。民宿发展亟须进行产业的精准定位与发展升级，逐步实现多样化、标准化、连锁化发展。这就需要民宿发展走多元化及差异化的发展之路。

民宿发展需要个性化，个性化不仅指服务个性化也包含房源的个性化。服务个性化是指针对不同人群的分类服务，如针对老人的搬运行李服务，接送服务等。房源的个性化包含房源类型的个性化与房源设施的个性化。个性民宿因与当地人文风情结合更紧密，因此地域特征更加明显，比如具有当地建筑特色的房间，如竹楼、土楼、吊脚楼等。这些形态各异的房源让民宿变得有个性，更具当地风情。除乡村外，城市中的民宿也正在追求个性化。比如房间设施、装修的个性化，如主题房间、功能房等。

民宿个性化发展不仅满足了人们的心理需求，更是增强民宿竞争力的必备条件。目前，随着出行人数的增多，人们对住宿的需求越来越多样化。有人希望到旅游目的地体验当地生活，如到丽江、云南旅行时，食宿都在当地人家中；有人需求更适合自己的服务，如全家出游时入住功能更齐全的房源，这些需求正与个性化的服务相辅相成。个性化的根据顾客需求而提供服务，由此以来拉近了民宿与游客之间的距离，使其变为"有感情的住宿"。因此，民宿的个性化发展是民宿发展的必然选择。内地民宿发展历史较短，各方面发展仍不完善，无法与酒店在服务质量、房源质量等方面直接竞争。民宿想要获得更广阔的发展空间，就需要寻求差异化发展。所以，个性化也是增强民宿竞争力的选择。

而民宿的差异化发展并不是脱离旅游目的地而发展的，民宿的差异化离不开当地的特征，更离不开当地的人文属性。但民宿发展也需要"标准化"，这主要体现在消防安全、治安安全、卫生标准、服务标准等方面；借助专业化酒店成熟的管理经验和平台，并通过其庞大的会员系统、营销系统、管理系统、品牌影响力、渠道先发优势，进行连锁化运营，从而实现乡村民宿品牌连锁化。未来可能会在酒店管理团队的基础上诞生更加专业的民宿管理团队，服务大小民宿主。专业的民宿管理服务团队的诞生将有利于整个民宿市场朝专业化方向推进。

无论是景区＋度假，还是养生＋度假，其发展定位都要依据所处的自然环境与人文环境综合考虑，而且还要充分考虑市场与区位条件的约束。盲目地发展，就会脱离生活环境、生产环境及景观环境追求虚无的创意与文化幻象，就有可能会陷入难以承受的泥潭之中。民宿未来的发展要走高端路线还是中低端路线既取决于市场需求，也更取决于发展的基本理念——是纯粹的生态理念还是超脱于尘世的逃离。这种从乡村供给侧发端的民宿开发，最先要领略的是时代发展的大趋势，以提供满足市场需求的生态体验活动为根本出发点，将本地系列的生态体验活动与休闲理念相结合，提升民宿活动体验效果，打造特色民宿品牌。

2. 生态化与智会化。

随着房地产与互联网的发展，民宿的类型早已脱离传统形态的"农家乐"，主题民宿日益增多，出现了别墅、房车、帐篷、树屋、星空房等各式各样的个性化民宿。民宿代表了一种全新的生活模式，一种慢生活的运营方式，既涉及了日常生活中重复的东西，同时也能体验到民宿主人细微处的用心和诚意。目前，中国在线度假租赁市场规模达 42.6 亿元，同比增长 122%，预计 2017 年有望增至 103 亿元。途家、小猪短租、木鸟短租等多家国内民宿短租预订平台逐渐占领市场，其发展模式也呈现多元化趋势。因此，在民宿发展过程中，它应该是"智会"型民宿，"智"指的是设置一整套智能化体系，打造能够互联互通的智慧型民宿；"会"指的是"会生活"，民宿要有主人的故事性，也要有空间的故事，通过营造民宿发展的不同主题化氛围，让客人享受不一样的生活体验与空间体验。民宿不能简单地看作是乡村旅游中"宿在乡村"的配套发展，而是要挖掘"民宿热"背后的乡土文化内涵，从而有利于民宿行业的理性开发，保护与传承乡土文化，实现经济利益与文化传承的并进[306]。在民宿经营过程中，充分利用现代网络平台，充分实现从线上到线下，从小空间到多层空间的转化，推动民宿创新发展。从设计入手，将生态美学的理念融入创意设计开发之中，打造景逸的民宿院落环境，融入山林也好，回归田野也罢，总是要让人有一种找回失去的寄托感。

3. 丰富民宿体验活动。

休闲旅游的主要目的是修身养性。从观光旅游发展到休闲旅游，最典型的旅游方式就是度假，与观光旅游所追求的"多走多看"的诉求不同，休闲度假者往往在一个地方停留较长的时间，以体验原居住环境所没有的异质化生活方式，这种旅游已然是一种生活方式。当休闲成为常态，旅游就成为一种休闲方式；当乡村旅游成为时尚，乡村旅居就成为一种生活方式。

个性化的生态体验活动是民宿吸引人并保持可持续发展的核心。民宿业主可以推出美食制作、土烧酿制、磨豆腐、打麻糍、包粽子、做米粿等农事体验项目；农村趣味运动会、冰爽清凉的峡谷漂流、趣味满满的果园采摘等活动，尽情享受秀丽山村带来的无尽乐趣，尤其要注重发挥民宿庭院中的各种体验活动。

　　乡村庭院是乡村建筑外围的休闲场所，是乡村生活休闲的重要载体，富有乡土气息的乡村庭院能够展现乡村的闲情逸致，让人安闲自得。一个拥有庭院的民宿给游客提供的各种体验式活动，应以特定的生态环境、滨水景观、特色农产品、农业耕作采收活动，特色生活技能等为主题的农业体验、林业体验、牧业体验、渔业体验、加工体验、工艺体验等。因此，乡村庭院景观的设计，要体现乡村生产向生活的过渡风貌，营造乡村特色的休闲感受，充分运用乡村庭院景观构成元素。这些元素源于乡村生活，来源于自然，朴实无华，与当地的地域特征密切相关，并蕴含一定的文化意义和地方精神，从而展现地方乡愁。此外，在庭院设计方面以花草树木为主要环境衬托，在清静、优雅的庭院气氛中，增加植物色彩的点缀，会显得别有一番情趣。同时，增加庭院的功能性和美观性，打造一种可食景观（edible landscaping）。综合考虑植物在本地的生长周期，以及与其相搭配的花草树木的生长条件。同时在色彩的搭配上也要进行统一规划设计，以免产生杂乱感。

　　除了庭院体验活动外，民宿也可以开展亲子生态体验活动。通过有机种植、健康生产、绿色生活，为学龄前儿童提供接近自然、体验传统生活和休闲娱乐的机会，为家庭创造一个和谐的户外亲子活动基地。陪伴是最温情的存在，孩子的成长过程中，父母非常重要，然而现实却是，为了给孩子创造更好的物质空间，亲情互动的时间却越来越少，为了弥补这一缺失，许多父母选择带着孩子参加一些亲子项目，来增进与孩子的感情。通过带领孩子们参加户外活动，真正让孩子走进大自然，开阔孩子们的眼界，增强孩子们的团队意识；陪同孩子感受一下大自然的清新空气，一块儿走进田园、卷起裤管，实际下地体验挖地瓜的乐趣，享受田园乐的生活经验，耳濡目染，让孩子们体验"小小农夫"的感受和农民伯伯种田种地的辛苦。分享是最重要的内容。回到乡村不仅是带孩子们感受自然，大人也能从中找回属于自己儿时的乡土记忆，在追忆历史的同时，与孩子分享不同年代不同时期的历史与文化。

5.5　创意生态体验园

5.5.1　发展现状

　　创意农业也是体验经济在农业中应用的最重要领域。创意农业让农业生产和农产品承载更多的情感及文化内涵：农产品的美色、美形、美味、美质、美感、美心给人们带来各种享受。与此同时，创意农业通过打造"智慧型农业""快乐型农业"及"农业嘉年华"，让高科技带来的新奇产品和体验服务，使田园美观化、农居个性化、农村景区化、农业旅游化，从而引导人们走进乡村、体验田园生活、回归自然，创造绿色文明的生活新风尚。现代农业园是以现代化农业生产为基础，以先进经营理念和管理方式为支撑，依托特色自然、人文资源，拓展精深加工、农耕体验、旅游观光、休闲度假、健康养老、教育文化等多种功能，满足消费者多元化需求的一种新型现代农业发展模式和旅游消费形态。高科技创意生态体验园依托于创意农业综合体发展起来的，具有多功能农业的经济功能、社会功能、生态功能、文化功能等功能，它还具有高科技与文化创意紧密结合的体验功能，这种高科技创意体验园的基础就是创意农业园或创意农业综合体[307]。在创意农业园开发建设过程中，以创意为核心，以科技为动力，以市场为导向，以增收为目的，整合了乡村的生态环境、生产生活方式及民俗文化等资源，是传统农业与创意产业相融合的新型业态，是现代农业发展的最新趋势和重要增长点[308]。农业创新包括农业经营理念创新、农业经营模式创新、农业经营产品创新、农业经营技术创新和农业经营资源创新。农业经营理念创新，这是农业创新的根本源泉，它关系到乡村的生态文明建设，关系到中国农业未来的长远发展，为中国农业经营理念创新提供了新的思路。

1. 国外创意农业发展模式。

（1）荷兰的高科技创汇模式。荷兰是世界著名的低地国家，全国有四分之一的国土位于海平面之下，人均耕地面积仅一亩多。相对较差的农业条件，促使荷兰在农业方面不断创新，从而走上创意农业之路，并成为世界农业领先大国，在美国、法国之后居世界第三位。荷兰创意农业的科技含量在世界领先，其在发达的设施农业、精细农业基础上，集约生产高附加值的温室作物和园艺作物，拥有完整的创意农业生产体系。荷兰的花卉业世界闻名，其根本原因在于花卉业的科研发展十分突出。花卉业的发展战略以技术为中心，强调适度规模经营、高度集约化管理、发展高新技术产品、占领技术制高点。荷兰创意农业的创汇经济功能突出。荷兰不少农产品单产都居于世界前列，番茄、马铃薯、干洋葱等的出口额均居世界第一位；荷兰是世界最大的蘑菇生产国、乳制品出口国、禽蛋出口国和花卉生产国，世界花卉进出口贸易的 67% 来自荷兰。自 20 世纪 90 年代以来，荷兰每年农产品净出口值一直保持在 130 多亿美元，约占世界农产品贸易市场份额的 10%。荷兰人均农产品出口创汇居世界榜首。

（2）德国社会生活功能模式。20 世纪 90 年代以来，德国政府在倡导环保的同时，大力发展创意农业。主要形式是市民农园和休闲农庄。市民农园利用城市或近邻区之农地、规划成小块出租给市民，承租者可在农地上种花、草、蔬菜、果树等或经营家庭农艺。通过亲身耕种，市民可以享受回归自然以及田园生活的乐趣。种植过程中，绝对禁用矿物肥料和化学保护剂。休闲农庄主要建在林区或草原地带。这里的森林不仅发挥着蓄水、防风、净化空气及防止水土流失的环保功能，而且还发挥出科普和环保教育的功能。学校和幼儿园经常带孩子们来到这里，成人也来参加森林休闲旅游，在护林员的带领下接触森林、认识森林、了解森林。一些企业还把团队精神培训、创造性培训等项目从公司封闭的会议室搬到开放的森林里，产生了意想不到的培训效果。慕尼黑郊区因其独特的"骑术治疗项目"及其所实施的"绿腰带项目"系列行动方案而成为人们向往的休养之地。

（3）英国旅游环保模式。英国是世界上发展农业旅游的先驱国家。一方面高度发达的城市化为农业旅游提供了庞大的目标市场。作为世界上工业化起步最早的国家，在 20 世纪 70 年代，英国的城市人口就占全国人口的 80% 以上。城市人口因长久远离自然，而产生了走进乡村、亲近自然、舒缓心理压力、参与户外活动的共性心理需求，尤其是城里的孩子们由于对农村、农业陌生得很，更渴望体验田园生活；另一方面经济快速持续增长，也催生了农业旅游。人们的可自由支配收入大幅增加，闲暇时间增多，私人汽车拥有量增多，消费需求层次提高等诸多因素，使得英国农业旅游应运而生并迅速发展起来。

虽然农业旅游的收入可能要大于农业生产的收入，但农业生产主体地位并没有被削弱，农业旅游始终是农场经营多样化的一个方面。从农场的经营规模、经营效益以及市场需求特点出发，各景点都坚持小型化经营的取向及私营化的管理方式。由于农业旅游者 90% 以上是本地区居民，所以各景点普遍运用本土化的市场战略，扩大市场，以实现利润最大化。最为重要的是，英国的农业旅游与文化旅游紧密结合起来，使游人在领略风景如画的田园风光中体味几千年历史积淀下来的民族文化。

（4）法国环保生态模式。法国的农业十分发达，是仅次于美国的世界第二大农产品出口国，农业产量、产值均居欧洲之首。在法国，从国家领导人到普通民众，对于农业都有一种天然的亲近感。法国创意农业属于环保生态功能为主的创意农业，是以大田作物为主，采取较大规模的专业化农场生产，逐步减少小型农场。

法国巴黎大区是高度城市化的地区，但仍有着非常发达的农业，是法国第三大玉米产区和水果、蔬菜、鲜花的主要产区。但巴黎的创意农业对城市食品供应的功能并不明显，巴黎的各种食品供应，主要经过四通八达的高速公路网，由全国各地乃至欧洲其他国家完成。所以，巴黎的创意农业突破了自给自足的生产，而突出农业的生态功能，利用农业把高速公路、工厂等有污染的地区和居民分隔开来，营造宁静、清洁的生活环境。利用农业作为城市景观，或者种植新鲜的水果、蔬菜、花卉等居民需要的产品，有的作为市民运动休闲的场所，还有的作为青少年的教育基地。游客在法国葡萄园和酿酒作坊不仅可以参观，还可以参加农业体验之旅，参与酿制葡萄酒全过程，亲自酿酒并将酒带走，享受不一样乐趣。

（5）日本多功能致富模式。针对日本农业此前面临的发展窘境，日本东京大学名誉教授、农业专家今村奈良臣早在20世纪90年代就首先提出了"第六产业"的概念，指出可以通过3个产业的相互融合，提升农产品附加值，改变农业发展前景。"第六产业"是日本当下正着力推进的新型农业。"第六产业"的诞生，让人们发现了创意农业的可能性，通过激发农业活力，增强了地方经济发展动力。因此，日本有越来越多的企业、资金、人才开始进入到日趋活跃的"第六产业"。

日本创意农业以"多功能致富型"为特征，大力开发农业的生态、体验、休闲等功能。日本大分县的"一村一品"运动是创意农业的先行者。该县因地制宜，把自己一些特有的东西（可以是某种农产品，也可以是一种文化或一首歌谣）打造成为日本全国乃至世界名牌产品。日本弘前市青森县附近的田舍馆村，这个村庄以稻田画而闻名于世，它的稻田画每年能吸引将近20万游客。

日本创意农业发展重点是设施农业、加工农业、观光休闲农业、多样化农业，属于综合功能的创意农业，重点开发农业的绿色、环保、体验、休闲和示范功能，建设以高新技术产业和镶嵌式多功能的"绿岛农业"为两大特征。日本的创意农业主要集中在三大都市圈内，即东京圈、大阪圈和中京圈，以蔬菜、水果、多作物、多品种生产为主，主要为市民提供优质农产品和满足绿化环境的需要。

2. 国内创意农业发展模式。

（1）多功能农业模式。多功能农业发展主要体现在拉长农业的产业链条，将第一产业与第二产业和第三产业相结合，将传统的农业与农产品加工业及休闲观光体验、科普教育、保健养生等现代服务业相结合，尤其是与创意产业结合后，将农业产业链条拉长了，实现了优质、高效、生态、文化等目标。这种模式的核心是一种融合创新。在发展过程中，与电商、物流、高科技农业技术等相结合，创造出色彩缤纷、品种丰富、品质奇特的产品体系。在整个创意农业产业体系发展过程中，实现了第一产业与第二产业及第三产业的互融互动，传统产业和现代产业有效嫁接，文化与科技紧密融合，传统的功能单一的农业及加工食用的农产品成为现代时尚创意产品的载体，发挥引领新型消费潮流的多种功能，也因此开辟了新市场，拓展了新的价值空间，产业价值的乘数效应十分显著。

（2）市场创意拓展模式。创意农业通过城市消费市场的培育和乡村自然环境、生活文化与历史脉络的综合塑造，实现了市场需求和生产供给之间有效对接。一是新生活方式的塑造。通过倡导一种新型的生活方式，把创意农业的产品与市场进行有机衔接，使消费者认同并引发购买行为，其中，休闲农业、乡村旅游等即是比较成功的做法，在发达城市，旅游已经成为城市居民的一种生活方式，以旅游吸引物的方式发展创意农业园区，吸引城市消费者来旅游、度假，购买创意农产品、参与创意农业活动是目前各地普遍采取的手段，在旅游休闲活动中，消费者通过自身体验，容易接受和认同创意农业产品，市场也会因此逐渐拓展。新生活方式通常会形成新的经济形态，如台湾地区，随着休闲农业的发展，新田园经济逐渐形成，创意农业的发展与乡村建设、城市消费者的生活方式等融为一体，在这个过程中，乡村源源不断的旺盛生命力提供给都市居民，同时都市文化、能量与信息等也注入乡村，乡村与都市互为生命共同体，创意农业的发展已经远远超越了农业自身的发展。二是农业品牌的拓展。通过品牌效应拓展市场也是发展创意农业的有效模式，品牌本身是具有文化意义的标识，文化具有较强的渗透和辐射功能，能够成为拓展市场的利器，也因此成为创意农业广泛采用的一种模式。如创意农业的发展可以结合"地理标志产品"、农产品著名商标等的市场基础不断扩展。以美国家喻户晓的高知名度品牌阳光少女（SUN-MAID）商标为例，这是 1915 年注册的加利福尼亚葡萄干的商标，至今已经 90 多年，商标的图案是一个少女戴着红太阳帽穿着白衬衫，手里捧着一盘新鲜的葡萄，少女的背后是一个灿烂的太阳形象。这个著名农产品商标具有良好的市场口碑，健康的阳光少女形象深受市场认同，如今，阳光少女的玩具、服饰等系列产品被开发出来，随着新创意农产品一起走向市场，成为创意农产品的市场开拓者。

（3）生态文化综合模式。创意农业的发展在空间上通常采取集聚发展的模式，表现形式是创意农业园区和创意农业集聚带。创意农业园区是目前国内发展创意农业的普遍形式，结合现代农业和乡村旅游的发展，创意农业园区具有生产、观光、休闲、娱乐多功能。创意农业园内的景观具有科技应用和美学与艺术的双重作用，但它们的双重作用表现是不平衡的，首要的体现科学原理，艺术处理处于从属地位。因此在进行园区规划时，全都是在体现科技原理指导的前提下，与艺术表达有机结合；比如高科技农业示范区内的智能温室，在遵循科技原理的规划思路下，还可以考虑它的艺术特色，比如温室的造型、色彩、质材的设计和选取。基于乡村生态体验的本质，创意农业园的人造景观排列和空间组合应具有序列性和科学性，如创意农业园内可以随着地势的高低以及地貌特征而安排不同种类、不同色彩的农作物，形成空间上布局优美、错落有序的景观风貌：园区从入口到园内，可以安排成熟期由早到晚的农作物，以及一些茬口的科学合理的安排，形成时间上变化有序的景观特色。在创意农业园的规划时，要充分考虑园区内人造景观与自然景观相和谐一致。比如在观光果园门区营造了一个状似苹果的瓜果造型大门，设在其他公园可能是不伦不类，但放在果园门口，与园中的自然景观非常协调一致，是一种巧妙的构思。

5.5.2 大梨树村七彩田园

大梨树村现代农业展示馆七彩田园项目总投资 6 000 万元，位于葡萄采摘园南侧，展示馆分为果茶飘香馆和瓜蔬溢彩馆两部分，全方位展示现代农业科技、品种、创艺景观、艺术体验等创意农业内容。展示馆采用荷兰式智能玻璃温室，是目前国际上最先进的温室大棚，安装了由计算机控制的智能化管理系统（智慧农业-温室物联网系统），对室内温度、湿度、光照等实现实时自动调节，为作物生长创造出适宜环境。馆内涉及栽培模式 33 种，先进技术 30 项，展示出现代农业科技成果，凸显了大梨树特色农业品牌。

全玻璃式的外观设计，使得它在阳光灿烂的日子里，显得更为通透明亮。厨房也半开放式的，主要用餐区更是采取无间隔设计。置身于这样一个自由宽敞的空间，一边品尝着美食，一边欣赏着室内外的风景，良好的光线与视觉效果会让人感到无比的惬意。这里的作物采用无土栽培（soilless cuture）模式，能够有效地防止土壤连作病害及土壤盐分积累造成的生理障碍，充分满足作物对矿物质营养、水分、气体等环境条件的需要，栽培用的基本材料又可以循环利用，具有省水、省肥、省工、高产优质等特点。无土栽培已完全可以根据不同作物的生长发育需要进行温、水、光、肥、气等的自动调节与控制，再配以各种艺术造型的水培设施，实现了全自动化生产。因此，无土栽培是现代化农业的高新技术，是现代设施农业栽培的新技术。

七彩田园农业展示馆本质上是一个智能温室热带植物馆，里面有许多只有在热带雨林地区或是沙漠地区才能看见的植物，它们在智能温室馆里，享受着最高级的待遇，在外面的植被都凋谢的时候，它们似乎才是整个园中的焦点。在展示馆内，各种设施的组合搭配构造景观，成为农业生产和观光的融合示范，实现了将科技性、创新性、参与性和观赏性的创意融合，充分展示了现代农业科技成果，打造新颖的农业盛世景观。它凸显了大梨树特色农业品牌，实现了产业调整升级，为全年观光旅游奠定了坚实的基础，拉长了大梨树乡村旅游产业链条，是大梨树在新形势下，弘扬"干"字精神，提升了凤城市现代农业的形象和品位。而且，这种高科技创意体验园也促进了大梨树村的文创农业，这种新业态将大梨树村的传统农业与文化创意产业相结合，借助文创思维逻辑，将特色文化、现代科技与农业要素相融合，拓展农业多功能性，提升丰富乡村现代农业的综合性价值。

　　果茶飘香馆展示主题是南果北种，南国风情是它最大的亮点。这里主要展示香蕉、火龙果、木瓜、人参果、芒果、柠檬等 41 种南方果树。可以领略稀有的热带、亚热带名优水果和珍奇花木，认知自然界植物的珍奇世界；一座茶山梯田、一片茶叶雕塑、一方品茶木屋，将人们带入美妙的茶园景观；晒茶、炒茶和相关用具，以及茶叶品种的展示，让人们对茶文化有了更深入的了解和解读；展示馆内草莓乐园区呈现的是现代化设施栽培草莓。通过立体栽培、水培和基质培等多种种植模式，来提升土地、水和氧气等多种资源的合理高效利用，为农业高效生产示范。

　　瓜蔬溢彩主题展示馆，以各类瓜果、蔬菜新奇特品种立体栽培为展示元素。这里根据不同作物生长习性，运用不同的种植模式，全方位展示现代蔬菜瓜果立体种植科技。这里的许多瓜菜品种让人大开眼界，只有拇指粗细的拇指西瓜，飞碟形状的飞碟瓜，一棵植株上同时生长柿子、茄子等不同品种的蔬菜，以及各种让人脑洞大开的栽培模式，都会给人留下深刻的印象，让人流连忘返。这里有西瓜、南瓜、辣椒、茄子。此外，瓜蔬溢彩展示馆还设置了农产品展销区和技术培训区，满足消费者购买和学习技术的需求。

展示馆内具有实用功能及引导功能的小品给游客清新的感觉。这些新颖的指示牌，构思独特的雕塑（体现大梨树人"干"精神的雕塑）以及小憩的座椅等，体现乡土文化元素，积极融入情感来调动游人的情趣。它们作为空间的标志物，起承转合间引导游览路线的变化而达到"步移景异"的效果。此外，这些具有简单的实用功能和装饰性的造型艺术特点的小品，不仅给人们提供一个优美的外部环境，而且对提高休闲农业的品质氛围有着举足轻重的作用。这些小品的运用拓展了馆内的空间，创造出洋溢浓烈田园气息和乡村生活氛围的情境空间，满足了游人的多元化游憩需求。

5.6 乡村生态体验旅游评价

5.6.1 评价意义

生态体验旅游评价本质上是开发模式的选择过程。一般的乡村旅游发展模式主要有：①田园风光旅游，这类模式以乡村田园景观、农业生产活动和特色农产品为休闲吸引物，开发农业游、林果游、花卉游、渔业游、牧业游等不同特色的主题休闲活动来满足游客体验农业、回归自然的心理需求。②民俗风情旅游模式，这类模式以乡村风土人情、民俗文化为旅游吸引物，充分突出农耕文化、乡土文化和民俗文化特色，开发农耕展示、民间技艺、时令民俗、节庆活动、民间歌舞等旅游活动，增加乡村旅游的文化内涵。③农家乐旅游模式，这类模式以农民利用自家庭院、自己生产的农产品及周围的田园风光、自然景点，以低廉的价格吸引游客前来吃、住、玩、游、娱、购等旅游活动。④古村落旅游模式，这类模式以古村镇宅院建筑和乡村格局为旅游吸引物开展旅游活动。⑤休闲度假旅游模式，这类模式以自然优美的乡野风景、舒适怡人的清新气候、独特的地热温泉、环保生态的绿色空间，结合周围的田园景观和民俗文化，兴建一些休闲、娱乐设施，为游客提供休憩、度假、娱乐、餐饮、健身等服务。⑥回归自然旅游模式，这类模式以乡村优美的自然景观、奇异的山水、绿色森林、静荡的湖水，发展观山、赏景、登山、森林浴、滑雪、滑水等旅游活动，让游客感悟大自然、亲近大自然、回归大自然。

由于体验旅游（experiential tourism）仍是一个难以定义的模糊术语（amorphous term），很多旅游产品设计往往打着体验的旗号却名实不符。实际上，体验旅游是过程的展示而不是状态的描述；旅游者是体验过程中的一个活跃参与者。旅游者在野生植物观察、徒步旅行、野营、区域性的本土历史学习和摄影等都有体验的内涵，问题是什么样的活动才能使得旅游者真正融入生态环境中，将旅途中的风景与感动融入体验之中，丰富体验浸润的程度，达到物我两忘的境地，实现难以忘怀的感知互动。从以自然为基础的观光旅游到以乡村为基础的体验旅游，从探险旅游到生态旅游，这些旅游都有体验旅游的内涵，只是体验的类型及程度不同而已。一般认为，体验程度的差异往往与旅游组织的形式有关，观光体验的内涵较浅而休闲度假的体验内涵较深。事实上，无论是团队旅游还是个性化的自由行，只要生态旅游产品的设计内容较好，各个环节组织得当，体验场景及空间故事情节合理，都能为游客提供丰富的体验感受。因此，各种类型的旅游产品都毋庸置疑地包含了范围宽广的生态体验活动并提高了游客的个性化体验。在生态体验过程中，人们自然就把"体验"看作是一种积极的、非闲逛的、真实的自然冒险过程。

乡村生态体验旅游只有将现代旅游的新需求与传统乡村旅游相结合，才能推动乡村生态旅游的深层次发展[309]。目前，观光旅游产品已呈现相对过剩，而休闲度假则呈现供给不足的局面，其关键就是观光产品的体验设计不足，从而导致休闲度假产品的供给相对不足。而且，人们选择旅游产品消费的时候，往往是远观近休。也就是观光旅游往往都是空间距离较长的旅游产品，休闲度假虽然也有空间距离较长的旅游产品，但大多数是距离相对较近的休闲度假产品。乡村生态体验旅游是基于乡村旅游与乡村生态旅游的深层次开发，将多功能农业的多功能要素整合在一起。在开发过程中，将乡村可持续发展目标与发展过程中的功能性要素整合在一起，涉及乡村景观的规划设计与景观的基本评价，而这又恰恰是景观生态学和景观规划研究的核心内容，即：乡村景观的生态规划与设计。乡村景观规划设计关注景观的核心问题是"土地利用"、景观的"土地生产力"以及人类的短期需求，强调景观作为整体生态单元的生态价值、景观供人类观赏的美学价值及其带给人类的长期效益[310]。

在乡村生态体验旅游开发过程中，乡村地区旅游经营者为游客获得真实体验创造环境。体验塑造的生态真实性体现为游客在乡村地区为其所创造的环境中（不管这种环境是真实的、有历史原型的还是臆造的），为旅游提供不一样的体验场景与体验活动，感知不一样的感动，品味乡村生态体验场景（旅游吸引物）的内涵，融入其中，获得生态体验。这要求乡村旅游从业人员应把自己融入所扮演的角色中，提供符合剧情需要的体验服务，为旅游者创造真实的生态体验氛围。这种氛围的基础就是乡村地域上不断被强化的多功能农业发展网络，不仅将带有自然与人文故事情怀的场景构建纳入后农业发展之中，而且也将旅游发展与乡村多功能农业网络构建联系在一起，更加关注乡村生态体验过程与多功能农业可持续发展的协调统一。由于多功能农业与土地利用的结构关系仍然是模糊不清的，只有通过评价乡村土地类型的多功能农业发展基础，充分了解乡村景观与产业发展的空间多样性，分析乡村景观空间多功能性的结构性特征，才能为深入开发乡村生态体验旅游提供空间发展的基础。

就乡村生态体验旅游的本质而言，是对乡村地域文化的体验。地理空间与生活空间的融合，空间发展与产业发展的融合为生态体验旅游的发展及类型划分提供了丰富的场景基础。

1. 按照地域类型划分场景。

以丹东山区的自然与人文特征为例，将生态体验场景划分为三种类型。

一是依托名胜开发的乡村体验旅游。丹东山区的地形以山地丘陵为主，森林覆盖率达到60%以上，是辽宁省开展生态旅游的重点地区[175]。乡村体验旅游开发主要位于风景名胜区的附近，主要是吸引省内外城市里的游客。依托于风景名胜区开展乡村体验旅游具有真正具有享受自然、花钱少、路途短、有新意及能参与的特点，成为城市短期假日旅游的主流。

　　二是依托城郊开发的乡村生态体验旅游。围绕城市开发的乡村生态体验旅游"场景"，除了丰富的自然景观基础外，还有以满族风情为主构成的少数民族风情，成为开展乡村生态体验旅游开发的重点内容。自然与人文的结合丰富了生态体验旅游产品，让参与生态体验旅游的游客充分了解本区域内乡村生产生活方式，让乡村地区增加除了农业生产以外的收入，而且促进农业产业结构优化和转型升级，实现农村发展、农业增效、农民增收，促进了农业的可持续发展。

　　三是依托特色基地开发生态体验旅游项目。多功能农业是乡村生态体验旅游的重要产业基础，以特色农业生产基地为先导的多功能农业发展不仅为乡村区域生态体验旅游发展注入活力，而且也整合了乡村发展的诸多要素。丹东大梨树村、河口村、青山沟及大鹿岛村等地分别建设成为特色水果生产基地、特产品生产基地、海洋水产养殖业基地和河湖水产养殖基地。利用特色的产业发展与创意型景观设计"场景"来吸引游客，有助于揭示乡村地域体验旅游"场景"的文化内涵，开展丰富多彩的空间体验活动，促进以多功能农业为基础的乡村体验旅游可持续发展。

　　2. 按照生态体验旅游的动机划分体验场景。

　　按照游客的体验旅游动机可将体验旅游场景划分为 7 种类型（见表 5.9）。

表 5.9　　　　　　　　　　按照体验旅游动机划分的场景类型

体验场景类型	体验旅游动机	体验活动类型
探险型	追求新奇体验，满足自我挑战需求	登山攀岩、森林探险、急流探险、岩洞探险、矿井探险、航海探险、海底探险
刺激型	暂避千篇一律生活，追求短暂体验	穿越山林、穿越沙漠；跳伞、蹦极、滑翔、冲浪、漂流、赛车、狩猎、滑雪等
怀旧型	怀恋传统生活方式与昔日生活情调	怀古旅游、仿古旅游、寻古旅游、寻根旅游、古堡旅游、名人故居及墓地旅游等
时尚型	对新鲜事物和奇异经历的体验需求	品尝美食、豪华游船旅游、汽车旅游、军事旅游、野营
人文型	追求人文精神及历史文化体验需求	购物、节事活动、科考、修学旅游、宗教旅游、文学旅游、博物馆旅游、美术馆旅游、遗产旅游等
生态型	追求融入自然和谐互动的体验需求	观光、山地科考、教学实习、度假、摄影、野营、森林浴、攀岩、疗养等
娱乐型	满足人们追求快乐的娱乐体验需求	水中游戏、蜡染、陶艺、化装舞会、民俗表演、篝火晚会、艺术欣赏、主题公园旅游等

5.6.2　评价框架

1. 多功能农业网络的功能性差异。

前面提及，多功能农业行动者—网络是乡村生态体验旅游的重要基础。与传统的产品生产为主的农业相比，多功能农业从内涵到结构均发生了重大变化，其生产与服务的协调发展已经成为乡村发展的重要产业力量。尤其是第一产业＋第二产业＋第三产业的融合发展，将现代的智慧型旅游发展理念与现代科技带入乡村发展之中，扭转了过去那种单纯地把农业生态系统看作是单纯生产农产品的系统，将经济功能、生态功能及休闲功能纳入多功能综合发展的体系之中，形成了集生产食品、保护环境、社会发展及健康保障的多功能实体，也为乡村的发展赋予了新的内涵。依据土地类型的空间结构特征，充分挖掘地域特色文化内涵，发挥乡村多功能农业的经济功能、居住功能、休闲功能及环境功能，有助于构建一个多功能农业评价体系，为乡村生态体验旅游发展奠定一个坚实的理论基础（见图 5.11）。

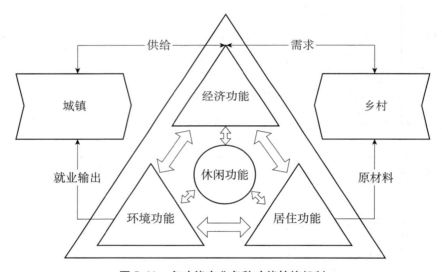

图 5.11　多功能农业各种功能转换机制

在本书中，将多功能农业看作是由经济功能、居住功能、环境功能及休闲功能组成的行动者—网络。多功能农业行动者—网络既是生态体验旅游的空间基础，也是生态体验旅游发展的产业基础。在由乡村空间中的各种功能性要素构成的行动者—网络中，存在着要素行动者间相互作用的反馈关系，这种反馈关系是调整产业结构与空间结构的重要信号，不仅将乡村中的各种功能性要素紧密联系在一起，而且也将城市与乡村两个地域联系在一起，将生态体验供给与需求的空间纽带扩展到城乡一体化的进程中，推进新型城镇化的发展进程。

2. SWOT 分析与网络层次分析法（ANP）相结合方法。

SWOT 分析是战略规划研究经常使用的一种分析技术，始创于 20 世纪 50

年代。在 SWOT 分析中：S 代表优势（strength），W 代表弱势（weakness），O 代表机会（opportunity），T 代表威胁或挑战（threat）。

SWOT 分析的基本要素包括 4 类，即优势、弱势、机遇和挑战。优势和弱势反映的是产业自身所具有的长处和存在的不足，通常称之为内部因素。优势既包括客观条件上的特色优势，也包括通过主观努力可以形成的类比优势，还包括外部人为因素所构成的注入因素。弱势既包括乡村空间客观条件上的限制，也包括乡村旅游发展实践中尚存在的弱点和需要克服的问题，还包括了外部人为因素所构成的制约。机遇和挑战是指乡村地区所面临的外界有利形势和不利因素。机遇既包括乡村外部条件注入所提供的发展机会，也包括发挥自身优势可以创造的机会。挑战，通常称之为威胁，既包括外部可能存在的不利因素，也包括内部处理不当可能产生的不利因素。然而，SWOT 分析方法虽然是常用的战略规划研究经常使用的一种分析技术，但由于缺少定量分析的过程，分析结果的实用性不强。在实践中，往往将 SWOT 与其他方法相结合，如运用 ASEB（activity，setting，experience，benefit），即活动、环境、体验与利益矩阵分析相结合的方式，在分析过程中与传统 SWOT 分析的要素相互对应起来，按顺序从 SR（对资源的优势评估）到 TE（对体验的威胁评估）对行列交叉所组成的 16 个单元逐次进行研究，确定体验开发的优先度等[311]。这种方法虽然具有一定的定量化成分，但仍然缺乏要素之间的相互作用与复杂关系的分析，尤其是要素之间的直接作用与反馈作用，与网络层次分析法（ANP）相结合实用就解决了这个问题。

网络层次分析法（ANP）作为多准则决策支持工具得到广泛的应用[312~314]，尤其是与其他分析方法（如海岛旅游竞争力 GEM 框架与 ANP 相结合的模式[315]）相互结合的评价可以得到相对确定的定量分析结果，其制定的产业发展策略也就更具有优势。作为一种多准则决策的理论，ANP 能够实现专家评价所有可见与不可见准则基础上的决策。此外，在各种准则基础上还要考虑网络中的反馈关系，这也是传统层次分析法（AHP）无法实现的。

网络层次分析法（ANP）具有定性分析和定量分析相结合的优势，可以弥补 SWOT 分析的缺陷。ANP 作为一种由 AHP 延伸发展得到的系统决策方法，它提供了一种表达决策因素测度的基本方法[316]。这种方法采用相对标度的形式，并充分利用了人的经验和判断力。依靠决策者的判断，对同一层次有关元素的相对重要性进行两两比较，并按层次从上到下合成方案对决策目标进行测度。这种递阶层次结构虽然给处理系统问题带来方便，但也限制了它在复杂决策问题中的应用。在许多实际问题中，各层次内部元素往往依赖的是低层元素对高层元素亦有支配作用，即存在反馈。此时系统的结构更类似于网络结构。事实上，系统中的元素更多的情况下不是呈递阶层次结构形式，而是以网络结构形式存在。网络结构中的每个节点都表示一个元素或者一个元素集，网络中的每个元素都可能影响或支配其他元素，也可能受其他元素的影响或支配。对于具有这种特征的决策网络层次结构，需要采用网络层次分析法 ANP 来分析。

ANP 首先将系统元素划分为两大部分[317]：第一部分称为控制因素层，包括问题目标及决策准则。所有的决策准则均被认为是彼此独立的，且只受目标元素支配。控制因素中可以没有决策准则，但至少有一个目标。控制层中每个准则的权重均可用 AHP 方法获得。第二部分为网络层，它是由所有受控制层支配的元素组成的内部是互相影响的网络结构，它是由所有受控制层支配的元素组成的，元素之间互相依存、互相支配，元素和层次间内部不独立，递阶层次结构中的每个准则支配的不是一个简单的内部独立的元素，而是一个互相依存、反馈的网络结构（见图 5.12）。

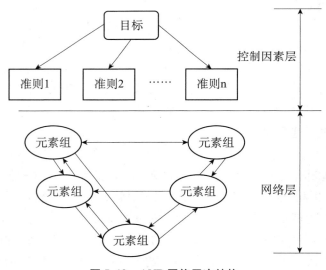

图 5.12　ANP 网络层次结构

5.6.3　评价过程

1. 评价步骤。

针对多功能农业的评价一共分为四个基本步骤，即形势评价、网络结构分析、对比分析及多功能农业评价，每一种评价都对应相应的结果（见图 5.13）。

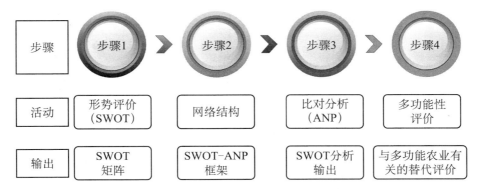

图 5.13　SWOT-ANP 评价多功能农业步骤

在进行评价的过程中，具体的工作内涵如下：

（1）形势评价。形势分析主要始于数据收集。多功能农业的数据收集主要分为两个阶段进行。第一阶段 2011 年 5～6 月，在大梨树村进行的深入访谈主要是与专家、社会居民及企业经营者交流，了解乡村环境、社会状态、文化遗产及民俗风情等。第二阶段从 2011 年 7 月到 10 月。通过与专家个性化的访谈获得了定性数据，使用 SWOT 分析评价多功能农业理论框架中定性数据。这个步骤主要是通过询问"多功能农业的每一个准则分别比另一个准则重要的程度如何？"获得权重的比值。要素的相对重要性比值是通过 1 到 9 分别代表同等重要到极端重要的含义，确定下来每一个比对的优先级向量。

多功能农业的形势评价。针对大梨树村多功能农业发展的基本态势进行评价，要了解大梨树村土地利用类型的多样性，分析其多功能农业的经济功能、环境功能、居住功能及休闲功能的综合特征及空间差异性（见第 3 章）。

（2）网络框架。网络结构是评价理论框架的核心内容。首选确定控制层要素。控制层要素主要由经济功能、环境功能、居住功能及休闲功能构成，它们之间除了对下一层的网络层要素具有一定的控制外，彼此之间也存在相互影响、相互作用（见图 5.14）。其次是确定网络层要素。

现代多功能农业是一个具有多层次、多指标、各因素重要相对性不同的复合网络体系，科学确定其各指标的权重是对现代多功能农业进行综合评价的难点。通过构造判断矩阵，先对单层指标进行权重计算，然后再进行层次间的指标总排序来确定所有指标因素相对于总指标的相对权重，使整个决策过程变得简单明了，从而为确定复杂评价体系中的指标权重提供一种很好的解决途径。整个过程根据专家判断的结果，将各层指标的相对重要性构造为

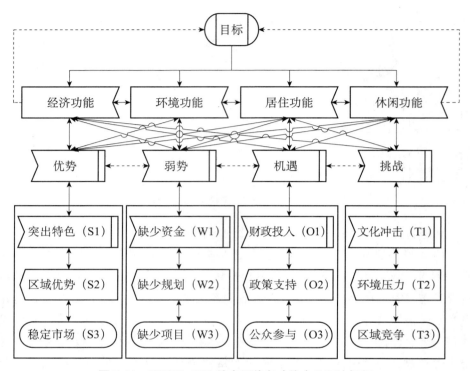

图 5.14　SWOT-ANP 结合评价多功能农业理论框架

判断矩阵进行计算，利用同一层次中所有层次单排序的结果，就可以计算针对上一层次本层次所有因素重要性的权值。整个计算过程都是在超级决策软件中完成。

　　网络层要素主要由两部分构成：一是 SWOT 构成的次级控制层，二是要素层。在要素层中，影响优势的要素主要有：突出特色、区域优势及稳定市场；影响弱势的要素主要有：缺少资金、缺少规划及缺少项目；影响机遇的要素主要有：财政投入、政策支持及公众参与；影响挑战的要素主要有：文化冲击、环境压力及区域竞争。考虑到计算的复杂性，尽量减少要素选取的数量；同时也考虑到要素之间的相互作用。

　　（3）比较分析。与分别使用 SWOT 分析法及网络层次分析法（ANP）相比，两者结合起来的综合性方法不仅能够识别确定多功能农业网络中的各种指标，而且也能定量化每一种指标的相对重要性。SWOT 分析提供能多功能农业分析的基本框架，SWOT 分析内部要素及外部要素对于多功能农业的发展都是非常重要的要素，它们都可以进行 SWOT 分析。

（4）评价结果。SWOT 与 ANP 相结合的方法计算表明，网络中所有要素的优先度都是经过标准化（归一化）之后获得的，而且网络通过的准则是各项优先度相加等于 1。结果表明：在多功能农业中，经济功能最强，居住功能其次，环境功能与休闲功能最弱（见表 5.10）；经济功能是多功能农业最强的功能，环境功能是最弱的功能。

表 5.10　　　　　　　　　　大梨树村多功能农业评价

名称	归一化优先等级（normalized by cluster）	极限矩阵值（limiting）
经济功能（EF）	0.611 28	0.108 160
居住功能（RF）	0.162 39	0.028 733
环境功能（EF）	0.111 74	0.019 772
休闲功能（LF）	0.114 59	0.020 276

2. 结果分析。

从表 5.10 中可以看出：较强的经济功能是多功能农业的主要功能，也是乡村多功能农业发展的有力支撑。在多样化的景观、文化遗产及其他娱乐方式中，乡村多功能农业发展获得了较强的休闲功能就要通过建立具有地域特色及智慧化的场景，以整合营销的方式建立依托于多功能农业行动者—网络的乡村生态体验旅游发展体系，吸引更多的旅游者参与乡村的生态体验旅游活动。在大众化旅游时代，较强的客源市场需求创造了乡村旅游发展的机遇。通过结合 SWOT 矩阵，通过识别乡村地区的优势及机遇，可以获得各种比较优势。因此，优势与机遇相结合的战略（SO）适合以多功能农业为基础的乡村生态体验旅游的未来发展。通过选择 SO 战略，执行一系列农业环境政策就能够推动乡村的多功能农业达到一个最优的水平。

生态体验空间以旅游发展的产业功能方式镶嵌在乡村多功能农业发展网络中。通过提供风景优美的生态体验景观等服务性产品，不仅影响乡村生态体验的整体质量，而且也助推多功能农业行动者—网络构建中的供给侧结构性改革，不断提升乡村生态体验产品的结构层次，满足不同类型旅游者的需求。以生态体验为主题的休闲功能是网络一个重要的功能节点，它通过生态体验场的开发建设连接着多功能农业网络中的其他节点，因此，休闲功能与环境功能表明乡村内部体制拥有一定的战略潜力，这也是乡村产业发展与景观规划开发建设的重要基点。将多功能农业发展的转向区域获利的市场方向，进一步提升乡村景观空间生产的结构性层次，建立支持生态、社会、经济及文化等和谐互动的空间结构，促进乡村景观空间的功能性结构调整，增强其提供休闲体验产品及服务的供给能力。

从表 5.11 可以看出，乡村体验空间的建设受制于资金、规划与项目的短缺。这是目前乡村旅游发展面临的共同问题。尤其是缺少"多规合一"的顶层设计，以多功能农业为核心的发展面临着诸多问题。现实中的解决办法也大多停留在"一事一议"的范围内，短期内确实也非常有效，但缺少长期系统性的衔接，也不利于产业发展与多功能景观网络的构建，降低了美丽乡村建设的水平。

表 5.11　　　　　　　　　　　SWOT 要素优先度得分

SWOT	比例因素（scaling factors）		SWOT 因素（SWOT factors）		
	归一化优先度	极限计算值	因素（factors）	归一化优先度	极限计算值
机遇（O）	0.197 66	0.121 090	财政投入	0.244 87	0.011 081
			政策支持	0.548 05	0.024 801
			公共参与	0.207 08	0.009 371
优势（S）	0.539 30	0.330 377	突出特色	0.238 94	0.028 455
			区域优势	0.621 41	0.074 004
			稳定市场	0.139 65	0.016 631
挑战（T）	0.166 51	0.102 005	文化冲击	0.358 41	0.010 500
			环境压力	0.283 04	0.008 292
			区域竞争	0.358 55	0.010 504
弱势（W）	0.096 53	0.059 134	缺乏资金	0.344 32	0.005 789
			缺乏规划	0.538 04	0.009 046
			缺乏项目	0.117 65	0.001 978

5.7　乡村生态体验旅游战略选择

5.7.1　选择框架

同上一节评价多功能农业发展基础的方法类似，也是理论理论框架与网络层次分析法（ANP）相结合进行的战略选择。SWOT 与 ANP 相结合分析的是发展基础评价，这部分开展的是与生态体验旅游密切有关的战略选择。

乡村旅游在被看作是乡村生态环境保护、提升当地生活质量、保护传统文化及生物多样性的重要发展方式，其发展已经成为各种要素相互协调的重要表现。乡村生态体验旅游（E2T）就其本质而言，也是乡村综合旅游（IRT）的重要发展方式之一。乡村综合旅游（IRT）是当地的生态产业、景观、文化传统、艺术形式、节庆、体验、创业及各种知识构建的社会网络[101]。这就表明：作为一种多部门相互协作的旅游活动，乡村综合旅游（IRT）集成了参与农业生产、田园风光、自然环境、乡村美食及乡村留宿等体验活动，是乡村生态体验旅游的活动基础。与其他类型的乡村旅游所有不同，综合旅游是旅游扶贫、乡村综合整治的重要驱动力。乡村综合旅游发展的战略选择应成为生态体验旅游发展战略的选择基础，是将生态体验与其他要素统和在一起的旅游发展方式，两者在发展战略上有等同性。

依赖于乡村自然资本与人文资本发展起来的乡村综合旅游（IRT）是一种高质量的绿色经济，能够产生多种输出从而实现社会发展的综合目标[318; 319]。乡村资本对综合乡村旅游产品体系及降低区域发展不平衡提供了保障[320]。在乡村资本的驱动下，乡村空间不再只是进行纯粹的农业商品生产，而是一种全新的通常与旅游业、休闲、本地食品生产及消费等相结合的多功能社会经济活动空间[321; 322]。乡村综合旅游（IRT）也被看作是多功能农业（MFA）的一种潜在方式，具有空间（spatial integration）、时间（temporal integration）、人力资源（human resource integration）、体制（institutional integration）、创新（innovative integration）、经济（economic integration）、社会（social integration）、政策（policy integration）及社区（community integration）等方面的整合作用（integration），对于推动乡村空间的生产与再生产，尤其是对那些传统农业活动逐渐减弱地区的再生产具有更为积极的作用[20; 323]。

作为乡村地区多功能农业的一种重要形式，乡村综合旅游（IRT）代表了乡村景观空间多功能发展的促进与提升[324]；作为一种产业驱动力，乡村旅游整合了乡村发展的多重要素，促进了第一产业与第二产业及第三产业的跨界发展与融合创新，推动了乡村的综合性发展；作为一种生态经济镶嵌体，乡村综合旅游（IRT）镶嵌在当地社会及政治实践的生态经济行动中，为旅游者提供当地的产品与服务，尤其是生态体验服务，反映了经济行动者与包括空间中各种利益的自然环境行动者的关系。乡村综合旅游（IRT）发展关注乡村生态系统服务，有助于乡村地区的生态恢复与文化整合。在这种乡村综合旅游（IRT）网络中，人民、组织、客体、技术以及空间都涉及旅游景观（tourismscapes）的完整表现[325]，这也是乡村作为旅游发展主体的整体表现，也为乡村全域旅游发展拓展了思路。作为一种新型的地理空间，各种景观都显示出旅游活动对增加就业的所有潜力，涉及可再生自然资源管理、景观与生物多样性保护等领域，涉及更多的空间，包括制约乡村旅游发展的厕所，都将是"可进行性"较强的景观空间，从空间与产业及社会文化等方面增加了乡村地区环境投资及社会经济的发展活力[213; 326; 327]。

在这部分研究中以体验为核心提出了一个由景观管理（landscape management）、社会接受（community acceptance）、旅游活动（tourism activity）以及游客满意（visitors' satisfaction）构成的框架（LCTV）作为包括生态体验在内的乡村综合旅游（IRT）发展战略选择的理论基础。这个理论框架包括了乡村旅游发展供给结构与需求结构，是乡村旅游发展的综合体再现。在 LCTV 框架中所有的异质性要素都具有平行关系，都具有内部的功能性，且每一种要素都对其他要素产生较强的相互作用[328; 329]。

这个理论框架是一种改变乡村地区农业生产决策与社会关系动力的社会创新网络[330]。创新网络主要有两种类型：联系农业食物生产部门的"纵向"网络以及联系更多非农经济过程的"横向"网络[331]。然而，无论是纵向的网络还是横向的网络，其网络组成要素在乡村综合旅游战略选择过程中必须得到应有的重视。在验证过程中仍然采用大梨树村作为案例研究地点。只不过这次调查研究获得的数据不再是原先的属性数据，而是针对乡村综合旅游发展涉及的要素间比对关系的关系型数据。

5.7.2 选择过程

1. 数据收集（data collection）。

数据收集与多功能农业评价的资料收集过程是同步进行的，也主要分为两个阶段进行。第一阶段 2011 年 5 ~ 6 月，在大梨树村进行的深入访谈主要是与专家、社会居民及企业经营者交流，了解乡村环境、社会状态、文化遗产及民俗风情等。第二阶段 2011 年 7 ~ 10 月，此后的 2014 ~ 2016 年间，我们在大梨树村进行的当地旅游培训过程中，也获得了相关的发展数据。通过与专家个性化的访谈并邀请部分专家学者打分获得了相应的权重数据。按照 LCTV 理论框架构成询问"乡村旅游中的每一个准则分别比另一个准则重要的程度如何？"获得相对权重，要素的相对重要性比值是通过 1 到 9 分别代表同等重要到极端重要的含义，确定下来每一个比对的优先级向量。

2. 选择方法。

LCTV 框架与网络层次分析法（ANP）相结合，确定以生态体验旅游为主导的乡村综合旅游（IRT）发展战略，LCTV 框架包括了与乡村景观、旅游活动、环境管理及农业发展有关要素的系统思考与综合诊断。在 LCTV 框架中，景观管理与社区接受集中反映了综合旅游发展的内部环境，其关系数据采用内部环境评估获得；旅游活动及游客满意反映了综合旅游发展的外部环境，其关系数据则由外部环境评估获得。

3. 选择步骤。

（1）LCTV-ANP 模型构建（见图 5.15）。LCTV-ANP 模型含有 1 个目标，4

组及 16 个元素，其中含有数个反馈环。这个目标就是乡村综合旅游发展与功能农业发展一致的可持续发展目标，也是当地美丽乡村建设的目标。这个目标的确立是由乡村综合旅游作为乡村经济社会生态协调发展的驱动力属性所决定的。

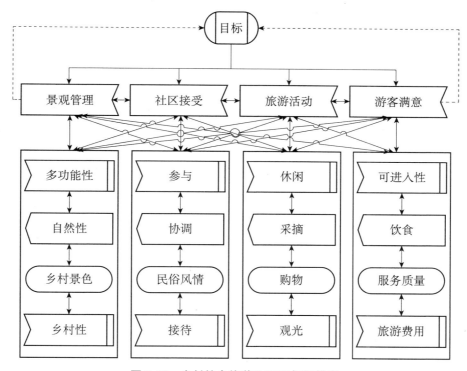

图 5.15　乡村综合旅游 LCTV 框架模型

（2）确定战略矩阵。LCTV 矩阵主要是由景观管理、社区接受、旅游活动以及游客满意要素组成，分别反映了乡村综合旅游发展的内外环境资本。将乡村综合旅游发展的可能替代战略分为四种类型：LT、CT、LV 及 CV 战略（分别是四种基本准则的首个字母组合）。LT 战略包括乡村地区现有景观与旅游活动的发展组合；CT 战略致力于社区接受外部环境要素提出的旅游活动带来的利益；LV 战略则致力于减少或降低游客满意带来效应的景观管理；CV 战略考虑社区接受与游客满意的组合，允许乡村减少游客满意带来的效应。

（3）模型运算。LCTV-ANP 模型使用萨迪教授组织开发的超级决策软件（super decisions software，version 2.0.8）进行运算[332]。模型中所有的准则及节点比对关系结果都依据调查问卷的结果。在模型测试过程中，调整或剔除一些专家学者的打分，确保不一致性不超过 10%，可用性测试（sanity test）表明该模型的完整性。

表 5.12　　　　　　　　　　　　LCTV 框架战略矩阵

		内部要素	
		景观开发（L）	社区接受（C）
外部要素		生物多样性（L1）	社区参与（C1）
		自然性（L2）	协调性（C2）
		乡村风景（L3）	民俗风情（C3）
		乡村性（L4）	接待（C4）
旅游活动	休闲（T1）	LT 战略—景观建设	CT 战略—社区参与
	采摘（T2）		
	购物（T3）		
	观光（T4）		
游客满意	可进入性（V1）	LV 战略—旅游景观管理	CV 战略—接待管理
	饮食（V2）		
	服务质量（V3）		
	旅游支付（V4）		

5.7.3　选择结果

1. LCTV 框架要素评价（evaluation of factors in LCTV）。

计算结果表明：LCTV 框架中：最强的要素是自然性（naturalness），接着就是服务质量（service quality）、可进入性（accessibility）以及观光（sightseeing），最弱的要素是民俗风情（folk custom）（见图 5.16）。

景观开发（landscape development）是 LCTV 框架中最强的要素，而游客满意（visitor satisfaction），购物、协调性、民俗风情等都是较弱的要素；较强的旅游开发也趋向于支持乡村社会开发及乡村旅游，这些都是乡村多样性、风景林、文化遗产及其他娱乐方式所决定的；在乡村社区层次上较强的游客满意是通过旅游活动获得的，它提高了乡村环境吸引游客的氛围；最强的客源市场需求创造了乡村旅游发展的市场机遇。

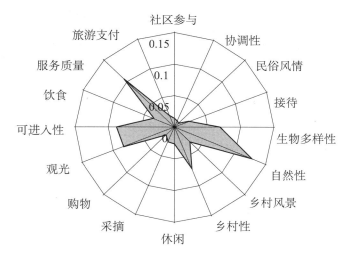

图 5.16　LCTV 框架要素的评价

2. 优先战略 （Prioritize Strategies）。

通过使用 LCTV 框架构成的战略矩阵形成的综合评价结果来看，识别并确认由景观开发与旅游活动共同构建的发展战略（LT）具有较高的竞争优势。LT 战略总体优先价值（overall priority value）达到 0.73，是所有战略中最好的选择。因此，LT 战略适合于乡村综合旅游发展，将景观开发与旅游发展同步推进的发展战略也会进一步推动多功能农业的发展（见表 5.13）。在这种战略中，旅游发展政策推动了乡村旅游供给结构的调整，促进了乡村旅游产品在 LCTV 框架网络中的最优水平。LT 战略促进乡村综合旅游（IRT）网络的不断转换，在 LCTV 框架推进景观开发与产业发展从初级形态转变成高级形态，实现产业发展的转型升级。

表 5.13 LCTV 框架评价

名称	标准化组	极限组
社区参与（C）	0.224 46	0.022 521
景观开发（L）	0.556 77	0.055 864
旅游活动（T）	0.167 84	0.016 840
游客满意（V）	0.050 93	0.005 110

注：CR < 0.1 indicates that the value of the CR calculated using ANP must be less than 0.10; The consistency ratio in the pairwise comparison matrices is calculated using the consistency index and the random index.

3. LCTV 与 ANP 相结合是一种综合各种要素的优先战略选择方法。这种方法将 LCTV 框架的各种要素实现了定量化，比单独使用 LCTV 或 ANP 方法更有效。LCTV 与 ANP 相结合的战略选择有助于最大限度发挥乡村综合旅游的发展潜力，从而推动乡村综合旅游与多功能农业的协调发展，将产业发展与空间生产纳入统一的发展网络之中，共同促进美丽乡村的建设水平。因此，决策者在制定乡村综合旅游发展战略过程中，必须认识到 LCTV 框架中所有要素的重要性，尤其是乡村景观多功能性对可持续发展的重要性。

5.8　小结

乡村生态体验旅游发展依托于多功能农业行动者—网络，对多功能农业发展战略评价，是乡村生态体验旅游发展战略选择的重要基础；作为乡村综合旅游发展的组成部分，生态体验旅游与乡村自然与人文各种要素存在密切的联系，是多功能农业发展的重要驱动力，也是多功能农业与可持续农业发展的重要整合力量。

战略选择本质上是发展模式的选择。将 SWOT 与网络层次分析法（ANP）相结合，分析了生态体验旅游的多功能农业发展战略基础，为进一步选择生态体验来旅游发展战略的具体选择奠定基础；将 LCTV 框架与 ANP 相结合，确认了由景观开发与旅游活动共同构建的发展战略（LT），是乡村生态体验旅游发展战略的最佳选择。

第6章

乡村生态体验旅游产品开发战略

6.1 产品开发

6.1.1 开发原则

1. 体验结构。

乡村生态体验旅游服务往往是无形的，有价值的体验是值得回忆并令人难以忘怀。Pine 和 Gilmore[333]根据顾客参与的主动性，把体验划分为四种基本类型：娱乐体验（entertainment experience）、教育体验（educational experience）、逃遁体验（escapist experience）和审美体验（esthetic experience）。在这四种基本体验类型中，如果体验过程是学习（learn），就是教育体验；如果体验过程行动（do），就是逃脱现实的体验；如果体验过程是感受（sense），就是娱乐的体验；如果体验过程是追求愉悦（to be there），就是美学的体验；四种类型交汇的最佳体验就是甜蜜地带（sweet spot）。这四种体验类型中，既包括了积极参与—被动参与（active-passive involvement）的体验，也包括了吸收信息—融入情景（absorption-immersion dimensions），它们在体验维的四个象限空间中具有不同的含义[13;334]（见图6.1）。因此，在生态体验产品的设计与开发过程中，其设计主要围绕着这四种体验类型进行[335]。

由于乡村生态体验旅游产品设计比传统乡村体验旅游产品设计要复杂得多，因而对其设定原则就显得极为重要。体验过程中丰富的个性化、启迪（enlightenment）、刺激（stimulation）和使命（engagement）往往都变成了这些游客参与的主要动机[336]，同时也要考虑到生态体验过程与可持续发展目标的和谐统一。因此，有意义的体验（meaningful experience）是基于主观对客观的多重感知，是对生态可持续发展目标积极的主观感受过程；对其价值评价只能与体验感受有关，而不能以产品特性为主的传统方式来衡量[337]。从营销角度

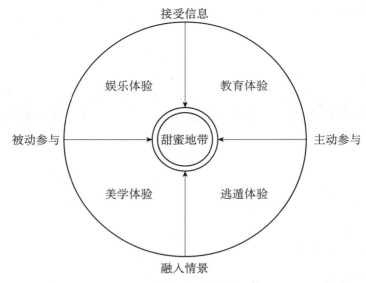

图6.1 体验过程的基本要素

来看，品牌（branding）、实用性（usability）、功能性（functionality）和文脉（content）等四种体验产品属性仍然对生态体验过程产生影响，这些属性对体验价值体系构成产生了直接的影响，对整合农业多功能性具有积极的意义。体验产品价值体系在体验感知构造层次的垂直方向解释了体验旅游是可以通过兴趣、体验、情感的意识过程、体验价值形成的精神变化来实现。一般来讲，一个功能独特完善的生态体验产品在每一个体验层次上都应该包含有基本的体验要素。在生态体验旅游产品设计过程中要充分考虑体验价值的构成，才能设计开发出真正具有市场价值的体验旅游产品。前面章节提到：体验一般包括感性体验→情感体验→理性体验，为了更充分地设计体验产品体系，将生态体验旅游产品的评价标准归纳为动机、行动、智能、情感及精神五个层次。

（1）动机层次。它是生态体验层次的基础。动机是指引起个体体验、维持体验，并促使该体验活动朝向某一目标进行的一种内在历程。心理学上对此有两种解释：动机（需要）（驱力）→行为；需要→动机（驱力）→行为。任何一种体验行为都具有一定的目的性，都与体验的动机相关，动机则是生态体验的动力之一。在动机层次里，游客对体验的期待是可以通过产品介绍、渴望、阅读以及参与体验来创造的；动机对体验具有指向和调节作用；动机对体验具有维持、强化作用，这些作用是促进体验过程实现的动力。

（2）感官层次。感官层次也是建立在动机层次之上的感官体验。在这个层次上，游客体验主要是凭借感官获得相应的体验。体验者通过各种感官接触、尝试、区分和认知而获得的体验，能够进入并加深游客的第一印象。在这个层次上，一个完善的生态体验产品能够带来快乐和安全的体验；天气是冷还是热，是饥饿还是口渴，是否担心对厕所的需要，是否对身体产生危险。除了有些可能"极端"的体验外，那些能够成功摆脱死亡或伤害危险的体验场景也是一个基本要素。

（3）智能层次。智能层次为体验的第三层次。智能就是人类认识世界和改造世界的才智和本领。它包括"智"和"能"两种成分。"智"主要是指人对事物的认识能力；"能"主要是指人的行动能力，它包括各种体能和正确的习惯等。人类的"智"和"能"是结合在一起而不可分离的。人类通过与环境相互协调的行动、学习、思考、知识应用以及观点形成实现"智"和"能"的统一。在这个层次上，能够决定一种体验产品是否令人满意。完善的体验产品能够提供给游客一种学习或训练的体验，具有学习新东西的潜力，以及也会有意识或无意识去获取一种新信息的能力。

（4）情感层次。情感层次是体验的第四个层次。一般而言，单独的情感反应是很难预测和控制的。如果产品基本要素都已经考虑的话，而且身体上和智能层次都发挥作用的话，它很可能给游客带来一种积极的情感反应；笑话（joy）、兴奋（excitement）、满足（contentment）、获得快乐和学习新的技能，成就感（triumph），感动（affection）都是被个人看作是重要的东西。

（5）精神层次。精神层次是体验的最高层次。这是一种对独特体验的理性反应。这种体验能够使得个人体验发生一种个性化的改变，给人主观的思想意识或是生活方式带来相当持久的改变。在这个层次上的体验，个人会有一种脱胎换骨的感觉，也包括世界观的改变或提高。通过体验价值的升华，一个人可能会适应一种新习惯、新思维方式或感到发现一种新的动力源泉。威廉 L.史密斯博士依据 Pine 的体验设计原则最先提出了 20 条体验旅游产品的标准[36]，并通过在农场的调查验证了这些体验旅游的标准，这些标准围绕教育体验、美学体验、娱乐体验及逃遁体验涵盖了乡村体验旅游的自然、文化、个性化、方式及层次等诸多内容，为乡村体验旅游产品的设计奠定了基础。

2. 开发原则。

Pine 等人认为，体验产品开发要遵循如下五种原则才有可能成功[265]。

（1）确定体验主题（theme the experience），提供精练的体验服务主题有助于旅游者整理自己的体验感受，从而留下深刻的体验印象和长久记忆。

（2）以积极的线索塑造正面印象（harmonize impression with positive cues）。

通过深化印象来实现的体验，能够为旅游者创造实现深化体验的线索，每一线索都体现主题，与体验主题保持一致。

（3）减除负面线索（eliminate negative cues）。塑造体验形象不仅要展示体验服务的正面线索，还要删除任何削弱、抵触、分散主题的体验环节。

（4）充分利用纪念品（mix in memorabilia）。纪念品可以使体验存留时间长，通过纪念品还可将个人体验与他人共享。由于纪念品的价值与其具有的回忆体验相关，其价格超过实物的价值。

（5）整合五种感官刺激（engage all five senses）。通过感官刺激支持并增强主题，所涉及的感官刺激越多，体验产品设计就越成功。

在体验产品开发的原则中，最主要的要对体验旅游产品进行情景化设计，突出其乡村生态体验旅游的多样性与原真性（authenticity）[338]。魏小安等人的研究表明[339]，旅游情景规划与项目体验设计通常是把商业分析和商业过程创造的方法创新地运用于旅游规划设计。旅游的情景规划主要包括内容规划、功能规划、空间规划和时间规划等内容，其基本要求是在全域范围内的多规统一，具有顶层设计的综合性特征；项目体验设计主要考虑接体验和功能两个角度。

以体验感受及体验层次为核心的价值是增强旅游资源吸引力的重要途径之一。乡村生态体验旅游的标准化要遵循"统一、简化、协调、优选"的原则，以生产、服务、管理全过程为对象，通过制定标准、实施标准和实施管理，指导生产，引导消费，确保多功能农业的质量和安全，规范后现代农业的市场秩序，以达到提高多功能农业的服务水平和竞争力为目的一系列活动过程[41]。若对已有的乡村旅游产品按照体验产品进行设计，规划设计者通过旅游情景规划与体验设计，应全方位地为旅游者提供全身心感受的空间场景与剧情发展，并追求区域的空间差异，形成多功能的空间体验特色，最终达到提高旅游体验项目和景区市场竞争力的目的。情景规划设计核心就是：创造有价值的空间吸引物，将旅游者的体验参与融入设计中，企业把所提供的服务作为体验活动的舞台，体验旅游产品作为道具，景观环境作为布景，使旅游者在乡村生态环境过程中感受到美好的体验过程。旅游规划设计不再是为了日常生活的需要、效率而进行的规划设计，而是为了另一种生活的体验和心理愉悦而展开的规划设计，其核心目标在于创造情景、设计体验，按照体验的基本类型及层次进行旅游规划就成为其重要的内容[340]。

景观生态体验"场景"设计的基本思路是：走从景观设计到场景设计之路，以讲述空间故事为主线。在强化乡村生态体验景观场景个体单元自身功能的前提下，设计乡村地区文化景观场景的空间体验组合结构，将地域特色文化融入场景开发之中，建立协调共生的景观生态体验场景体系，如"印象刘三姐"就将风情表演融入山水之中，提升了山水美景与人文景观的综合认知体验程度。这也改善了乡村地区景观生态环境的场景体验功能，促进了具有"乡村性""全景画"特色的体验景观（experiencescapes）建立。如湖北宜昌的"三峡人家"景区就是一个原生态、场景式、体验型的大型民俗游览区，游客在旅游空间的移动过程中体验了当地的生态环境及巴楚文化的精华。因此，除遵循上述体验产品设计的五项原则外，还应充分考虑和谐、变化、连续性及情景等原则在生态体验旅游产品设计的运用。

（1）变化的原则。追求变化是人们体验的永恒主题。在生态体验旅游产品设计过程中，变化才是高峰体验的源泉，变化的原则包含那些经历变化、可流动、进步和可开发的空间事物，而且应在变化许可的范围内进行。通过设计不断改变旅游者已有的空间体验产品，以空间故事情节的变化将体验景观空间的连续性及时间的连续性整合起来，创造出符合旅游者需求的新体验，将产品固有的功能和利益随着这些变化被开发和创造出来。

（2）连续性原则。划分乡村生态体验的正面线索与负面线索，是进行生态体验旅游产品设计的重要参考。采取连续性的原则就是充分继承过去产品设计的优点，做到有继承性的创新发展，能够连续不断地讲述吸引人的"空间故事"。空间体验的连续性是可以从过去的体验中继承得到的，避免在未来采取那些单调重复的同质化产品设计，并使得现在的体验变得更加实用。

（3）情景原则。变化和连续性的原则是包括在生态体验产品设计的核心，但这需要遵循情景原则来实现，也就是要有民族风情故事的空间背景，有助于延伸其文脉。乡村中各种体验对象及场景之间的相互关系并不是固定的，而是不断变化的，产生变化的原则也包括在各种要素相互作用的关系中。乡村生态体验产品设计的最后输出就是"情景"，生态体验旅游活动总是在时间和空间的情景下进行的。

总之，变化的原则将体验与游客需求紧密结合起来，不断设计出创新型的空间体验；情景原则为体验活动谋求了人类和环境之间的空间，一个空间故事情节将成为发展的主脉；连续性原则是情景保持连续进行的时间方面。三个原则相结合使生态体验旅游的空间行为发生变化，促进游客生态体验活动产生更丰富的有价值行为。

6.1.2　体验产品设计

乡村生态体验场具有自我生产能力进行地理空间的改造、分解和再造，最终可以形成具有地域特色的空间体验旅游产品。在这种空间生态体验旅游产品中，一方面要愉悦旅游者的感知，诱发旅游者参与一系列与生态环境有互动的体验活动，从而促使其获得深刻的体验。体验旅游主要通过自身的感觉器官（如眼、耳、嘴、手、鼻）作用于生态体验场中的客观对象（不同类型的行动者），并与积累的经验共同作用的结果，将"乡愁"寄托在青山绿水之间的劳作中，也寄托在乡土古建筑中的小路上。另一方面充分利用"旅游+""生态+"等模式，推进农业、林业与旅游、教育、文化、康养等产业深度融合。丰富乡村旅游业态和产品，打造各类主题乡村旅游目的地和精品线路，发展富有乡村特色的民宿和养生养老基地。推动乡村为旅游目的地旅游线路开发，从原来单体农家乐发展向特色村镇、田园综合体转变，串联盘活乡村全域旅游资源。

1. 视觉体验产品设计。

视觉形象是最重要的审美对象之一。视觉体验感受的画面真切实在，距离人的生活经验较近，容易引起联想，促进理解，进而产生美感共鸣。在视觉环境中，人们首先感受到的是环境的洁净。在一个洁净的环境展开体验产品设计会引发旅游者精神上的愉悦和美感。对溪流河道的疏通清理，保持自然溪流的清澈和水作物自然生长的清新；农户院落布置的整洁有序而无环境的脏乱。尤其是，在乡间小道两旁，居民住宅建筑的周围，长满了五颜六色的花草和地方特色的树木，传统的农作物及创意的农作物会让旅游者体验到自然与人文协调一致的生态美。

2. 听觉体验产品设计。

视觉一直是景观设计的核心，听觉景观设计为景观设计注入新的活力，也为景观设计师建立了景观的整体设计理念。听觉所感受的音响具有时间流动性，流动的音波拨动人们感应的心弦，与人的情感反应联系紧密，诱发美感共鸣。听觉与视觉要有相对统一的主题，才能充分发挥其听觉产品的体验功能。在自然界中，鸟兽的鸣叫会使自然景观更加流动跳跃、灵动形象，各种生灵自然发出的不同声音能唤起人们对不同生灵的超然感受。村落间、弄巷里的犬吠鸡鸣，都能在游客心中激起共鸣，带来心旷神怡的听觉之美；村落内溪流潺潺的水声与郁郁葱葱的山景相配构成富有意境的自然协奏曲，给游人妙不可言的听觉享受。而村落中，田间里的劳作吆喝声及村落里的混合的生活气息，仿佛是久违的历史沧桑音调，拨动着每一位旅游者敏感的心弦。听觉体验旅游产品创造了视觉景观与听觉景观的和谐互动，能使人们在感受景观时产生共鸣现象，增强人们的感知和体验，提升了人们的体验层次。

3. 触觉体验产品设计。

触觉虽不及视觉与听觉审美更高级，但嗅觉和触觉这种低级审美形式也是不可缺少的，它们同样具有强化视听形象并达到生理美感与精神美感的统一。村落古朴的建筑环境一切都触摸起来那么自然亲切。在村落的小路上，踩踏的土路与石子铺就的街道，偶尔会有小草倔强地从缝隙中生长出来，走在这样的乡村小道上，你才会有种远离都市喧嚣，找回心中的宁静，与村落一起穿越时空隧道的美感；在田野中不断飘来的芳草清香与鲜花芳香，呼吸新鲜空气，顿觉肺腑清爽、情绪欢快、精神振奋，为旅游者带来一种生理上久违的快感体验享受。

因此，在乡村生态体验旅游产品设计过程中，首先要确立体验旅游产品的主题，将空间要素与产业发展要素与特色体验活动综合考量（见图 6.2），把握"现代农业 + 文化体验"和"农庄农园 + 休闲体验"等动力模式，通过产品造型、色彩、材质、表面处理到各种细节，设计出融休闲、高雅、内涵为一体的综合性体验旅游产品，如选择对感官体验有新鲜刺激的花草等装饰体验场景，有助于丰富旅游者感官对空间的感知，提升旅游者的生态体验层次，创造有价值的乡村综合性体验。

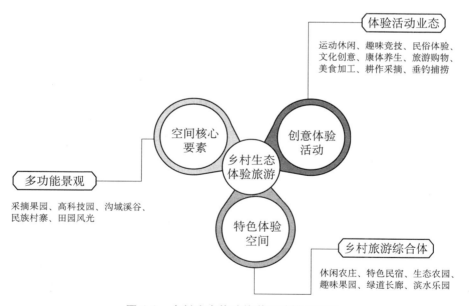

图 6.2　乡村生态体验旅游驱动模式架构

6.1.3　体验评价标准

根据 Pine 体验产品设计的五项原则并借鉴 Smith 博士提出的体验旅游标

准，提出了适于评价乡村生态体验旅游产品的标准体系。主要围绕教育体验、审美体验、娱乐体验及逃遁体验等乡村生态体验行为的设计标准，是乡村生态体验旅游空间产品开发的重要基础。

1. 围绕教育体验制定的评价标准。

教育体验的实质就是学习，其标准是由动机层次→感官层次→智能层次→情感层次→精神层次五个层次构成，以期达到教育体验的最高境界（见表6.1）。

表6.1　　　　　　　以教育体验为主的乡村生态体验旅游产品标准

标准序号	体验标准内涵	体验层次
1	通过直接参与并能获得期望知识的体验	动机层次
2	游览观光、参与活动及想象创造的体验	感官层次
3	策划与事后回味协调吻合所创造的体验	智能层次
4	自然与历史文化吸引而自愿参与的体验	情感层次
5	扩展视野丰富技能提升人生价值的体验	精神层次

主动参与教育体验，从动机上来讲就是为了获得有价值有意义的体验。生态学习是在生态体验过程中获得生存的基本手段之一；无论开展怎样的生态学习，体验什么样的生态教育过程，都必须身体力行地去参与；从事教育体验需要有一个事先的策划与事后的回味，进而抽象出自己所需要的内容，这需要大脑进行理性的分析，在逻辑分析、推理的基础上达到体验理解的综合；教育体验的最终目的就是要达到一种马斯洛强调的那种"高峰体验"（peak experience），那就是拓宽人们的视野（包括各种文化间的交流），丰富人们的技能和经验（参与采摘、农产品加工、品尝美食、购买工艺品等），实现参与体验价值，达到让人与自身的生命和谐，与周围人的生命和谐，与大自然和谐的境界[341; 342]。旅游购物企业有意识的以服务为舞台，以旅游商品作为体验场景中的道具使游客融入其中，让顾客在购物中得到真实的"体验"，表演自己的空间故事。

2. 围绕娱乐体验制定的评价标准。

娱乐体验的实质就是想去感受。同样这种感受也是通过五个层次达到最高的境界（见表6.2）。

表6.2　　　　　　　以娱乐体验为主的乡村生态体验旅游产品标准

标准序号	体验标准内涵	体验层次
6	个性化参与符合兴趣有舒畅感受的体验	动机层次
7	身体力行参与有多种刺激和启迪的体验	感官层次
8	丰富快乐方式创造与成就感匹配的体验	智能层次
9	在真实场景中展现"地点故事"的体验	情感层次
10	与提供商共同分享文化娱乐成果的体验	精神层次

娱乐体验能够使人愉快并吸引人的注意力，是一种最普遍、最令人感兴趣的空间体验。主动参与娱乐体验并融入体验场景中，获得令人快乐的娱乐性体验是每一个健康人的共同追求。参与有价值并能反映出个人兴趣的娱乐活动是娱乐体验的初始动机；通过身体力行的娱乐体验活动，可以获得乡村空间中个性化具有启迪性的多种刺激；连续多样化的刺激活动给人的空间体验感受带来了成就感，为整个娱乐体验创造了美好的回忆；无论什么样的娱乐体验，都能够在一种真实的"场景"再现那些可以重复发生的乡村"故事"；娱乐体验的成果是可以与当地社区共同或与体验服务商分享的，进而实现互动性和新鲜感的娱乐体验高峰。

3. 围绕审美体验制定的评价标准。

审美体验的实质就是追求空间的愉悦（见表 6.3）。

表 6.3　　　以审美体验为主的乡村生态体验旅游产品标准

标准序号	体验标准内涵	体验层次
11	情感附特定场所产生审美愉悦感的体验	动机层次
12	摆脱日常意识状态进入审美心境的体验	感官层次
13	既超越日常生活又融入生活审美的体验	智能层次
14	审美期望能积极转化为审美情感的体验	情感层次
15	调动心理各功能提高审美鉴赏力的体验	精神层次

生态审美体验是在特定的心境及历史空间条件下，通过体验者参与过程的感受与想象、理解，审美体验者把自己的情感、精神附着在特定的空间"场所"之中，追求生态美所带来的愉悦感的一种动态心理活动过程；生态审美体验是连续的日常生活中发生的一个断裂，是对所体验的对象发出一种有别于日常所见的独特心理感受，进入了一种特定的审美心境；进入审美注意状态中的体验者对生态体验场所有情感的一种渴求，是一种与审美感知相伴随的期望情绪，也是一种积极的、非功利的特殊情感指向；在生态审美体验的期望中，通过一系列生态审美活动及心理转化过程，使最初的生态审美期望转化为一定的情感；充分调动感知、想象、情感、理解等各种心理功能，对生态审美对象的外在形式与内涵进行充分感知，从审美对象中体验到生态美的本质。

4. 围绕逃遁体验制定的评价标准。

逃遁体验实质就是追求逃脱现实的体验方式，体验的核心是要行动（见表 6.4）。

表 6.4　　　　　　以逃遁体验为主的乡村生态体验旅游产品标准

标准序号	体验标准内涵	体验层次
16	远离喧嚣摆脱平凡追求自然古朴的体验	动机层次
17	远足探险山林溪流追求野趣和谐的体验	感官层次
18	磨炼意志挑战极限追求刺激新奇的体验	智能层次
19	抛却纷扰掩去孤独追求心境解脱的体验	情感层次
20	回归自然拓宽生活追求生命价值的体验	精神层次

逃遁体验存在于乡村生态体验旅游的很多方面。紧张的现代生活节奏、生活环境中的各种压力困扰着人们，长时间的高度紧张迫使人们不得不暂时远离城市的喧嚣，投入到乡村地区大自然自由舒展的怀抱。呼吸山野清新空气，摆脱平凡心境已成为现代人的一种向往；登高望远、激情漂流、峡谷探幽、野外穿越、野外生存、悬崖速降、溯溪、溪降、滑雪、滑翔等具有挑战性的户外运动越来越成为一种时尚的旅游活动；磨炼意志挑战极限的户外远足运动，已成为解脱心情，放松自己成为人们追求情感体验的一种过程；让自己的心境回归自然，纯洁精神，净化灵魂（如对生命的感悟、对人性的理解），体验人生的崇高价值，升华自己，已成为远离纷繁大千世界的最高境界。

6.2　体验营销

6.2.1　理论基础

1. 传统营销。

旅游目的地营销是旅游目的地获取竞争优势的重要途径。传统营销理论经历了 4P 到 4C，4R 及 4I 的变化[343]。最早的 4P 理论是 20 世纪 60 年代由美国的 E. 杰罗姆·麦卡锡教授提出的，他套用了营销组合（marketing mix）理论并将营销组合中的主要因素定义为 4P：即产品（product）、价格（price）、渠道（place）和促进（promotion），建立了全新的市场营销理论体系。每一种要素都包含了更深刻的内涵，如产品包含核心产品、实体产品和延伸产品。广义的产品既可以是有形的实体，也可以是无形的服务、技术、知识或智慧等。但从本质上讲，4P's 思考的出发点是企业中心，是企业经营者要生产什么产品、期望获得怎样的利润而制定相应的价格、要将产品怎样的卖点传播和促销、并以怎样的路径选择来销售。

1990 年，美国学者劳特朋（Lauteborn）教授提出了与 4P's 相对应的 4C's 理论。4C's 的核心是顾客战略。而顾客战略也是许多成功企业的基本战略原则，比如，沃尔玛"顾客永远是对的"的基本企业价值观。4C's 的基本原则是以顾客为中心进行企业营销活动规划设计，从产品到如何实现顾客需求（consumer's Needs）的满足，从价格到综合权衡顾客购买所愿意支付的成本（cost），从促销的单向信息传递到实现与顾客的双向交流与沟通（communication），从通路的产品流动到实现顾客购买的便利性（convenience）。在 4P 营销理念下，渠道商只是简单定义为企业价值的运输管道，而 4C 营销理念强调的是渠道商在企业与客户之间实现双向"便利性"的关键作用。2001 年，美国的唐·E. 舒尔茨（Don E. Schultz），又提出了关系（relationship）、节省（retrenchment）、关联（relevancy）和报酬（rewards）的 4R 理论，"侧重于用更有效的方式在企业和客户之间建立起有别于传统的新型关系"。

随着体验经济时代及创新发展的需求，新型营销观既完全不同于"生产中心论"时代的"4P"营销组合论，也有别于"需求中心论"时代的"4C"营销观，它是一种独特的适应 21 世纪个性化时代要求又符合高科技经济特色的新型营销理念，即"4V"营销组合观。4V 营销组合主要是指"差异化（variation）""功能化（versatility）""附加价值（valtie）""共鸣（vibration）"，这一理论对于生态体验经济产品的开发设计具有积极的指导意义。

在传统营销中，一般分为三个阶段，即形象阶段，渠道阶段和产品阶段[344]。作为基础阶段的形象宣传（品牌导入）是公众以一个潜在或现实旅游者的眼光对旅游目的地或者旅游产品的评价，这已经成为旅游营销的重要指示[345]。在这个阶段里最突出的表现就是旅游形象口号，旅游口号体现了旅游目的地主题定位，传递了旅游目的地的核心形象，它既是旅游目的地品牌的重要组成部分，同时也是旅游目的地品牌化的开端。这就是很多地区纷纷在主流媒体（CCTV）做广告树旅游形象的重要原因；渠道阶段相当于一个方向盘，是旅游营销的核心阶段。在这个阶段中，旅游目的地利用直接或间接的方式把旅游产品及体验服务顺利地传递给旅游者的咨询或购买路径。旅游者可以便利地获得旅游营销的信息并购买定制化的旅游产品服务，在这种市场定位后的开发阶段里，旅游者更加关注旅游信息的对称性；在产品阶段中，旅游者非常关注的是旅游产品的个性化、互动化、便利化等基本特征，尤其是关注产品体验服务是否符合自己的期望值。

在移动网络时代，使用互联网搜索旅游信息成为潜在旅游者搜索行为的重要模式[346; 347]。旅游景区网络空间关注度是其现实旅游流的前兆。利用百度指数提供的"用户关注度"功能，通过关键词搜索获得乡村旅游在某一个时段内的网络空间关注度数据，其时间分布特征可为区域旅游流的预测提供一定的理论指导[348]。

2. 体验营销。

体验营销是继产品营销、服务营销之后的一种真正"以顾客为中心"的全新的营销方式。体验营销一般是指企业通过让目标消费者观摩、聆听、尝试、试用等方式，使其亲身体验企业提供的产品或服务，让消费者实际感知产品或服务的品质，从而达到促使消费者认知、喜好并购买目的的一种营销方式。体验营销是乡村旅游深层次开发的重要方式，是发生在旅游者与相关企业之间的一种互动过程，消费者是在参与体验活动的过程中获取体验价值[349]。乡村生态体验经济产品营销的实质是：围绕生态体验旅游产品进行的营销组合，具有把体验者的体验感知与生态环境的发展目标统一结合在一起的内涵，最终达到实现创建乡村旅游品牌的目的[350]。生态体验产品开发过程本身就是要把乡村看作生产与生态体验消费同为一体的地域，使之成为生产—体验消费于一体的社会经济地域综合体。这种社会经济地域综合体，实际上就是前文提及的生态体验场构成的生态体验景观行动者—网络，完全是一种建立在多功能农业网络基础上的新型景观空间。

体验营销最主要的特点是以产品或服务为媒介，企业和旅游者进行互动，从而实现两者的深层认同。作为一种创新型的营销方式，体验营销与传统营销相比有着显著的区别[351]：①以消费者的体验为中心，与侧重于特色及功效的传统营销不同，体验营销注重空间消费过程中的经历对感觉、内心和思想的触动，从而把企业、品牌与消费者的生活方式紧密相连；②以感性营销为支点，体验营销试图寻找导致消费者情感变化的敏感点，并激发其积极的情感，使消费者的求美心理和浓郁的人情味都得到了满足；③体验营销不再把产品和竞争的分类限定在狭窄的视野里，而是把产品或服务置于广泛的乡村景观产业及社会文化背景下，寻找生态体验旅游产品的内在联系，形成协同性的生态体验，并且注重购买后的顾客反映，努力提高品牌的忠诚度。因此，乡村生态体验旅游营销将营销建立在视觉、听觉、触觉、味觉与嗅觉等感官体验的基础上，通过触动顾客的内心情感，创造喜好的情感体验，从对某乡村生态体验活动产生强烈的体验冲动，走与传统营销方式相结合的创新发展之路[352; 353]。

1991 年，美国市场营销学教授唐·舒尔茨提出了"整合营销传播"（integrated marketing communication）的概念[354]，借助各种媒介与其他利益相关者（stakeholders）建立互利关系。Pine 和 Gilmore（1997）将营销组合赋予新的内涵[333]。消费者越来越情感化、个性化、感性化，其需求重点已由追求实用转向追求体验，在产品或服务功能相同的情况下，人们更重视购买产品或服务过程中所获得的符合自己心理需要和情趣偏好的特定体验，创新乡村生态体验营销组合策略已成为时代发展的必然要求[15; 355; 356]。

1999 年，Bernd H. Schmitt 率先提出体验营销理论[357]，体验营销主要是站在消费者的感官（sense）、情感（feel）、思考（think）、行动（act）、关联（relate）五个方面开展重新定义及设计营销的思考方式。施密特将体验营销区分为 5 种类型（sems），接着又提出 7 种传递媒介（expros），然后以二者为纵、横轴建立体验矩阵，由此构建出完整的体验营销理论框架。营销人员可以根据具体产品与服务的特质选择相应的体验类型与体验媒介，制定体验营销策略（见表 6.5）。

表 6.5　　　　　　　　　乡村生态体验旅游产品设计的主要因素

分类	因素	内容
积极因素	关联	来自于与其他人群或文化的碰撞而产生的体验
	实践	由自身积极活动而产生的体验
	思考	由智能的需求、刺激创造产生的体验
被动因素	情感	来自于感觉或情感的体验
	感觉	来自于视觉、听觉、触觉和嗅觉而产生的体验

在美国实施的乡村发展推广项目（extension programs）过程中，Fiore（2007）等人提出了乡村中小经营单位的 4E 与 4P 营销组合策略[358]，将乡村发展各种要素与农产品体验结果进行组合，进而达到促进农产品增值的目的。4E 与 4P 结合的本质是：产品性质（properties）、产品展示（product presentation）、促销活动（promotional applications）及人力（people）等四种媒介与教育体验、审美体验、娱乐体验及逃遁体验等组合，构成了乡村中小经营业户体验营销的策略模式，该模式将在接下来的营销组合中详细阐述。

3. 营销组合。

在体验经济时代，旅游者消费观念和方式较之前发生了较大的变化：从需求结构来看，旅游消费者在注重所提供的服务产品质量时，对服务产品的情感需求不断增加；从消费内容来看，大众化的旅游服务产品日渐失势，消费者开始追求能够彰显出自己个性的服务产品；从价值目标看，消费者从注重产品本身转移到注重接受产品时的感受；从接受服务产品方式看，旅游者乐于参与乡村生态体验产品的设计与制造。

为了达到体验式营销目标所用来创造体验的工具称之为体验媒介（experience providers，expros）[102; 359; 360]。体验媒介主要有 7 种：沟通、视觉与口头的识别、产品呈现、品牌联合、空间环境、空间环境、网站（web sites）、人员。

通过体验矩阵（experiential grid）将战略体验模块与体验媒介搭配使用，来规划体验营销战略。包含5种类型的体验模块（SEMs）与7种体验媒介（expros）构成了体验矩阵的核心内容，也就成为体验营销的战略模式。

Fiore等人提出了4P与4E组合[358]：①产品性质（properties）：是乡村企业半永久的要素，如建筑内外装潢设计、识别标志及运送货物车辆等；②产品展示（product presentation）：包括可见商品与服务中的易变要素，如店铺内部标识（signage）、包装（packaging）、零售企业与旅游公司的展示部分，接待服务中的展示材料（如菜单，寝具）及周围环境线索（如光线，气味）；③促销活动（promotional applications）：包括广告形式（报纸广告）、包含目录或网点的销售渠道，企业CIS等增强顾客对公司意识及认知的材料（如徽标、商务卡片）等；④人力（people）：包括顾客有机会能够与之接触的那些人（如竞赛、事件中接触的人）、与顾客有直接关系的职员及这些人的自然外表。

6.2.2 营销矩阵

1. 生态体验类型。

生态体验消费动机是逃离压力的环境，体验回归自然的乡村生活，这样的旅游动机驱使旅游者到美丽的乡村去体验乡村生活，本质上是对空间的一种追求。与传统乡村旅游有所不同的是：乡村生态体验旅游关注的焦点是生态体验需求，是一种具有生态需求的体验过程，是对空间中"乡愁"的一种追求；旅游者也更具有主动性，愿意暂时离开自己日常生活的群体而参与到异地空间中的其他群体中，以期获得不同的空间体验。生态体验营销的核心就是游客生态体验过程的营造，因而具有审美、逃遁、教育、娱乐等基本的体验类型。若按照其他体验属性划分为以下几种乡村体验的空间类型。

（1）生态体验（ecological experience）：主要是生态环境体验、城市与乡村景观体验（包括地文景观、水文景观、森林景观、地质景观）、乡村园区体验、生态治理工程体验等；

（2）文化体验（cultural experience）：历史文化体验（清初文化）、风情体验（满族、朝鲜族、蒙古族及锡伯族等）、艺术体验、工艺体验、专题文化体验、科普教育体验、娱乐文化体验、影视作品体验等；

（3）休闲体验（entertainment experience）：度假体验、康体体验、时尚体验、购物体验、风情表演体验、亲情互动体验等；

（4）体能体验（physical experience）：体育体验、极限体验、刺激性体验、探险体验；

（5）服务体验（service experience）：服务环境体验、服务措施体验、高科技服务体验、服务氛围体验等。

乡村通过提供生态景观、产业环境、体验服务和互动活动来满足人们的空间体验需求。体验产业以健康、锻炼与放松为主要功能，提供能够满足体验者身份特征、氛围和生活方式等非惯常经历的服务，从而能达到保健、放松、消遣、愉悦及刺激等目的。生态体验过程不仅体现了"人与环境"和谐共生的联动，而且也实现了由感官体验向情感体验、理性体验的转化，促进感官体验层次向理性体验层次递进的价值提升。与传统经济或生态经济相比，生态体验旅游在整合农业的多功能性与农业的融合创新方面，扮演着重要的驱动力角色。在生态体验经济发展中，乡村整体环境获得了全面的提高，乡村中小企业不再是单一追求效益的实体，而是需要把乡村作为一个生态经济实体来看待，乡村的生产、生活及生态构成了生态体验经济的内涵，在全域的空间范围内促进了乡村综合发展（integrated rural development，IRD）。

2. 生态体验媒介。

既然生态体验是乡村空间中值得回忆的每一种媒介要素的增值部分，那么乡村生态体验就要能够增加人们生态体验的空间特征来选取生态体验媒介。在实践中，人们通常对乡村的乡村性（rurality）、生态性、体验性等乡村显著的特性来选取生态体验媒介。因此，根据乡村生态体验的乡村性特征、生态性特征及体验性特征选择了四种乡村生态体验媒介[102]。

（1）田园风光，主要由乡村聚落形态、乡村建筑和乡村环境所构成，是融合生态美、社会美和艺术美的空间有机整体，也是乡村地域文化的重要载体。田园景观不仅满足了人的生存需要，也满足了人们审美的需求。田园景观从单一经济功能，发展到融生活、娱乐、社区、交流为一体的多功能景观空间，也是乡村全域旅游开展的重要基础。

（2）民俗风情，反映了乡村的生活习惯、风土人情，是乡村民俗文化长期积淀的结果，是村民精神凝聚力的一种体现。与城市相比，乡村民俗文化在传承过程中具有相对的稳定性。这种传承通过乡村农事活动、婚丧节庆仪式等传统活动方式表现出来，这些传统民俗通过口传身授地传承下来。尤其是一些民俗活动的载体更是具有不同地域民间的手艺特征，将其开发成为乡村多功能农业发展过程中的产品，有助于丰富空间体验的场景及空间体验的道具。

（3）土特名产，采摘、垂钓、耕作、编织、陶艺等活动中获得的产品都可以是值得美好回忆的旅游商品与旅游纪念品，都是乡村生态审美体验过程的延续。土特名产汇聚了乡村环境生态功能、乡村经济功能、乡村美学功能、乡村文化功能、乡村服务等多种功能，因而它延续了人们的空间体验活动，增强了人们对乡村生态体验过程的记忆。

（4）乡村服务，生态体验一种在休闲状态进行的过程，自由的感受与审美的情趣，都需要以乡村提供的综合性服务为前提来实现。乡村体验活动作为一种特色性的空间休闲活动，其饮食起居等基本活动需要由乡村地区来提供接待和保障。一方面是由于乡村生态体验活动需要有相应的服务保障，另一方面也是由于乡村生态体验需要有当地社区积极参与才能完成。

3. 体验营销组合。

Fiore 等人根据美国乡村农场的特点，制定了乡村农场中小企业旅游体验营销的组合[358]。这种体验营销组合依据乡村提供教育体验、审美体验、娱乐体验及逃遁体验要素与产品性质、产品展示、促销应用及人员组合而成。以下只列举出 4P 与教育体验的组合营销（见表 6.6），省略 4P 与审美体验与娱乐体验等营销组合。在这种体验营销组合中，接待服务、餐馆、零售及乡村旅游等服务场所及服务过程都可以成为体验的媒介，都可以为旅游者带来教育体验成为乡村旅游过程中重要的体验场景。

表 6.6 4P 对乡村教育体验作用

教育体验	产品性质	产品展示	促销应用	人员
接待服务	每个家庭旅馆都拥有精美的玫瑰花园供游客游览欣赏	每个旅馆都有西部野性主题，其床罩上拥有当地传说的图案	旅馆的小册子告诉我们隐藏在壁炉后面一些有趣的事情	旅馆主人及象棋冠军每日都与客人进行比赛
餐馆	墙壁四周贴满老照片告诉游客这个家庭来自于欧洲东部	菜单解释了当地风土民情、食材来源及烹饪特色	橱窗里展示当地拥有一种口感与众不同的特产苹果	服务人员能够为客人解释菜单上最好的国酒与啤酒
零售	零售店里的橱窗里允许人们看到块菌的制作与装饰	各种标签上的音标表明了来自世界各地的甜点	不同的实体采用的广告模式是不同的	古董枪店老板教授你快速使用的技巧
乡村旅游	果酒生产区允许游客进入参观并品尝当地自酿的葡萄酒	从标识可以判断出当地生态环境特征的有关线索	旅游手册提供有关当地的历史信息并能够回答有关问题	导游穿着印有当地游览地图的 T 恤衫服务

资料来源：Fiore A M，Niehm L，Oh H，等. Experience economy Strategies：Adding value to Small rural Businesses［J］. Journal of Extension，2007，45（2）：1 - 13.

在生态体验旅游过程中，乡村体验媒介实际是一系列具有明确的空间体验主题线索提供服务的组合，也就是以生态体验为主题的空间体验产品组合。生态体验产品的组合与乡村地域经济社会文化特色有很大的关联，它们都是以生态体验场及生态体验景观创造的体验"场景"，为生态体验媒介选择的重要基础。在选择过程中，以多功能农业行动者—网络塑造的多功能景观为生态体验旅游产品的开发提供了可能性。脱离以行动者—网络为基础的选择，由于体验产品的无形性，就有可能使得生态体验营销陷入一种自大的吹嘘状态，如国内很多乡村旅游开发的形象宣传常常以"……香格里拉""……世外桃源"自居，名实不符，损害了乡村固有的地域形象，不利于乡村生态体验旅游的可持续发展。

基于生态体验场及生态体验景观基础选择的生态体验媒介组合，既要考虑到乡村生态环境的基本特征，如田园风光，又要考虑到乡村社会发展形成的民俗风情；既要有当地特色的实物形态体验媒介，又要有无形的接待服务体验媒介。因此，根据丹东地区乡村生态体验的基本特征，选择了田园风光、民俗风情、土特名产及乡村服务作为乡村生态体验的四大基本媒介，它们分别与四种基本体验类型相结合构成乡村生态体验营销组合矩阵（见表6.7）。这种体验矩阵将乡村空间属性与体验类型有机地整合在一起，丰富了体验营销的内涵。

表 6.7　　　　　　　　　　　乡村生态旅游体验矩阵

体验类型	乡村生态属性			
	田园风光	民俗风情	土特名产	乡村服务
教育体验	植被覆盖、地质地貌、人文历史等景观知识与技能	民俗，建筑形式、服饰、饮食、礼俗等知识与技能	产品生长生态过程知识与技能；工艺品加工技能	基础设施与人员服务水平；农事活动知识与技能
审美体验	田园景观的形、色、声、味美，感悟"物我交融"	品尝飘香四溢的农家饭菜，感受心向往之的境界	土特产品生产制作过程，实用功能与艺术内涵	服务设施质朴与和谐，原生态服务过程的原真性
娱乐体验	趣味性表演、典故等娱乐活动对田园风光的感悟	民俗活动表演，感受乡村祭祀、秧歌、二人转乐趣	了解工艺品的使用功能，感受趣味艺术品的魅力	节庆礼俗等表演活动，了解服务质朴纯真的传统
逃遁体验	森林探险、漂流、垂钓等娱乐活动，物我两忘的境地	领略风土人情独特魅力，感受乡村纯真民俗传统	参与果蔬采摘加工制作，特殊工艺品的制作过程	完全沉浸于各种活动之中，远离日常喧嚣烦恼

资料来源：郑辽吉. 乡村生态体验营销策略研究——以丹东为例［J］. 旅游论坛，2009，（5）：717－721。

6.3　营销战略

6.3.1　媒介选择

根据丹东四个旅游专业村镇大鹿岛村、青山沟镇（含青山沟村）、大梨树村及河口村的生态环境、田园风光、民俗风情及可能提供的体验服务等，在各自的空间中筛选出能够实现体验营销的生态体验媒介，作为制定丹东乡村生态体验营销矩阵的理论基础（见表6.8）。生态体验媒介类似于传统营销中的产品，它们与体验的基本类型组合产生新的生态营销类型。按照行动者—网络理论，这些乡村生态体验媒介中，既有可见的媒介，又有不可见的媒介，但它们都是可以感知体验的生态"剧情"，都是人们能够看得见的客观事物。它们不仅是可以乡村生态体验感知的具体内容，而且也是乡村生态体验旅游行动者—网络中的行动者，重要的乡村生态体验产品。

表 6.8   **丹东乡村生态体验媒介**

主要项目		大鹿岛村	青山沟镇（青山沟村）	大梨树村	河口村
乡村生态体验媒介	田园风光	海岛：黄海北部最大岛屿。观日出、攀岩、森林探秘；环岛景观带	山乡：百里青山画廊景观带，观瀑布，虎塘沟探幽、攀岩、森林探险	山乡：万亩果园、药王谷、科技园、五味子基地等；春赏花、秋摘果	江岛：沿江及岛屿万亩艳红桃种植基地，户户有果树，处处飘果香
		静态：观潮、夜半听涛 动态：游艇、垂钓、拾贝、冲浪	静态：观飞瀑深潭流水。动态：游览青山湖，36条瀑布72条溪；漂流	静态：水乡民居胜似江南 动态：垂钓、游泳	静态：春赏桃花秋赏果 动态：游艇、垂钓等水上娱乐项目
	民俗风情	渔村风情：品尝海岛渔家饭菜；参加"海鲜节"及出海活动仪式	山乡风情：中华满族民俗风情园，参与满族民俗表演活动	庄稼院风情：庄稼院怀旧民俗表演，体验新农村建设"干"字精神	边境风情：长河岛朝鲜民俗村、《刘老根》故乡河口村、龙泉山庄
	土特名产	海岛沿海特产：鱼类、贝类、虾类等丰富多彩的海产品及其工艺品	山林特产：各种菌类、林蛙、人参等名贵中药材；以树根等制作的木艺及根雕工艺品	山村特产：以辽东五味子为主体的饮料及药酒系列产品；采摘中获得的无公害水果	乡村特产：艳红桃等温带特色水果；板栗之乡的板栗，鸭绿江鲤鱼，鸭蛋等特产
	乡村服务	凸显战争文化为主体的旅游设施：展示甲午海战英灵遗迹，突出传统渔村文化等服务宗旨	凸显山水文化为主体的旅游设施，展示山水生态文化以及以满族风情为主体的民俗服务	凸显医药文化为主体的旅游设施，弘扬传统医药文化，突出养生服务理念	凸显边境文化为主体的旅游设施，游览中朝边境风光，岸上水上体验异国风情

通过媒介选择也有助于打造生态体验旅游品牌。经济学上的"微笑曲线"理论：微笑曲线的中间向下，前后两端朝上，后端是研发和设计，中间是制造和生产，前端是品牌和营销。制造和生产的门槛最低且竞争激烈，因此，附加值最低，利润最少。要提升产品或产业的附加值，必须向前端的研发设计和后

端的品牌营销拓展，或者加大研发设计投入，让产品变得"高精尖"，或者加大品牌营销投入，提升产品的含金量。体验媒介的选择也是体验产品生产的过程，恰当可靠的媒介选择有助于整合产业链上游文化创意、产业链下游旅游文化品牌营销和服务，为旅游产业转型升级提供有益的参考，将低端的旅游资源打造成为高端的旅游品牌[361]。

由于生态体验媒介是生态体验旅游产品的重要组成部分，它们也是多功能农业的重要因素而且在体验营销中发挥着巨大的作用。然而，乡村生态体验的媒介与传统营销有着本质的不同：生态体验营销媒介选取是按照空间生态体验过程中可能出现的体验类型筛选的，而不完全是按照传统的 4P 及 4C 的完全组合。因此，在生态体验营销过程中，空间生态体验媒介的选取体现了乡村生态体验产品的基本特征。生态体验旅游产品的基本特征是传统产品营销过程中无法复制与替代的，具有地域空间的唯一性。

6.3.2　营销组合

依据乡村生态体验空间媒介及营销组合的特征，提出丹东市主要旅游村镇生态体验营销策略（见表 6.9）。如河口村以"鸭绿江边桃花谷"及"在那桃花盛开的地方"开展生态体验营销，打造中朝边境乡村特色品牌；大梨树村则以社会主义新农村的典范及"中国农业公园"为契机，打造"中国农业公园里的乡村"体验品牌；青山沟侧重自然环境特征打造以"原生态满族乡风韵"为主题的"山水画卷纯朴民情"生态体验旅游品牌；大鹿岛则打造以"北黄海第一岛"为主题的"蓝色风情海岛"生态体验品牌。

表 6.9　　　　　　　　丹东乡村生态体验营销活动组合策略

体验属性	大鹿岛村	青山沟镇（青山沟村）	大梨树村	河口村
体验营销组合策略	迷人海岛：体验海岛生态渔村风情。渔家风情、垂钓采集，妈祖文化、海上休闲（垂钓、划艇）体验	原生态山乡：体验山乡水韵民俗生态。乡村生态、乡村景观、乡村产业、满韵风情体验	山村新貌：体验新农村生态经济建设新风貌。乡村历史、乡村风情、乡村节庆、乡村劳作体验	边境桃乡：体验边境江岛水韵生态。乡村山水风光异国风情、朝鲜族风情体验

生态体验营销不仅推动了乡村生态"剧情"与"场景"的空间规划设计，而且也有助于开展区域内差别性的生态体验营销。凭借乡村景观、风土人情、土特名产、乡村服务等空间体验媒介全方位地提升乡村生态体验形象，能够实现差异性体验营销是促进丹东乡村生态体验营销的创新整合。全域旅游的本质就是提高旅游者的体验，以旅游目的地的信息整合为手段，为游客提供更碎片

化、更个性化的、非标准化的目的地信息与服务，是提升旅游者的全域深度旅游体验质量的重要内容。但在生态体验营销过程中，还需要注意以下几个方面的问题：

第一，建立以市场为主要驱动力的创新发展机制。以产业融合创新为基本路径，深入挖掘传统乡村文化资源、加强传统文化与多元文化的融合互动，重建结合第一与第二第三产业融合发展的创新体系。实施土地制度的多元化改革，实现流转、租赁等形式的土地开发政策，鼓励荒山荒地开发乡村旅游，推动集生态保护、社会管理、产业发展及文化融合等要素于一体的多功能景观空间建立；推动生产与消费、养生与健康服务相结合的空间场所建设，加快乡村农业发展方式转变，增加当地居民积极参与并获得稳定的就业机会；鼓励乡村特色的绿色交通网络开发，构建以自行车（包括电动自行车）为主体的绿色交通网络，强化乡村区内交通体系游览观光体验的多功能性。出台鼓励智慧乡村发展政策，推动绿色农业、绿色经济、绿色服务、绿色文化等新兴服务业与"互联网＋"的有效融合，推动一批具有健康养生养老休闲体验特色的乡村基础环境建设；出台特色文化为核心的乡村旅游规划与开发政策。美丽乡村建设是一种多功能景观规划建设，要重视乡村传统"社会记忆"与"文化记忆"（cultural memory）的保护与开发，建立美丽乡村新型社区的教育机制与广泛的参与机制，繁荣美丽乡村建设中的特色文化，促进美丽乡村发展的和谐稳定。增强新型社区居民的职业技能培训外，还要强化对社区新型市民的秩序意识、社会公德意识等思想领域的教育，增强美丽乡村的社会文化发展质量。

第二，选择增强旅游者生态体验的空间媒介是关键。基于生态体验场及生态体验景观选择的生态体验体验媒介，充分运用特色产品，推进实施"乡村旅游后备箱工程"（指游客自驾车到某旅游目的地之后，利用汽车的后备箱装满当地特色产品）。它们在消费的过程中也传播了乡村的景观生态形象。通过对生态体验产品的属性及可能的价值挖掘，在生态体验营销过程中，把握住导致旅游者生态体验时情感变化的敏感点，激发其积极的体验情感，使体验者的求美心理和浓郁的人情味都得到满足。乡村小型旅游经营单位丰富体验者的体验有助于增强乡村生态体验产品的形象与活力，创造有差别性的区域竞争优势。采用生态体验营销策略既可以用于乡村零售和餐馆经营中，也可以均衡地帮助乡村其他接待服务业的发展。在体验营销过程中，每一种体验媒介又可以进一步细化，从而使得生态体验营销策略更加实用而有效。

第三，生态体验旅游媒介组合选择要围绕地域特色主题打造基础设施。在生态体验营销中，应突出一个和谐而印象深刻的特色主题，尤其是围绕丹东山区原生态、满族朝鲜族民俗、边境风光等特色主题的表达，突出生态体验景观空间的地域差别，传播具有区域特色的乡村生态体验形象。通过塑造生态体验景观正面积极的特色主题，消除一些与中朝边境地区有关的负面体验线索影响，如交通便利性与边境地区相对封闭性通过体验营销，可能就会转化为积极的正面形象（如丹东最偏远的浑江村则以"鸭绿江边的香格里拉"打造形象，游客数量快速增加）。鲜明的正面主题可能是由若干个子主题相互协调组合而成的，从而使得表达主题的方式更加丰富多彩。促进边境滨水生态体验旅游空间由传统的"容器型"空间向"关系型"与"感知型"空间转化，生态体验将由浅层的生产生活生态空间向深层次体验空间转化，拓宽了乡村旅游转型升级的空间载体；全力推进旅游"厕所革命"工作，提高乡村旅游的可进入性和舒适度；在引领后现代农业经济加快发展的同时，推动科普旅游、研学旅游等创新发展，形成一批乡村旅游科普教育、研学旅行示范基地。

第四，打造彰显地域特色的信息网络平台。生态体验营销就不能再把产品与竞争的分类限定在狭窄的传统乡村旅游营销视野里。而要把产品（剧情与场景）与体验服务置于广泛的社会文化背景下，鼓励农村集体经济组织创办乡村旅游合作社，或与社会资本联办乡村旅游企业，加强对乡村农民的培训与指导（包括建立培训平台的网络化），提高对乡村旅游的生态体验营销认识，形成协同的综合生态体验，提高乡村地区生态体验品牌的忠诚度。旅游信息平台建设一方面促进了目的地乡村生态体验旅游品牌的建设，另一方面促进目的地O2O（线上旅游电商平台＋线下实体旅游产品）的平台建设，打通线上与线下的营销体系，实现线上销售、线下服务，同时通过线下收集消费者的需求，对成本、供应链等前环节进行改造和升级，O2O的最终目标是营销方式的变革。因此，在借助现代化的信息技术过程中，筛选真实准确、时效性较强、容易理解、顾客关注的有关乡村信息，凭借能够实现互动交流的网络技术平台，吸引更多更广泛的旅游者实现互动交流，拓宽生态体验营销的领域，创造独特的竞争优势。

第五，出台促进乡村旅游全产业链激励政策。通过政策引导、规范限制及成立基金等方式，鼓励企业和个人参与乡村生态体验发展平台的建设，整合生态产业链与体验价值链两个方向上的产业链条，开发建设生态体验旅游发展的多功能景观空间载体。通过全方位地挖掘与开发地域生态体验文化场景，将其深加工提高到一个更高的层次，延长生态体验旅游产业价值链的长度及广度；通过丰富特色旅游体验的层次延伸旅游价值链，丰富乡村生态体验旅游产品的价值链。促进生态产业与旅游业融合创新，推动生态文化产业链与体验价值链的横向扩张和纵向延伸。激励创意旅游的开发政策主要有两个方面：一方面要出台促进地域生态文化创意开发的激励政策。以产业融合创新政策为引领，推进特色农业、文化遗产、信息产业、智能城市等产业要素及产业过程的融合，建设特色旅游的全产业链。在开发过程中，生态文化资源开发不能只停留在"生态文化 + 旅游体验"的简单模式上。这种开发模式不仅产业链条短，经济效益有限，而且这种开发模式很容易加剧文化资源的过度开发甚至滥开发，导致虚假地域文化的泛滥。因此，要以地域生态文化建设为主线，以乡村特色农业及景观为依托，借助高科技手段开发创意旅游产品，推出乡村生态体验创意旅游产品，进而提升乡村产业与景观空间的整体价值。另一方面要出台促进"一源多用"激励政策，鼓励旅游企业充分发挥主体作用，推动以农业为基础的生态体验旅游全产业链建设。多功能农业全产业价值链即纵向价值链、横向产业链和协同产业链：第六产业 = 第一产业 + 第二产业 + 第三产业。第六产业表达了产业融合、产业跨界的创新观念，即以地域生态文化符号为链接、产品品牌为纲领，发展创意农业，推动现代循环农业、特色加工业和现代服务业的跨界共生，通过生态体验旅游发展介入社区营造，统合区域内的"人、文、地、景、产"，构建地方区域的生态体验景观，推动乡村生态体验旅游的创新开发。

6.4　体验管理

6.4.1　体验管理内涵

游客体验质量的高低与游客体验的管理水平密切相关。管理得好，特色民宿及创意农业园区将成为旅游与相关产业协调一致的产业空间实体，管理不好，旅游业与其他产业无依托并脱离，就会失去载体的文化价值与产业价值。旅游者体验管理（tourists experience management，TEM）是以提高体验为核心，战略性地管理旅游者对旅游体验产品或乡村旅游经营组织全面体验的过程。由于旅游者体验具有多层次、多维度的特点。因此，在体验经营管理过程中要注重与旅游者的每一次接触，通过协调整合售前、售中和售后等各个阶段，与各种旅游者进行较为广泛地接触，为旅游者传递乡村旅游目的地信息，创造与乡村旅游匹配品牌承诺的正面感觉，以实现良性互动，进而创造差异化的旅游者体验，实现旅游者的忠诚，强化旅游体验的感知价值，从而增加旅游经营企业收入与资产价值。通过对旅游者体验加以有效把握和管理，可以提高旅游者对乡村目的地的满意度和忠诚度，并最终提升旅游经营单位的价值。

国内外景区游客管理理论主要有游憩承载力（recreation carrying capacity，RCC）、游憩机会序列（recreation opportunity spectrum，ROS）、可接受的改变极限（limits of acceptable change，LAC）、游客体验与资源保护（visitor experience & resource protection，VERP）、游客风险管理（visitor risk management，VRM）等理论，倡导通过对游客容量、行为、体验及安全的调控和管理等来强化旅游资源和环境的吸引力，提高游憩体验质量，以实现旅游资源的永续利用和旅游目的地经济效益最大化的双赢局面。这些管理模式主要体现了"以环境保护为导向"和"以游客为中心"（visitor management）两种重要思想，但二者均忽视了游客在自我管理中的能动性及其对区域内旅游可持续发展的重要意义，因而削弱了二者的实际应用价值[362；363]。以多功能农业为基础的生态体验旅游价值链作为强调企业和消费者基于价值互动的新理论，为重新审视和创新景区游客管理理念提供了新路径。在生态体验旅游价值链游客管理框架模型中，景区游客的偏好管理、容量管理、体验管理和行为管理等界面，构成了价值链的多功能价值管理模式。这种多功能旅游体验管理模式为面临竞争的旅游企业获得持久的优势指明了发展方向，以便使旅游企业决策者能立即采取措施加以解决，做到防微杜渐，避免因此造成问题的失控和更大的浪费。

6.4.2 体验管理步骤

由诺贝尔经济学奖得主（2002），心理学家尼尔·卡恩曼（Danny Kahneman）提出的"峰—终定律"（Peak-End Rule）倍受体验管理界关注，即人们在"峰"（Peak）和"终"（End）时的体验，主宰了对一段体验的好或者坏的感受，而跟好坏感受的总的比重以及体验长短无关[364]。也就是说，生态体验的价值由两个因素决定：如果在一段体验的高峰和结尾，客户的体验是愉悦的，那么客户对整个体验的感受就是愉悦的，即使这次体验总的来看更多的是痛苦的感受。"峰"与"终"体验其实就是体验过程中的"关键时刻 MOT"（moment of truth），也就是说关键时刻的体验对服务质量影响最大。实际上，顾客体验就像一个拥有很多层和内核的洋葱，外面的很多层是花样不断翻新的体验，而不变的核就是体验的灵魂。如果说体验以感情联系为主，那么体验的核心则是以理性反思为主。这也进一步表明：体验管理服务的重点是"峰—终体验"。同时也说明只有品牌化的体验才是最具有影响力的体验，乡村旅游体验品牌只要影响了旅游者，并被旅游者记忆的时候，才拥有了品牌的领导力；而品牌的感受又集中到体验消费过程中的峰—终体验上。因此，让旅游者在峰—终甚至是体验全过程保持愉悦感受对乡村旅游品牌非常重要。

伯尔尼·H. 施密特（Bernd H. Schmitt）最早建立了客户体验管理框架结构[365]，其管理的主要步骤有：①分析客户的体验环境（社会文化因素、消费者的体验需求、生活方式以及经营方式等）；②建立客户体验平台（主要包括体验定位、体验价值承诺等；客户体验平台主题）；③设计品牌体验（体验产品特点、产品美学，包装及投放的信息和广告、网络营销及品牌体验）；④建立与客户的良性互动；⑤坚持不断创新（从产品形式到营销创新）。借鉴这种客户体验管理框架结构的理念，本书依据生态体验旅游产品价值链的基本特征，制订了以生态体验产品价值链为核心内容的体验价值链管理框架（见图6.3）。在这个框架中共有"行动计划—监管实施—媒介选择—价值标准—体验评价—体验过程"六个基本模块构成。

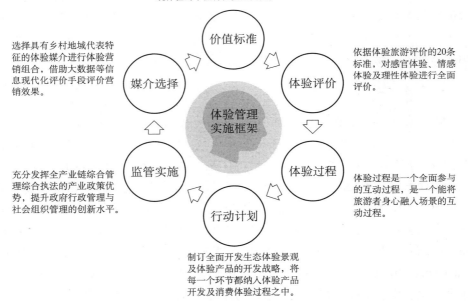

图 6.3　生态体验管理框架

在生态体验产品价值链管理架构中，"行动计划"模块主要是制订生态体验旅游发展的实施计划，在"线下"开发设计产品、产品实施、产品管理的全过程。这里既有产品设计的产业链过程，也有空间的"场景"设计及实施过程；"监管实施"模块主要是行政管理部门与协会组织等联合进行的监管行为。在全域旅游发展时代，政府监管是相关部门的综合性管理，也是与协会组织的相互协调管理行为；"媒介选择"模块主要为了市场营销及体验管理中的主要抓手。从空间环境到基础设施，再到产品营销及信息管理都需要有管理平台与可行的方案；"价值标准"是生态体验旅游评价的重要内容，也是旅游者开展生态体验活动并获得相应价值评价的主要基础。从感官体验到情感体验再到理性体验，是一个不断升华的价值获得过程；"体验评价"模块是旅游者在实施体验过程中或之后进行的行为，这些评价以口口相传的方式对目的地的影响极大，尤其是在这些价值也常常体现在游客对体验过程的评价中，尤其是在旅游电子商务网站上的评价，如携程、艺龙、芒果、去哪儿以及途牛等网络平台上的评价对于目的地的营销及开发建设影响极大；"体验过程"模块实际上是"线下"实施的体验过程，这是生态体验旅游产品实施的消费过程，充分利用峰终定律对体验过程的监管，不仅有助于体验过程的顺利实施，也有助于生态体验旅游品牌的打造。各个管理模块之间存在着密切的相互联系。其目的就是使旅游者获得较高旅游体验价值，为乡村旅游企业保持持久的区域竞争优势提供保障。生态体验价值链管理的框架提出是依据体验旅游产品从开发到管理经历了空间构建、产业联动及管理创新三个阶段制订的。

1. 空间构建。

生态体验旅游产品的空间构建主要是指生态体验场及生态体验景观行动者—网络构建，这涉及原生空间的适当保留与新型空间的协调。当原生空间与新型空间（景区）建立协调关系，生态体验旅游产品的价值链就算建立起来了，而这种价值链也是在行动者—网络构建之后才建立起来的。价值链建立的过程涉及行动者—网络的转译过程，也涉及结合地域文化与高科技的创意结合过程，这种结合就产生了融合创新型的多功能景观空间，这种将"容器型""线型""关系型"景观空间有机结合在一起可以感知的创意型景观空间，在提供有效体验服务的过程中拓宽了生态体验感知的内涵，也是产业发展与空间开发融合创新的新型空间。体验产品设计者按照生态体验的"空间故事情节"设计的场景及剧情开展体验活动的重要空间载体，这种空间载体将有效地延长生态体验产品的价值链。由于这种新型空间的建立，改变了乡村原有的风貌和居民的生活习惯。因此，在这种行动者—网络中，产生了各种创意活动，这些经济活动都可以通过跨界实现融合创新，而且是在产业与空间的联动中实现网络构建与跨界发展的，最终将以生产为主的传统农业转化为以生产和服务协调发展的后现代多功能农业，充分实现农业发展的经济功能、社会功能及生态功能。

2. 产业联动。

由于旅游开发活动，居民原有的生活空间及生产空间因为新型产业的介入出现了失衡，这种失衡是行动者—网络空间建立的初始状态，在随后的发展中产业与空间开始有了互动联系。当产业与空间互动达到一定程度时，当地居民与旅游者的空间行为也发生了变化，原有的产业形态已经无法适应新形势的变化，进入网络空间中的第一产业与第二产业和第三产业就产生了联动，这个时期最重要的就是要建立跨界联动的机制，促进产业的融合创新，推动产业的联动发展，也提升产业与空间生产的联动，乡村居民与旅游者的互动也就变得更加和谐；由于产业的联动始终是在空间中进行的环境开发建设过程，生态体验旅游发展过程是否有利于生态环境质量不断提高的方面转化，需要进行全方位的评价与过程管理。大梨树村在多功能农业发展到一定阶段时，规划建设了绿色廊道，将生产空间与生活空间及游览空间有机地整合在一起，提升了生态环境效益。

3. 管理创新。

体验管理创新主要侧重五个方面：一是综合管理创新。统筹协调政府多个部门参与，吸纳全社会各种力量，建立联合的政府行政管理机制与社会组织管理相互协调的综合管理格局，将多部门与多级管理纳入统一协调的管理体系之中。二是综合执法创新。完善休闲农业、乡村旅游行业标准，建立健全食品安全、消防安全、环境保护等监管规范；建立包括旅游警察在内的综合执法队伍，将专项执法与综合执法结合在一起，提升旅游执法的力度，推进依法治旅。三是产业政策创新。通过实施用地、金融及人才三类重点政策，如通过执行集中连片供地到允许点状供地等政策，切实解决旅游发展用地问题；通过建立旅游投资引导基金、PPP 投融资模式，解决旅游发展中的资金紧张问题。四是通过创新人才引进扶持，完善人才培养机制、营造人才发展环境及强化人才管理办法等，尤其是通过乡村"创客"空间的建立，提升旅游行业管理人才、企业经营人才及服务技能人才的创新发展能力。五是规划统筹创新。实施乡村"多规合一"，将专家的技术指导与社区参与有机地结合在一起。运用旅游大数据、云计算等现代信息手段实施全新的旅游统计及预报。

6.5　小结

按照生态体验旅游内涵及其产品的开发原则，提出由四种基本体验类型五个基本层次构成的乡村生态体验旅游产品评价的 20 个标准，为乡村生态体验开发设计、开展生态体验营销与体验管理奠定基础。

在生态体验营销过程中，按照生态体验场及生态体验景观的基本特征选择具有地域特色的空间生态体验媒介是乡村生态形象传播及生态体验营销成功的重要基础；具有生态体验产品属性的生态体验媒介组合是生态体验营销成功开展的关键；而生态体验旅游产品价值链管理是确保体验产品顺利实施的保障。

第7章

结论与讨论

7.1 研究结论

以丹东四个旅游专业村镇为案例，代表了辽宁省乡村旅游发展的典范。以景观生态学、行动者—网络理论、体验经济学等为基础，采用结构方程（SEM）、社会网络分析法（SNA）、网络层次分析法（ANP）、SWOT分析、敏感性模型（sensitivity model）、体验营销、体验管理等理论方法，对实地访谈观察、调查问卷等资料进行整理分析。验证了生态体验场（E2F）与多功能农业行动者—网络的结构方程模型、验证生态体验景观空间的构建过程；验证了以乡村可持续发展目标为核心，以多功能农业网络为基础构建的生态体验旅游发展模式、开发战略、体验营销策略及生态体验产品价值链管理架构，结论如下。

1. 依托于多功能农业行动者—网络建立起来的生态体验场（E2F）是生态体验旅游开展的基本景观空间，既具有地理景观的空间属性，也具有多功能农业行动者—网络的关系型空间属性。

它是在产业功能、居住功能、环境功能等基础上形成的生态体验空间，是一种由多功能农业发展驱动形成的可持续型生态景观空间，也是能够寄托"乡愁"的文化型生态景观空间。依托多功能农业行动者—网络景观构建的生态体验旅游，已成为乡村发展的一种驱动模式，这种模式的发展使得大梨树村农民平均收入以20%的速度递增（1990~2016年），是辽东地区收入增幅最快的乡村。这种新型的空间将传统的"容器型"及"线型"景观转化成"关系型"景观空间，拓宽了体验的空间内涵；而且，这种旅游形式也是建立在多功能农业发展的基础上，具有产业融合创新的发展态势。

2. 生态体验景观既是多功能农业塑造的空间载体，也是生态体验旅游行为与其他功能之间的关系型载体。

其构建是按照行动者—网络构建的转译过程进行的，也是新型行动者不断并入景观网络的过程，是一种原生空间与新型空间耦合联动的创新过程。它具有促进产业空间配置、产业多样化以及产业融合创新等功能，整合了乡村多功能农业可持续发展的各种行动者要素，尤其是将空间、人力资源、体制、创新、经济、社会、政策、时间及社区等整合在一起的作用；生态环境、社会风情、产业活动及休闲服务等要素是生态体验景观的重要组成部分，影响并调节生态体验景观的强度与水平。

3. 多功能农业作为乡村多功能景观的塑造力量，是乡村生态体验旅游发展的空间保障。

多功能行动者—网络促进了经济功能、生态功能及文化功能的作用发挥，有效地识别土地经济功能、生态功能及文化功能是乡村多功能景观构建的重要基础。乡村生态体验旅游的发展方向是民宿和高科技创意农业园区等发展，这是旅居时代的必然要求。行动者—网络之间的相互作用，是乡村景观空间各种功能有效发挥作用的基础，也是乡村旅游智慧化、个性化、全域化的重要基础。结构方程模型（SEM）验证的结果表明：经济功能强于社会功能、环境功能及旅游功能，是乡村多功能农业景观的重要驱动力；环境功能作为网络的生态基础对其他功能具有一定的反馈作用，是生态体验旅游开展的重要环境基础。

4. 多功能农业发展战略是生态体验旅游战略选择的基础。

网络层次分析法（ANP）与 SWOT 相结合的验证结果表明：在多功能农业行动者—网络中，经济功能最强，社会功能其次，环境功能与休闲功能最弱。采用优势与机遇相结合的战略（SO），把握乡村景观优势与产业机遇相结合的发展理念，是乡村多功能农业可持续发展战略的最佳选择。通过实施多功能农业发展战略，为乡村多功能景观空间生产与空间格局建立奠定发展的基础。而且，发展战略的选择也有助于扬长避短，充分发挥乡村地域内产业与发展与空间生产的整体优势，充分展示多重感知空间的文化魅力，推动美丽宜居乡村建设水平的全方位提高。

5. 乡村生态体验发展战略是在多重要素的筛选过程中确立的。

在多功能农业发展战略评价的基础上，由景观管理（landscape management）、社会接受（community acceptance）、旅游活动（tourism activity）及游客满意（visitors' satisfaction）等要素的核心维度构成的 LCTV 框架，是进一步制定乡村生态体验旅游发展战略的基础；由景观开发与旅游活动共构的发展战略（LT）是乡村生态体验旅游开发应选择的产业战略。这种战略的选择本质上就是乡村旅游发展采取的模式，这种战略的优势不仅在于景观开发与旅游活动的耦合联动考虑在内，而且也具有将整个产业链考虑在内的发展优势，是一种"全产业链"的发展模式。在这种"全产业链"中，以生态创意的方式融合了第一产业、第二产业与第三产业，实现了产业在创新型空间的生产、加工、销售、服务一体化的格局。

6. 生态体验旅游产品开发和营销是实施乡村生态体验经济的重要前提。

与一般旅游产品不同的是，在生态体验场及生态体验景观基础上开发的生态体验旅游产品应是具有实体形式的产品与具有生态内涵的"剧情"及"场景"结合体，少了产品与空间故事，就像舌尖上的美食体验缺少调料一般而变得索然无味；按照体验基本内涵划分了生态体验旅游产品的五个结构层次及20个标准，是生态体验旅游产品开发与生态体验营销的前提；生态体验媒介的选择及组合充分考虑了人们对乡愁的生态需求 也考虑来了"乡村旅游＋互联网"的智慧化发展方向。既是乡村生态体验旅游营销的重要手段，全方位地树立乡村生态体验形象，增强乡村融合创新发展的活力，同时也将生态体验旅游产品价值链的各个环节作为体验管理的重要内容，提升乡村生态体验旅游产品开发及经营管理的水平。

7. 发展民宿及创意农业园是实现旅居时代的重要空间载体。

民宿及创意农业园是生态体验旅游的重要空间，也是"乡愁"产业重要的寄托空间，更是乡村未来发展的希望空间。无论是"智慧农业"中的"互联网"还是"物联网"等高科技，发展乡村生态体验旅游不仅仅在于注重一些传统的服务性要素改善，而是要拓展新型体验服务领域与新型景观空间，推进乡村智慧型健康养生养老服务，塑造乡村的新生活方式，展示乡村发展的新魅力。不断开发出智慧型创意体验产品，在扩展生态体验旅游市场的过程中树立自己的品牌，增强空间和产业的协调互动，优化乡村旅游产品的供给结构。在放大乡村生态体验旅游产品品牌效应的过程中，充分利用本地资源优势，创造可以成为本地区标志性的创意农业产品，并尽快将它培育成为具有区域代表性的特色产品品牌。

7.2 讨论

本书系统地研究了以多功能农业发展为基础的乡村生态体验旅游开发，不仅为传统农业向后现代农业的转变奠定了可持续发展的产业基础，而且也为美丽乡村的空间生产奠定了行动性基础。农业可持续发展以不损害子孙后代的利益为核心，多功能农业奠定了可持续发展的行动基础；生态旅游具有可持续性，体验旅游具有多功能性，两者结合是乡村发展目标与过程的协调创新。通过构建生态体验场、生态体验景观、生态体验旅游网络、生态体验旅游产品及生态体验营销等方式，奠定了乡村生态体验旅游发展的景观网络基础，发挥了乡村生态体验旅游对乡村多功能景观要素的整合作用，进一步提升田园综合体及旅游特色小镇的建设水平，促进了乡村可持续的协调发展。

但在研究中仍存在诸多不足，需要在今后的研究中进一步解决。

1. 生态体验场与生态体验景观的空间差异与识别。

两者都是生态体验旅游行为的景观载体，都具有行动者—网络的特征，兼具空间型与关系型两种景观特征。如何借助 GIS 等手段，采取类似与景观生态学的方法，将两者在空间中进行有效的识别、分类与设计，是今后需进一步研究的问题。通过属性数据构建的结构方程模型（SEM），只表明行动者之间的结构关系以及行动者在网络中应具有的功能，但如何通过相关属性数据直接判断其在景观网络中的地位还需进一步研究；凭借关系型数据构建的景观网络，可运用社会网络分析法（SNA）来判别，但在更大的区域尺度，如何借助 GIS 等手段表判读分析这种空间节点的地位与作用也需进一步研究。

未来可能的解决方案是以生态旅游机会谱（ecotourism opportunity spectrum，EOS）理论为指导，将乡村生态体验场及生态体验景观划分为不同类型的空间谱系（如生态旅游环境可以划分为五种：原始型（P）、非机动化半原始型（SPNM）、机动化半原始型（SPM）、有道路的自然面貌型（RNA）、城郊乡村型（R））；或按照生态旅游机会图谱的理论，将生态体验场及生态体验景观划分为高级、中级、低级和大众生态体验四种景观类型；或将生态体验场及生态体验景观划分为专项、双重及综合的类型，如将健康养生养老产业与生态体验景观的建设一体化，丰富乡村旅游业态和产品，打造各类主题乡村旅游目的地和精品线路，发展富有乡村特色的民宿和养生养老基地。

2. 对多功能农业网络功能性的评价。

多功能农业是塑造乡村多功能景观的重要力量，生态体验场与生态体验景观也都是通过绿色生产方式，改善乡村生态环境，建立绿色产品品牌等形式镶嵌在多功能农业网络之中。这种网络具有"软性"（soft network）与"硬性"（hard network）的共性，软性网络的节点具有要素进入自由的开放性，如将文化创意融入多功能农业发展之中就具有较大的发展空间，充分体现了水平横向方面要素间的相互作用；硬性网络具有垂直性的链条式合作，网络能够分享共同发展的目标。在多功能农业网络构建过程中实施对乡村生态体验场的评价，这只表明生态体验场在整个网络中的地位与作用。其单个生态体验场的强度与地位如何采用更为简单实用的方法来判读，也更有利于乡村生态体验旅游的开发。实际上，生态体验场的强弱也与体验者的知识背景、兴趣爱好、社会背景及所提供的体验性服务等要素有关，如何采用其他属性指标增强对生态体验场空间识别与评价的水平需进一步研究，丰富生态体验场的发展模式。

采用社会网络分析法（SNA）对生态体验景观构建进行评价，通过比较网络中的密度及中心性等指标值，尤其应借助社会网络分析法对网络行动者要素的点入度（in-degree）及点出度（out-degree）指标的分析，探索出不同行动者要素的对内及对外影响力，在获得的是不同发展阶段对网络各节点（行动者）之间关系性同时，判断不同时期行动者要素对景观空间的内外影响力。如何将这些判断在新型的智慧化空间中展示出来，形成有区域差异的感知评价结果，促进新型生态体验旅游产品的开发。未来可能的解决办法是，按照景观格局与人类生态体验旅游活动的发展特征，按照土地利用方式或按照生态体验旅游景观类型所构成的体验机会谱系对生态体验场及生态体验景观进行分类评价；结合社会表征理论在乡村旅游发展中的运用，采用高科技创意手段，发展具有智慧特征的新型空间。

3. 生态体验旅游产品设计。

生态体验旅游产品设计是在传统乡村旅游产品基础上进行的。按照生态体验产品的体验标准，采取什么样的"场景"（即生态体验景观）及空间"剧情"（多功能属性）开发措施与之对应。目前结合的场景设计只是把民宿与生态创意农业园区考虑在内，未来将进一步把握生态体验旅游产品的个性化、情感化、高度参与性与智慧化等特点，将物联网等现代科技引入生态体验旅游产品设计之中，充分体现"创新、协调、绿色、开放、共享"五大发展理念。充分体现出体验产品的差异性、参与性及挑战性，通过旅游产品的包装及体验营销提供给旅游者。未来面临的最大问题是：如何按照生态体验旅游产品的标准开发，结合"互联网"与"物联网"技术，运用旅游大数据、云计算等智慧旅游发展方式，坚持"产品为王，旅游为后"。提供乡村特色体验旅馆、特色餐馆、特色购物等特色突出的主题性体验场景，鼓励游客参与体验与情境融入。如何将乡村生态"场景"与"剧情"纳入景观生态规划之中，将多功能农业开发中的土地利用与生态体验旅游的规划有机地结合在一起，促进乡村地区基础设施改善、产业结构调整、农民收入增加、实现多功能景观开发的可持续发展目标。

4. 乡村生态体验营销媒介选择及开发模式。

空间的生态体验媒介选择是生态体验营销成功的关键。按照相关方法在生态体验场及生态体验景观基础上筛选出来的生态体验媒介，不仅具有乡村生态体验旅游产品的属性特征及相应的生态体验价值，而且也具有较强的空间整合作用。但在多功能农业行动者—网络构建过程中，如何选择具有区域差异性显著的生态体验媒介，整合乡村生态体验的全部过程，提供类型丰富的体验服务产品，是实现乡村生态体验营销成功的前提。将生态体验旅游的生态体验营销与多功能农业发展中的营销结合起来，是生态体验媒介选择过程中应进一步考虑的问题。如何确认这些生态体验媒介行动者在多功能农业网络中的地位与作用，可以尝试用景观生态学与生态经济学、体验经济学及市场营销学等相结合的方式进行研究。

乡村生态体验旅游开发模式，主要是依据其价值链的构成特点进行相应的开发。如围绕着乡村性、生态性、休闲性及产业性是生态体验旅游产品的核心属性进行开发，使之成为田园综合体及农旅特色小镇的开发基础。无论哪种模式，都涉及乡村生态体验旅游发展的基本理念，也就是要提倡乡村的生活价值，将当地传统农业转换成城里人可游可居的产业依托，保护性开发当地自然景观，将民俗文化有机地融入乡村旅游发展之中，开发具有生态创意的体验产品，提升乡村旅游开发的水平。在开发中涉及"公司＋农户"模式，"政府＋公司＋农村旅游协会＋旅行社"模式，股份制模式，"农户＋农户"模式，个体农庄模式等模式。其实质也涉及投融资模式问题，如采用 PPP 模式模推动乡村旅游基础设施等公共项目建设，将社会资本引入乡村旅游，可以带来新的信息资源、资金投入和经营模式。但同时也要从原来的直接引入外来社会资本，到注重社会资本与地方资本的联合，关注地方适应性，避免出现投资浪费现象。旅游业所具有的公益性与商业性的双重性质，具备借力 PPP 模式的天然基因。运用 PPP 模式进行融资，可以为旅游基础设施建设提供重要的资本和专业支持，有效突破乡村旅游融资瓶颈与经营管理问题。有助于将发展模式构建与聚焦精准扶贫和绿色产业发展、农村生态环境改善、乡村旅游规划与运营管理结合在一起，着力为中国建设美丽乡村搭建汇聚新思想、探索新思路。

乡村旅游调查问卷

尊敬的女士/先生：

　　欢迎您参与关于乡村旅游的问卷调查，本调查结果只提供给研究使用而无商业目的。请根据您本人的真实意愿，凭借您的经历与印象，在您认为这里最合适的旅游体验感受程度等级栏目中选择等级画"√"号。耽误您的宝贵时间，非常感谢您的协助！

　　您的基本情况

　　1. 您的性别：A. 男　　B. 女

　　2. 您的年龄：A. 小于等于 18 岁　　B. 19～30 岁　　C. 31～40 岁　　D. 41～55 岁　　E. 55 岁以上

　　3. 您的教育程度：A. 高中或以下　　B. 大专　　C. 大学本科　　D. 大学本科以上

　　4. 您的月收入：A. ≤2 000 元　　B. 2 001～3 000 元　　C. 3 001～4 000 元　　D. 4 001～5 000 元　　E. 5 001 元以上

　　5. 您的职业：A. 学生　　B. 公务员　　C. 公司职员　　D. 教师　　E. 退休人员

　　您对这里的评价

主要问题	等级 I	等级 II	等级 III	等级 IV	等级 V
1. 这里的进出交通是否便利	A. 不便利	B. 一般	C. 比较便利	D. 很便利	E. 非常便利
2. 这里的乡村特性是否突出	A. 突出	B. 一般	C. 较突出	D. 很突出	E. 非常突出
3. 这里的社会风情是否突出	A. 非常突出	B. 突出	C. 较突出	D. 有一点	E. 不突出
4. 这里的生态环境是否宜居	A. 不适合	B. 一般	C. 较适合	D. 很适合	E. 非常适合
5. 这里的生态环境是否稳定	A. 不稳定	B. 一般	C. 保持较好	D. 稳定	E. 非常稳定
6. 这里的生产环境是否和谐	A. 不和谐	B. 有一点	C. 还可以	D. 和谐	E. 非常和谐
7. 这里的开发利用是否适宜	A. 不大适宜	B. 一般	C. 较为适宜	D. 很适宜	E. 非常适宜

续表

主要问题	等级 I	等级 II	等级 III	等级 IV	等级 V
8. 这里的环境保护措施是否有力	A. 缺少	B. 有一点	C. 一般	D. 措施明显	E. 措施很有力
9. 这里的社区居民参与程度如何	A. 非常多	B. 很多	C. 较多	D. 一般	E. 几乎没有
10. 这里的主要产业是否有影响力	A. 没有	B. 有一点	C. 较多	D. 很多	E. 非常多
11. 这里的发展优势是否明显	A. 不明显	B. 一般	C. 明显	D. 很明显	E. 非常明显
12. 这里的发展是否有活力	A. 没有	B. 有一点	C. 有	D. 活力较强	E. 活力非常强
13. 旅游活动是否有当地的乡土知识	A. 非常多	B. 很多	C. 较多	D. 一般	E. 没有
14. 旅游活动是否感受到乡村风景美	A. 没有	B. 一般	C. 较多	D. 很多	E. 非常多
15. 旅游活动带来的娱乐程度	A. 没有	B. 一般	C. 较多	D. 很多	E. 非常多
16. 乡村生活环境是否令人陶醉	A. 没有	B. 一般	C. 较大	D. 很大	E. 非常大
17. 旅游活动对当地的发展促进程度	A. 差	B. 一般	C. 较大	D. 很大	E. 非常大
18. 旅游活动对当地的生态环境影响	A. 没有	B. 一般	C. 较为有利	D. 很有利	E. 非常有利
19. 旅游活动对当地的社会环境影响	A. 没有	B. 一般	C. 较为有利	D. 很有利	E. 非常有利
20. 旅游活动是否给您带来利益	A. 没有	B. 一般	C. 较为有利	D. 很有利	E. 非常有利

谢谢合作！方便的话请留下您的 E-mail 或电话_____

参考文献

［1］张姗姗，姚士谋，张落成. 我国高速铁路与新型城镇化的相互作用关系探索［J］. 城市观察，2015，（4）：103－112.

［2］汪德根，陈田，李立，等. 国外高速铁路对旅游影响研究及启示［J］. 地理科学，2012，32（3）：322－328.

［3］周心琴. 城市化过程中乡村景观变迁研究［D］. 南京师范大学，2006.

［4］郭焕成，韩非. 中国乡村旅游发展综述［J］. 地理科学进展，2010，29（12）：1597－1605.

［5］何景明. 国外乡村旅游研究述评［J］. 旅游学刊，2003，18（1）：76－80.

［6］保皮王译. 财富第五波［M］. 长春：吉林大学出版社，2004.

［7］风笑天. 第一代独生子女父母的家庭结构：全国五大城市的调查分析［J］. 社会科学研究，2009，（02）：104－110.

［8］李松柏. 我国旅游养老的现状、问题及对策研究［J］. 特区经济，2007，（07）：159－161.

［9］黄璜. 国外养老旅游研究进展与我国借鉴［J］. 旅游科学，2013，（06）：13－24＋38.

［10］卢云亭. 生态旅游与可持续旅游发展［J］. 经济地理，1996，16（1）：106－112.

［11］周玲强，黄祖辉. 我国乡村旅游可持续发展问题与对策研究［J］. 经济地理，2004，24（4）：572－576.

［12］吴承忠. 美英休闲经济的发展历程［J］. 城市问题，2009，165（4）：94－98.

［13］段兆麟. 体验经济与教育农园［J］. 海峡两岸观光休闲农业与乡村旅游发展——海峡两岸观光休闲农业与乡村旅游发展学术研讨会论文

集，2002.

[14] 马惠娣. 21 世纪与休闲经济，休闲产业，休闲文化 [J]. 自然辩证法研究，2001，17 (1)：48－52.

[15] 王云才，许春霞，郭焕成. 论中国乡村旅游发展的新趋势 [J]. 干旱区地理，2005，28 (6)：862－868.

[16] 郑杨，周志斌，朱莎. 近 5 年中国国内乡村旅游研究热点问题综述 [J]. 北京第二外国语学院学报，2012，205 (5)：19－26.

[17] 谷中原. 农村发展的农业多功能研究 [D]. 湖南农业大学，2007.

[18] Boody G，Vondracek B，Andow D A，et al. Multifunctional agriculture in the United States [J]. BioScience，2005，55 (1)：27－38.

[19] Pulina M，Giovanna Dettori D，Paba A. Life cycle of agrotouristic firms in Sardinia [J]. Tourism Management，2006，27 (5)：1006－1016.

[20] Marsden T，Sonnino R. Rural development and the regional state：Denying multifunctional agriculture in the UK [J]. J. Rural. Stud. , 2008，24 (4)：422－431.

[21] 陈传康. 北京的感应和行为地理研究 [J]. 经济地理，1982，(4)：292－299.

[22] Ohe Y. Multifunctionality and rural tourism：A perspective on farm diversification [J]. Journal of International Farm Management，2007，4 (1)：18－40.

[23] 刘承良，吕军. 中外乡村旅游地开发研究比较分析 [J]. 湖北大学学报 (自然科学版)，2006，28 (1)：91－96.

[24] 陈雪钧. 国外乡村旅游创新发展的成功经验与借鉴 [J]. 重庆交通大学学报 (社科版)，2012，12 (5)：56－59.

[25] Blangy S，Mehta H. Ecotourism and ecological restoration [J]. Journal for Nature Conservation，2006，14 (3)：233－236.

[26] 邓冰，吴必虎. 国外基于社区的生态旅游研究进展 [J]. 旅游学刊，2006，21 (4)：84－88.

[27] 王云才，史欣. 传统地域文化景观空间特征及形成机理 [J]. 同济大学学报 (社会科学版)，2010，21 (1)：31－38.

[28] 房艳刚，刘继生. 理想类型叙事视角下的乡村景观变迁与优化策略 [J]. 地理学报，2012，67 (10)：1399－1410.

[29] 邓明艳，曾菊新，余斌等. 旅游发展背景下乡村景观格局变迁与优化 [J]. 生态经济，2010，(2)：82－86.

［30］郑文俊. 旅游视角下乡村景观价值认知与功能重构［J］. 地域研究与开发, 2013, 32 (1): 102－106.

［31］O'keefe B, Benyon D. Using the blended spaces framework to design heritage stories with schoolchildren［J］. International Journal of Child-Computer Interaction, 2015, 6 (0): 7－16.

［32］刘峰. 供给侧改革下的新型旅游规划智库建设思考［J］. 旅游学刊, 2016, 31 (2): 8－10.

［33］冯娴慧, 戴光全. 乡村旅游开发中农业景观特质性的保护研究［J］. 旅游学刊, 2012, 27 (8): 104－111.

［34］Kohák E. Varieties of ecological experience［J］. Environmental Ethics, 2008, 19 (2): 153－171.

［35］余洁, 马耀峰, 苟晓东. 近年来中国旅游研究的现状及热点问题述评［J］. 经济地理, 2006, 26 (4): 681－685＋692.

［36］Smith W L. Experiential tourism around the world and at home: definitions and standards［J］. International Journal of Services and Standards, 2006, 2 (1): 1－14.

［37］左冰. 旅游学研究的时空视角: 一种概念性理论框架［J］. 桂林旅游高等专科学校学报, 2006, 17 (1): 18－23.

［38］谢彦君. 旅游体验——旅游世界的硬核［J］. 桂林旅游高等专科学校学报, 2005, 16 (6): 5－9.

［39］张孝德. 中国的城市化不能以终结乡村文明为代价［J］. 行政管理改革, 2012, (9): 9－14.

［40］余向洋, 朱国兴, 邱慧. 游客体验及其研究方法述评［J］. 旅游学刊, 2006, 21 (10): 91－96.

［41］徐广才, 史亚军, 谢翔燕等. 休闲农业标准体系研究［J］. 中国农学通报, 2012, 28 (15): 306－311.

［42］王琼英, 唐代剑. 基于城乡统筹的乡村旅游价值再造［J］. 农业经济问题, 2012, (11): 66－71.

［43］郑辽吉. 乡村体验旅游开发探讨——以辽东山区为例［J］. 生态经济, 2006, (6): 118－121.

［44］郑辽吉. 生态体验景观构建——以丹东大梨树村为例［J］. 辽东学院学报 (社会科学版), 2010, 12 (1): 36－43.

［45］Vatn A. Multifunctional agriculture: some consequences for international trade regimes [J]. European review of agricultural economics, 2002, 29 (3): 309 -327.

[46] 郑辽吉. 新农村生态体验经济的创新发展路径 [J]. 经济导刊, 2012, (4): 48 -49.

[47] 王德利. 生态场理论——物理生态学的生长点 [J]. 生态学杂志, 1991, 10 (6): 39 -43.

[48] Farina A, Belgrano A. The eco-field hypothesis: toward a cognitive landscape [J]. Landscape Ecology, 2006, 21 (1): 5 -17.

[49] 郑辽吉. 生态体验景观感知测评 [J]. 生态经济, 2010, (2): 40 -43.

[50] 管健. 社会表征理论的起源与发展——对莫斯科维奇《社会表征: 社会心理学探索》的解读 [J]. 社会学研究, 2009, 24 (4): 228 -242.

[51] 顾晓君, 马佳, 张晨等. 基于农业多功能性视角下的农家乐经营模式研究 [J]. 上海农业学报, 2010, 26 (001): 13 -15.

[52] 郭俊立. 巴黎学派的行动者网络理论及其哲学意蕴评析 [J]. 自然辩证法研究, 2007, 23 (2): 104 -108.

[53] 李承嘉. 行动者网络理论应用于乡村发展之研究——以九份聚落 1895 ~1945 年发展为例 [J]. 台湾地理学报, 2005, (39): 1 -30.

[54] 张环宙, 周永广, 魏蕙雅等. 基于行动者网络理论的乡村旅游内生式发展的实证研究 [J]. 旅游学刊, 2008, 23 (2): 65 -71.

[55] 李春发, 李萌萌, 王强等. 生态工业共生网络中利益相关者关系研究 [J]. 软科学, 2012, 26 (12): 5 -9.

[56] Ma M, Hassink R. An evolutionary perspective on tourism area development [J]. Annals of Tourism Research, 2013, 41: 89 -109.

[57] Wight P. Ecotourism: ethics or eco-sell? [J]. Journal of travel research, 1993, 31 (3): 3 -9.

[58] 王家骏. 关于"生态旅游"概念的探讨 [J]. 地理学与国土研究, 2002, 18 (1): 103 -106.

[59] 卢小丽, 武春友, Donohoe H. 生态旅游概念识别及其比较研究——对中外 40 个生态旅游概念的定量分析 [J]. 旅游学刊, 2006, 21 (2): 56 -61.

[60] 吴楚材, 吴章文, 郑群明等. 生态旅游概念的研究 [J]. 旅游学刊, 2007, 22 (1): 67 -71.

[61] 陈俊红, 李红, 周连第. 北京市山区沟域经济发展的探索与实践 [J]. 生态经济 (学术版), 2010, (1): 57 -62.

［62］陈文君. 我国现代乡村旅游深层次开发探讨［J］. 广州大学学报（社会科学版），2003，2（2）：86－88.

［63］吴必虎，黄琢玮，马小萌. 中国城市周边乡村旅游地空间结构［J］. 地理科学，2004，24（6）：757－763.

［64］王铄. 中国和英国乡村旅游发展模式比较研究［J］. 桂林旅游高等专科学校学报，2007，18（2）：220－221.

［65］邹统钎. 中国乡村旅游发展模式研究［J］. 旅游学刊，2005，20（3）：63－68.

［66］章家恩. 关于农业生态旅游的几点看法［J］. 农村生态环境，2000，16（1）：56－59.

［67］肖笃宁，钟林生. 景观分类与评价的生态原则［J］. 应用生态学报，1998，9（2）：217－221.

［68］郭焕成，刘军萍，王云才. 观光农业发展研究［J］. 经济地理，2000，20（2）：119－124.

［69］Cawley M, Gillmor D A. Integrated rural tourism：Concepts and Practice［J］. Annals of Tourism Research，2008，35（2）：316－337.

［70］沈海滨. 冬日的童话——萨尔茨堡［J］. 世界文化，2011，（12）：42－44.

［71］彭青，高非. 旅游如何促进法国乡村发展［J］. 南风窗，2009，（4）：44－46.

［72］张颖. 美国西部乡村旅游资源开发模式与启示［J］. 农业经济问题，2011，（3）：105－109.

［73］王云才. 中国乡村旅游发展的新形态和新模式［J］. 旅游学刊，2006，21（4）：8.

［74］熊凯. 乡村意象与乡村旅游开发刍议［J］. 地域研究与开发，1999，18（3）：71－74.

［75］O'farrell P J, Anderson P M. Sustainable multifunctional landscapes：a review to implementation［J］. Current Opinion in Environmental Sustainability，2010，2（1）：59－65.

［76］Lovell S T, Johnston D M. Creating multifunctional landscapes：how can the field of ecology inform the design of the landscape？［J］. Frontiers in Ecology and the Environment，2008，7（4）：212－220.

［77］樊文斌. "全域旅游"视角下大连旅游专项规划探析［J］. 规划师，

2015，（2）：107－113.

［78］厉新建，马蕾，陈丽嘉. 全域旅游发展：逻辑与重点［J］. 旅游学刊，2016，（9）：22－24.

［79］张环宙，许欣，周永广. 外国乡村旅游发展经验及对中国的借鉴［J］. 人文地理，2007，（4）：82－85.

［80］王永强. 欧美国家促进乡村旅游发展的经验与启示［J］. 郑州航空工业管理学院学报，2009，27（3）：50－52.

［81］张炜. 欧盟旅游业可持续发展研究［D］. 吉林大学，2013.

［82］周永博，沙润，杨燕，等. 旅游景观意象评价——周庄与乌镇的比较研究［J］. 地理研究，2011，30（2）：359－371.

［83］郑文俊. 旅游视角下乡村景观价值认知与功能重构——基于国内外研究文献的梳理［J］. 地域研究与开发，2013，32（1）：102－106.

［84］闫伟昌，马晓燕，孙汀. 具有地域乡土特色的乡村品牌景观开发［J］. 北京农学院学报，2010，25（4）：42.

［85］柴彦威，沈洁. 基于活动分析法的人类空间行为研究［J］. 地理科学，2008，28（5）：594－600.

［86］张云鹏. 试论吉登斯结构化理论［J］. 社会科学战线，2005，（4）：274－277.

［87］陈忠晓，王仰麟，刘忠伟. 近十几年来国内外生态旅游研究进展［J］. 地球科学进展，2001，16（4）：556－562.

［88］刘丽梅，吕君. 中国社区参与旅游发展研究述评［J］. 地理科学进展，2010，29（8）：1018－1024.

［89］孙凤芝，许峰. 社区参与旅游发展研究评述与展望［J］. 中国人口·资源与环境，2013，23（7）：142－148.

［90］宋郁玲，姜蘭虹. 生态旅游发展与社区参与——以高雄县美浓镇为例［J］. 地理学报，2002，（32）：19－39.

［91］Kiss A. Is community-based ecotourism a good use of biodiversity conservation funds？［J］. Trends in Ecology & Evolution，2004，19（5）：232－237.

［92］Jones S. Community-based ecotourism：The significance of social capital［J］. Annals of Tourism Research，2005，32（2）：303－324.

［93］Blamey R K. Ecotourism：The search for an operational definition［J］. Journal of Sustainable Tourism，1997，5（2）：109－130.

［94］Ryan C，Hughes K，Chirgwin S. The gaze，spectacle and ecotourism

[J]. Annals of Tourism Research, 2000, 27 (1): 148 - 163.

[95] Wang W, Chen J S, Fan L, et al. Tourist experience and Wetland parks: A case of Zhejiang, China [J]. Annals of Tourism Research, 2012, 39 (4): 1763 - 1778.

[96] Lu W, Stepchenkova S. Ecotourism experiences reported online: Classification of satisfaction attributes [J]. Tourism Management, 2012, 33 (3): 702 - 712.

[97] 龙花楼. 论土地利用转型与乡村转型发展 [J]. 地理科学进展, 2012, 31 (2): 131 - 138.

[98] Boyd S W, Butler R W. Managing ecotourism: an opportunity spectrum approach [J]. Tourism management, 1996, 17 (8): 557 - 566.

[99] 黄向, 保继刚, 杰弗里沃尔. 中国生态旅游机会图谱 (CECOS) 的构建 [J]. 地理科学, 2006, 26 (5): 629 - 634.

[100] 梁金兰. 基于乡村旅游开发的农村土地利用变化研究 [J]. 西南农业大学学报: 社会科学版, 2009, 7 (1): 8 - 10.

[101] Cawley M, Gillmor D A. Integrated rural tourism: Concepts and Practice [J]. Annals of Tourism Research, 2008, 35 (2): 316 - 337.

[102] 郑辽吉. 乡村生态体验营销策略研究——以丹东为例 [J]. 旅游论坛, 2009, (5): 717 - 721.

[103] 柴彦威, 塔娜. 中国行为地理学研究近期进展 [J]. 干旱区地理, 2011, 34 (1): 1 - 11.

[104] Busch L, Juska A. Beyond political economy: actor networks and the globalization of agriculture [J]. Review of International Political Economy, 1997, 4 (4): 688 - 708.

[105] Magnani N, Struffi L. Translation sociology and social capital in rural development initiatives. A case study from the Italian Alps [J]. Journal of rural studies, 2009, 25 (2): 231 - 238.

[106] Law J. Actor network theory and material semiotics [M]. Blackwell Publishing Ltd., 2009: 141 - 158.

[107] Mclean C, Hassard J. Symmetrical absence/symmetrical absurdity: Critical notes on the production of actor-network accounts [J]. Journal of Management Studies, 2004, 41 (3): 493 - 519.

[108] 张树民, 钟林生, 王灵恩. 基于旅游系统理论的中国乡村旅游发展模式探讨 [J]. 地理研究, 2012, 31 (11): 2094 - 2103.

［109］Stockdale A，Barker A．Sustainability and the multifunctional land-scape：An assessment of approaches to planning and management in the Cairngorms National Park ［J］．Land Use Policy，2009，26（2）：479－492．

［110］郭焕成．我国休闲农业发展的意义、态势与前景 ［J］．中国农业资源与区划，2010，31（1）：39－42．

［111］丁培卫．近 30 年中国乡村旅游产业发展现状与路径选择 ［J］．东岳论丛，2011，32（7）：114－118．

［112］龙茂兴，张河清．乡村旅游发展中存在问题的解析 ［J］．旅游学刊，2006，21（9）：75－79．

［113］谢彦君．旅游概念存在的泛化倾向及其影响 ［J］．桂林旅游高等专科学校学报，1999，（1）：18－20．

［114］何景明．中外乡村旅游研究：对比，反思与展望 ［J］．农村经济，2005，（1）：126－127．

［115］李德明，程久苗．乡村旅游与农村经济互动持续发展模式与对策探析 ［J］．人文地理，2005，（3）：84－87．

［116］钟洁．基于游憩体验质量的民族村寨旅游产品优化研究——以云南西双版纳傣族园、四川甲居藏寨为例 ［J］．旅游学刊，2012，（8）：95－103．

［117］周杰，杨兮，张凤太．少数民族村寨社区参与旅游发展的特征及内涵解析 ［J］．黑龙江民族丛刊，2013，（5）：92－97．

［118］傅伯杰，陈利顶．景观多样性的类型及其生态意义 ［J］．地理学报，1996，51（5）：454－462．

［119］林若琪，蔡运龙．转型期乡村多功能性及景观重塑 ［J］．人文地理，2012，27（2）：45－49．

［120］庄优波．社区营造与遗产地发展 台湾"桃米村"社区营造案例分析 ［J］．世界遗产，2015，（7）：106－107．

［121］岳经纶，陈泳欣．社会精英如何推动农村社区治理？——来自台湾桃米社区的经验 ［J］．南京社会科学，2016，（05）：69－75．

［122］郑群明，钟林生．参与式乡村旅游开发模式探讨 ［J］．旅游学刊，2004，19（4）：33－37．

［123］左冰，保继刚．制度增权：社区参与旅游发展之土地权利变革 ［J］．旅游学刊，2012，27（2）：23－31．

［124］李鹏，杨桂华．社区参与旅游发展中公平与效率问题研究——以云南梅里雪山雨崩藏族村为例 ［J］．林业经济，2010，（8）：120－124．

［125］郭凌，黄国庆，王志章. 乡村旅游开发中土地流转问题研究［J］. 西北农林科技大学学报：社会科学版，2009，9（5）：85-91.

［126］吕君，吴必虎. 国外社区参与旅游发展研究的层次演进与判读［J］. 未来与发展，2010，31（6）：108-111.

［127］李加林，童亿勤，时媛媛等. 中国乡村旅游研究综述［J］. 宁波大学学报：人文科学版，2009，22（1）：91-96.

［128］代则光，洪名勇. 社区参与乡村旅游利益相关者分析［J］. 经济与管理，2009，23（11）：27-32.

［129］陈志永，李乐京，梁涛. 利益相关者理论视角下的乡村旅游发展模式研究——以贵州天龙屯堡"四位一体"的乡村旅游模式为例［J］. 经济问题探索，2008，（7）：106-114.

［130］尹立杰，张捷，韩国圣等. 基于地方感视角的乡村居民旅游影响感知研究［J］. 地理研究，2012，31（10）：1916-1924.

［131］郭焕成. 发展乡村旅游业，支援新农村建设［J］. 旅游学刊，2006，21（3）：6-7.

［132］王素琴. 乡村旅游与社会主义新农村建设的互动模型［J］. 经济论坛，2007，（1）：122-124.

［133］兰宗宝，韦莉萍，陆宇明. 生态文明理念下乡村旅游可持续发展的策略研究［J］. 广东农业科学，2011，38（1）：223-225.

［134］赖斌，裴玮. 构建基于循环经济理念的乡村旅游 MDR 模式再思考［J］. 生态经济，2010，（10）：141-144.

［135］郭君平，沈文华，何忠伟. 关于乡村旅游与沟域经济发展的理论思考及政策建议［J］. 江西农业学报，2010，22（1）：166-168.

［136］朱峰，保继刚，项怡娴. 行动者网络理论（ANT）与旅游研究范式创新［J］. 旅游学刊，2012，（11）：24-31.

［137］刘宣，王小依. 行动者网络理论在人文地理领域应用研究述评［J］. 地理科学进展，2013，32（7）：1139-1147.

［138］杨效忠，刘国明，冯立新等. 基于网络分析法的跨界旅游区空间经济联系——以壶口瀑布风景名胜区为例［J］. 地理研究，2011，30（7）：1319-1330.

［139］吴晋峰，潘旭莉. 京沪入境旅游流网络结构特征分析［J］. 地理科学，2010，30（3）：370-376.

［140］王素洁，李想. 基于社会网络视角的可持续乡村旅游决策探究——以山东省潍坊市杨家埠村为例［J］. 中国农村经济，2011，（3）：59-69.

［141］王素洁，胡瑞娟，程卫红. 国外社会网络范式下的旅游研究述评［J］. 旅游学刊，2009，（7）：90－95.

［142］谢宇. 基于 ANP 的旅游企业竞争力评价研究［D］. 大连理工大学，2010.

［143］Zheng L，Liu H. Evaluating multifunctional agriculture in Dalishu，China：A combined application of SWOT analysis and the analytic network process method［J］. Outlook on Agriculture，2013，42（2）：103－108.

［144］郑辽吉，刘惠清. 城镇滨水区游憩管理模式［J］. 地理科学进展，2010，29（10）：1256－1262.

［145］郑辽吉，刘惠清. 水体游憩环境的体验感知测评——以丹东为例［J］. 人文地理，2010，（5）：154－159.

［146］冯淑华，沙润. 乡村旅游的乡村性测评模型——以江西婺源为例［J］. 地理研究，2007，26（3）：616－624.

［147］黄燕玲，黄震方. 农业旅游地游客感知结构模型与应用——以西南少数民族地区为例［J］. 地理研究，2008，27（6）：1455－1465.

［148］Zheng L，Liu H. Increased farmer income evidenced by a new multifunctional actor network in China［J］. Agronomy for Sustainable Development 2014，34：515－523.

［149］周淑景. 多功能农业与我国农业发展方向［J］. 广西经济管理干部学院学报，2003，15（1）：35－40.

［150］陈秋珍. 国内外农业多功能性研究文献综述［J］. 中国农村观察，2007，（3）：71－79.

［151］李俊岭. 我国多功能农业发展研究——基于产业融合的研究［J］. 农业经济问题，2009，（3）：4－7.

［152］李俊岭. 东北多功能农业功能价值实证分析［J］. 中国农业资源与区划，2009，2：32－35.

［153］吕一河，马志敏，傅伯杰，等. 生态系统服务多样性与景观多功能性——从科学理念到综合评估［J］. 生态学报，2013，33（4）：1153－1159.

［154］林若琪，蔡运龙. 我国多功能农业制度发展研究［J］. 经济地理，2011，31（11）：1768－1773.

［155］张盼盼，胡远满. 多功能景观研究进展［J］. 安徽农业科学，2008，36（28）：12454－12457.

［156］傅伯杰，吕一河，陈利顶等. 国际景观生态学研究新进展［J］. 生

态学报，2008，28（2）：798－804.

[157] Farina A，Belgrano A. The eco－field：A new paradigm for landscape ecology [J]. Ecological Research，2004，19（1）：107－110.

[158] Lin I Y. Evaluating a servicescape：the effect of cognition and emotion [J]. International Journal of Hospitality Management，2004，23（2）：163－178.

[159] O'dell T，Billing P. Experiencescapes：tourism，culture and economy [M]．Copenhagen Business School Press，2005.

[160] 李伍荣. 生态型服务：一种新理念 [J]. 生态经济，2007，(9)：58－60.

[161] 晏国祥，方征. 论消费者行为研究范式的转向 [J]. 外国经济与管理，2006，28（1）：54－59.

[162] 赵霞，姜秋爽. 体验经济时代休闲旅游的多元发展趋势 [J]. 财经问题研究，2013，(6)：140－144.

[163] 毛峰."互联网＋"时代乡村旅游可持续发展的路径及对策 [J]. 改革与战略，2016，(03)：74－77.

[164] 叶颖，郑耀星. 智慧旅游环境下乡村旅游信息化发展新形势——以福建省为例 [J]. 湖北农业科学，2016，(09)：2400－2403.

[165] 董颖，石磊. 生态创新的内涵、分类体系与研究进展 [J]. 生态学报，2010，30（9）：2465－2474.

[166] Ekins P. Eco-innovation for environmental sustainability：concepts，progress and policies [J]. International Economics and Economic Policy，2010，7（2-3）：267－290.

[167] Rennings K. Redefining innovation—eco-innovation research and the contribution from ecological economics [J]. Ecological economics，2000，32（2）：319－332.

[168] 郑辽吉，马廷玉. 多功能农业创新网络构建与分析 [J]. 农业现代化研究，2015，(04)：643－650.

[169] 郑辽吉. 丹东市赴朝边境旅游发展研究 [J]. 世界地理研究，2002，11（3）：71－78.

[170] 郑辽吉. 丹东边境旅游产品创新与联合开发——基于行动者—网络理论观点 [J]. 世界地理研究，2009，18（2）：128－134.

[171] 孙莹，韩卫东，宫焕盛. 近50年丹东气候变化分析 [J]. 辽宁气象，2004，(1)：17－26.

[172] 杜海波，吴正方，张娜，等. 近60 a 丹东极端温度和降水事件变化

特征 [J]. 地理科学, 2013, 33 (4): 473-480.

[173] 范业正, 郭来喜. 中国海滨旅游地气候适宜性评价 [J]. 自然资源学报, 1998, 13 (4): 304-311.

[174] 李悦铮. 辽宁沿海地区旅游资源评价研究 [J]. 自然资源学报, 2000, 15 (1): 46-50.

[175] 郑辽吉. 丹东市生态旅游发展模式 [J]. 国土与自然资源研究, 2003, (3): 60-61.

[176] 郑辽吉. 鸭绿江国家级风景名胜区进一步开发的几个问题 [J]. 地域研究与开发, 2004, 23 (1): 42-46.

[177] 郑辽吉. 旅游业竞争环境 SWOT/PEEST 分析法 [J]. 边疆经济与文化, 2006, (2): 9-11.

[178] 吴卓. 丹东市土地利用景观格局及其生态环境效应分析 [J]. 首都师范大学学报 (自然科学版), 2012, 33 (6): 45-50.

[179] 贾树海, 邱志伟, 潘锦华. 辽宁省农用地质量空间分布格局及影响因素研究 [J]. 生态环境学报, 2010, 5: 027.

[180] 郑辽吉. 丹东市旅游形象设计 [J]. 丹东师专学报, 2001, 23 (4): 56-57.

[181] 陶勉. 清代鸭绿江右岸荒地开垦经过 [J]. 中国边疆史地研究, 1999, (1): 56-68.

[182] 马平安. 清末清廷封禁政策转变与东北地区的移民实边 [J]. 辽宁教育学院学报, 1994, (1): 36-39.

[183] 李为, 张平宇, 宋玉祥. 清代东北地区土地开发及其动因分析 [J]. 地理科学, 2005, 25 (1): 7-16.

[184] 陈桦. 清代东北地区经济的发展与特点 [J]. 清史研究, 1993, (4): 11-21.

[185] 陈振环. 基于 BCG 模型的辽宁省 14 市旅游市场分析及策略研究 [J]. 中国集体经济, 2010, 12 (34): 154-155.

[186] 庞会敏, 伊丽莉. 辽宁省 14 市旅游经济发展综合评价分析 [J]. 经济研究导刊, 2009, 32: 027.

[187] 孙平军, 丁四保, 修春亮等. 东北地区"人口—经济—空间"城市化协调性研究 [J]. 地理科学, 2012, 32 (4): 450-457.

[188] 孟广华. 全力打造辽宁东部生态旅游基地 [J]. 今日辽宁, 2012, (6): 14-19.

［189］刘彦随. 中国东部沿海地区乡村转型发展与新农村建设［J］. 地理学报，2007，62（6）：563－570.

［190］邹锐. 生态场理论及生态场特性［J］. 生态学杂志，1995，14（1）：49－53.

［191］Wu H-I，Sharpe P J，Walker J，et al. Ecological field theory：a spatial analysis of resource interference among plants［J］. Ecological Modelling，1985，29（1）：215－243.

［192］Miina J，Pukkala T. Application of ecological field theory in distance-dependent growth modelling［J］. Forest Ecology and Management，2002，161（1）：101－107.

［193］王亚秋，王德利. 改进的植物生态场模型与实例分析［J］. 生态学报，2005，25（11）：2855－2861.

［194］林秉贤. 认知学派的社会心理学观点及其理论新趋向［J］. 天津商学院学报，1997，（3）：63－66＋71.

［195］冯强，程兴火. 生态旅游景区游客感知价值研究综述［J］. 生态经济，2009，（9）：105－108.

［196］江俊美，丁少平，李小敏等. 解读江南古村落符号景观元素的设计［J］. 生态经济，2009，（7）：194－197.

［197］范春. 基于体验旅游的景区廊道空间设计［J］. 人文地理，2009，24（2）：112－115.

［198］俞孔坚. 论景观概念及其研究的发展［J］. 北京林业大学学报，1987，9（4）：433－439.

［199］Bitner M J. Servicescapes：the impact of physical surroundings on customers and employees［J］. The Journal of Marketing，1992：57－71.

［200］Van Der Duim R. Tourismscapes an actor-network perspective［J］. Annals of Tourism Research，2007，34（4）：961－976.

［201］谢彦君，彭丹. 旅游、旅游体验和符号——对相关研究的一个评述［J］. 旅游科学，2005，19（4）：1－6.

［202］角媛梅. 哀牢山区梯田景观多功能的综合评价［J］. 云南地理环境研究，2008，（06）：7－10.

［203］吕一河，马志敏，傅伯杰等. 生态系统服务多样性与景观多功能性［J］. 生态学报，2013，33（4）：1153－1159.

［204］张孝德，牟维勇. 分享经济：一场人类生活方式的革命［J］. 学术

前沿，2015，（12）：6－15.

［205］中国互联网协会分享经济工作委员会．中国分享经济发展报告［J］．e-GOVERNMENT，2016，（4）：11－27.

［206］孙九霞，苏静．旅游影响下传统社区空间变迁的理论探讨——基于空间生产理论的反思［J］．旅游学刊，2014，29（5）：78－86.

［207］孟祥远，邓智平．如何超越二元对立？——对布迪厄与吉登斯比较性评析［J］．南京社会科学，2009，（9）：111－114.

［208］宫留记．布迪厄社会学理论的哲学特征［J］．广西社会科学，2006，（8）：14－18.

［209］毕天云．布迪厄的"场域—惯习"论［J］．学术探索，2004，（1）：32－35.

［210］张国举．"场域—惯习"论：创新机制研究的新工具［J］．中共中央党校学报，2005，9（3）：32－35.

［211］Latour B. On actor-network theory：a few clarifications［J］．Soziale welt，1996，47（4）：369－381.

［212］艾少伟，苗长虹．从"地方空间"，"流动空间"到"行动者网络空间"：ANT 视角［J］．人文地理，2010，（2）：43－49.

［213］Murdoch J. The spaces of actor-network theory［J］．Geoforum，1998，29（4）：357－374.

［214］Baggio R，Cooper C. Knowledge transfer in a tourism destination：the effects of a network structure［J］．The Service Industries Journal，2010，30（10）：1757－1771.

［215］章锦河，张捷，刘泽华．基于旅游场理论的区域旅游空间竞争研究［J］．地理科学，2005，25（2）：248－256.

［216］Urry J. The Tourist Gaze：Leisure and travel in contemporary societies，theory，culture & society［M］．Londres，Newbury Park，Sage Publications，1990.

［217］Law J. Notes on the theory of the actor-network：ordering，strategy，and heterogeneity［J］．Systemic Practice and Action Research，1992，5（4）：379－393.

［218］Opdam P，Steingröver E，Rooij S V. Ecological networks：A spatial concept for multi-actor planning of sustainable landscapes［J］．Landscape and Urban Planning，2006，75（3－4）：322－332.

［219］吴莹，卢雨霞，陈家建等．跟随行动者重组社会［J］．社会学研究，2008，（2）：218－234.

［220］Wey T, Blumstein D T, Shen W, et al. Social network analysis of animal behaviour：a promising tool for the study of sociality ［J］. Anim. Behav., 2008, 75 （2）：333 - 344.

［221］Law J. Power, action and belief：a new sociology of knowledge? ［M］. London：Routledge & Kegan Paul, 1986.

［222］Callon M. Some elements of a sociology of translation. Cambridge, MA：The MIT Press, 1986.

［223］Zeleny M, Hufford K D. The application of autopoiesis in systems analysis：are autopoietic systems also social systems? ［J］. International Journal Of General System, 1992, 21 （2）：145 - 160.

［224］Luhmann N. The autopoiesis of social systems ［M］. London：Sage, 1986：172 - 192.

［225］周志家. 社会系统与社会和谐——卢曼社会系统理论的整合观探析 ［J］. 中国现代化研究论坛论文集, 2006, 4.

［226］Tait J. Science, governance and multifunctionality of European agriculture ［J］. Outlook on Agriculture, 2001, 30 （2）：91 - 95.

［227］Kizos T, Marin-Guirao J I, Georgiadi M E, et al. Survival strategies of farm households and multifunctional farms in Greece ［J］. The Geographical Journal, 2011, 177 （4）：335 - 346.

［228］Gómez Sal A, González García A. A comprehensive assessment of multifunctional agricultural land-use systems in Spain using a multi-dimensional evaluative model ［J］. Agriculture, ecosystems & environment, 2007, 120 （1）：82 - 91.

［229］Boody G. Multifunctional Agriculture：More Than Bread Alone ［J］. BioScience, 2008, 58 （8）：763 - 765.

［230］Wilson G A. The spatiality of multifunctional agriculture：a human geography perspective ［J］. Geoforum, 2009, 40 （2）：269 - 280.

［231］周镕基. 现代多功能农业的价值及其评估研究 ［D］. 长沙：湖南农业大学, 2011.

［232］张克俊. 现代农业产业体系的主要特征, 根本动力与构建思路 ［J］. 华中农业大学学报：社会科学版, 2011, （5）：22 - 28.

［233］刘涛. 现代农业产业体系建设路径抉择——基于农业多功能性的视角 ［J］. 现代经济探讨, 2011, （1）：79 - 82.

［234］李俊岭. 东北多功能农业功能价值实证分析 ［J］. 中国农业资源与

区划, 2009, 30 (2): 32 - 35.

[235] Murdoch J. Networks—a new paradigm of rural development? [J]. J. Rural. Stud., 2000, 16 (4): 407 - 419.

[236] 陆扬. 社会空间的生产——析列斐伏尔《空间的生产》[J]. 甘肃社会科学, 2008, (5): 133 - 136.

[237] 郭文. 空间的生产与分析: 旅游空间实践和研究的新视角 [J]. 旅游学刊, 2016, 31 (8): 29 - 39.

[238] 钟晓华. 社会空间和社会变迁——转型期城市研究的"社会—空间"转向 [J]. 国外社会科学, 2013, (2): 14 - 21.

[239] 冯志峰. 供给侧结构性改革的理论逻辑与实践路径 [J]. 经济问题, 2016, 438 (02): 12 - 17.

[240] 李扬, 武力. 从供求管理政策的演变历史看"供给侧改革" [J]. 开发研究, 2016, 182 (01): 33 - 38.

[241] 厉新建, 张凌云, 崔莉. 全域旅游: 建设世界一流旅游目的地的理念创新——以北京为例 [J]. 人文地理, 2013, 131 (03): 130 - 134.

[242] 周镕基, 乌东峰. 我国现代多功能农业价值的文献综述 [J]. 衡阳师范学院学报, 2010, 31 (4): 44 - 48.

[243] 周基, 皮修平. 现代多功能农业价值的政策论争及其发展 [J]. 湖南师范大学社会科学学报, 2011, 6: 025.

[244] Carpenter S R, Folke C. Ecology for transformation [J]. Trends Ecol. Evol., 2006, 21 (6): 309 - 315.

[245] Termorshuizen J W, Opdam P. Landscape services as a bridge between landscape ecology and sustainable development [J]. Landscape Ecol., 2009, 24 (8): 1037 - 1052.

[246] 李双成, 郑度, 张镱锂. 环境与生态系统资本价值评估的区域范式 [J]. 地理科学, 2002, 22 (3): 270 - 275.

[247] 汤茂林, 汪涛, 金其铭. 文化景观的研究内容 [J]. 南京师大学报 (自然科学版), 2000, 23 (1): 111 - 115.

[248] Zeithaml V A. Consumer perceptions of price, quality, and value: a means-end model and synthesis of evidence [J]. The Journal of Marketing, 1988, 52 (7): 2 - 22.

[249] 薛会娟. 旅游地感知场的形成机理及管理对策探讨 [J]. 人文地理, 2008, 23 (1): 98 - 101.

［250］Novelli M, Schmitz B, Spencer T. Networks, clusters and innovation in tourism: A UK experience ［J］. Tourism Management, 2006, 27 (6): 1141－1152.

［251］刘玉, 刘彦随. 乡村地域多功能的研究进展与展望 ［J］. 中国人口·资源与环境, 2012, 22 (10): 164－169.

［252］王云才, 史欣. 传统地域文化景观空间特征及形成机理 ［J］. 同济大学学报 (社会科学版), 2010, (01): 31－38.

［253］Gobster P H, Nassauer J I, Daniel T C, et al. The shared landscape: what does aesthetics have to do with ecology? ［J］. Landscape Ecol., 2007, 22 (7): 959－972.

［254］董亮. 旅游审美中的格式塔原理及其在规划中的应用 ［J］. 学术交流, 2008, (9): 15－18.

［255］俞孔坚. 景观的含义 ［J］. 时代建筑, 2002, (1): 14－17.

［256］杨春时. 美学 ［M］. 高等教育出版社, 2004.

［257］Kirby J B, Bollen K A. Using instrumental variable tests to evaluate model specification in latent variable structural equation models ［J］. Sociological. methodology, 2009, 39 (1): 327－355.

［258］Golob T F. Structural equation modeling for travel behavior research ［J］. Transportation Research Part B: Methodological, 2003, 37 (1): 1－25.

［259］Arbuckle J L. Computer announcement amos: Analysis of moment structures ［J］. Psychometrika, 1994, 59 (1): 135－137.

［260］荣泰生. AMOS 与研究方法 ［M］. 重庆大学出版社, 2009.

［261］Bentler P M, Freeman E H. Tests for stability in linear structural equation systems ［J］. Psychometrika, 1983, 48 (1): 143－145.

［262］Granovetter M. The strength of weak ties: A network theory revisited ［J］. Sociological theory, 1983, 1 (1): 201－233.

［263］Crowley S L, Fan X. Structural equation modeling: Basic concepts and applications in personality assessment research ［J］. J. Pers. Assess., 1997, 68 (3): 508－531.

［264］Bentler P M. Comparative fit indexes in structural models ［J］. Psychological bulletin, 1990, 107 (2): 238－246.

［265］Pine B J, Gilmore J H. Welcome to the experience economy ［J］. Harvard business review, 1998, 76: 97－105.

［266］胡生青, 杭国荣. 谈物理教学中培养学生画图处理问题的习惯

[J]. 物理通报, 2010, (4): 72 – 73.

[267] Virden R J, Knopf R C. Activities, experiences, and environmental settings: A case study of recreation opportunity spectrum relationships [J]. Leisure Sciences, 1989, 11 (3): 159 – 176.

[268] Buist L J, Hoots T A. Recreation opportunity spectrum approach to resource planning [J]. Journal of Forestry, 1982, 80 (2): 84 – 86.

[269] Prentice R C, Witt S F, Hamer C. Tourism as experience: The case of heritage parks [J]. Annals of Tourism Research, 1998, 25 (1): 1 – 24.

[270] Laughlin N A, Garcia M W. Attitudes of landscape architects in the USDA Forest Service toward the Visual Management System [J]. Landscape Journal, 1986, 5 (2): 135 – 139.

[271] Stankey G H, Mccool S F, Stokes G L. Limits of acceptable change: A new framework for managing the Bob Marshall Wilderness Complex [J]. Western Wildlands, 1984, 10 (3): 33 – 37.

[272] 谢彦君. 论旅游的本质与特征 [J]. 旅游学刊, 1998, (4): 41 – 44.

[273] Gilmore J, Pine J. The Experience Economy: work is theatre and every business a stage. Paris, Harvar Business School Press, 1999.

[274] Kastenholz E, Carneiro M J, Peixeira Marques C, et al. Understanding and managing the rural tourism experience—The case of a historical village in Portugal [J]. Tourism Management Perspectives, 2012, 4: 207 – 214.

[275] Renting H, Oostindie H, Laurent C, et al. Multifunctionality of agricultural activities, changing rural identities and new institutional arrangements [J]. International journal of agricultural resources, governance and ecology, 2008, 7 (4): 361 – 385.

[276] 戈比斯特保罗, 杭迪. 西方生态美学的进展: 从景观感知与评估的视角看 [J]. 学术研究, 2010, (4): 2 – 14.

[277] Musacchio L R. The scientific basis for the design of landscape sustainability: a conceptual framework for translational landscape research and practice of designed landscapes and the six Es of landscape sustainability [J]. Landscape Ecol. , 2009, 24 (8): 993 – 1013.

[278] 程相占. 美国生态美学的思想基础与理论进展 [J]. 文学评论, 2009, (1): 69 – 74.

[279] Gutman J. A means-end chain model based on consumer categorization

processes〔J〕. The Journal of Marketing, 1982, 46（1）: 60 - 72.

〔280〕López-Mosquera N, Sánchez M. The influence of personal values in the economic-use valuation of peri-urban green spaces: An application of the means-end chain theory〔J〕. Tourism Management, 2010, 32（4）: 875 - 889

〔281〕Komppula R. Pursuing customer value in tourism-a rural tourism case study〔J〕. Journal of Hospitality & Tourism, 2005, 3（2）: 83 - 104.

〔282〕俞孔坚. 生物保护的景观生态安全格局〔J〕. 生态学报, 1999, 19（1）: 8 - 15.

〔283〕周基, 皮修平. 现代多功能农业价值的政策论争及其发展〔J〕. 湖南师范大学社会科学学报, 2011, 6: 115 - 118.

〔284〕邓心安. 新型农业体系: 基于生物经济的农业发展范式〔J〕. 农业现代化研究, 2009, 30（1）: 81 - 84.

〔285〕洪银兴. 中国特色农业现代化和农业发展方式转变〔J〕. 经济学动态, 2008,（6）: 62 - 66.

〔286〕周镕基. 现代多功能农业的价值学研究〔J〕. 经济问题探索, 2011,（12）: 72 - 75.

〔287〕谢高地, 肖玉, 鲁春霞. 生态系统服务研究: 进展, 局限和基本范式〔J〕. 植物生态学报, 2006, 30（2）: 191 - 199.

〔288〕李培林. 流动民工的社会网络和社会地位〔J〕. 社会学研究, 1996,（4）: 42 - 53.

〔289〕阳志平, 时勘. 社会网络分析在社会心理学中的应用〔J〕. 社会心理研究, 2002,（3）: 56 - 64.

〔290〕刘军. 整体网分析讲义——UCINET 软件实用指南〔M〕. 上海: 格致出版社、上海人民出版社, 2009.

〔291〕杨兴柱, 陆林, 王群. 农户参与旅游决策行为结构模型及应用〔J〕. 地理学报, 2005, 60（6）: 928 - 940.

〔292〕申秀英, 刘沛林, 邓运员等. 景观"基因图谱"视角的聚落文化景观区系研究〔J〕. 人文地理, 2006, 21（4）: 109 - 112.

〔293〕刘沛林, 刘春腊, 邓运员等. 基于景观基因完整性理念的传统聚落保护与开发〔J〕. 经济地理, 2009, 29（10）: 1731 - 1736.

〔294〕Moore S M, Charvat J. Promoting health behavior change using appreciative inquiry: moving from deficit models to affirmation models of care〔J〕. Family & Community Health, 2007, 30: S64 - S74.

[295] Koster R L, Lemelin R H. Appreciative inquiry and rural tourism: a case study from Canada [J]. Tourism Geographies, 2009, 11 (2): 256-269.

[296] 刘彦随. 中国新农村建设创新理念与模式研究进展 [J]. 地理研究, 2008, 27 (2): 479-480.

[297] 曹兴平. 文化绘图: 文化乡村旅游社区参与及实践的新途径 [J]. 旅游学刊, 2012, 27 (12): 67-73.

[298] 姚亮, 王如松, 尹科等. 城市生态系统灵敏度模型评述 [J]. 生态学报, 2014, 34 (1): 1-11.

[299] Neumann G, Düring D. Methodology to understand the role of knowledge management in logistics companies [J]. Logforum, 2008, 4 (1): 5.

[300] Schianetz K, Kavanagh L. Sustainability Indicators for Tourism Destinations: A Complex Adaptive Systems Approach Using Systemic Indicator Systems [J]. Journal of Sustainable Tourism, 2008, 16 (6): 601-627.

[301] 蒋佳倩, 李艳. 国内外旅游 "民宿" 研究综述 [J]. 旅游研究, 2014, (4): 16-22.

[302] [美] 格朗特·希尔德布兰德著. 万志斌, 马琴译. 建筑愉悦的起源 [M]. 北京: 中国建筑工业出版社, 2007.

[303] 陈春燕. 杭州西湖风景区民宿的现状及发展对策分析 [J]. 中国商论, 2015, (21): 122-125.

[304] 艾瑞咨询. 中国在线旅游行业年度监测报告 [C]. 2016: 68.

[305] 杨丽娟. 中国台湾地区民宿旅游的研究进展与启示 [J]. 成都大学学报 (社会科学版), 2016, (2): 31-38.

[306] 张希. 乡土文化在民宿中的表达形态: 回归与构建 [J]. 闽江学院学报, 2016, (03): 114-121.

[307] 赵文杰, 何云峰, 张雷. 国外创意农业的发展及本土化借鉴 [J]. 安徽农业科学, 2016, (08): 257-259.

[308] 廖军华, 屠玉帅, 简保权. 国外创意农业对中国发展创意农业的启示 [J]. 世界农业, 2016, (02): 16-20.

[309] 于立新, 孙根年. 深层生态旅游开发与新世外桃源建设 [J]. 人文地理, 2007, 22 (2): 63-67.

[310] 刘黎明. 乡村景观规划的发展历史及其在我国的发展前景 [J]. 农村生态环境, 2001, 17 (1): 52-55.

[311] 张宏, 赵荣, 李绍刚. 秦兵马俑游客体验的 ASEB 分析 [J]. 桂林

旅游高等专科学校学报，2006，17（1）：116－119.

［312］Chung S H, Lee A H I, Pearn W L. Analytic network process（ANP）approach for product mix planning in semiconductor fabricator ［J］. International Journal of Production Economics, 2005, 96（1）：15－36.

［313］Yüksel i̇, Dagdeviren M. Using the analytic network process（ANP）in a SWOT analysis-A case study for a textile firm ［J］. Inform. Sciences, 2007, 177（16）：3364－3382.

［314］Gencer C, Gürpinar D. Analytic network process in supplier selection: A case study in an electronic firm ［J］. Applied Mathematical Modelling, 2007, 31（11）：2475－2486.

［315］郑辽吉. 基于 GEM－ANP 模型的海岛旅游竞争力评价——以辽宁省为例 ［J］. 辽东学院学报（社会科学版），2013，15（4）：85－90.

［316］王莲芬. 网络分析法（ANP）的理论与算法 ［J］. 系统工程理论与实践，2001，21（3）：44－50.

［317］Saaty T L. Fundamentals of the analytic network process-Dependence and feedback in decision-making with a single network ［J］. Journal of Systems Science and Systems Engineering 2004, 13（2）：129－157.

［318］Garrod B, Wornell R, Youell R. Re-conceptualising rural resources as countryside capital: The case of rural tourism ［J］. Journal of rural studies, 2006, 22（1）：117－128.

［319］Simon S. economic clusters as sustainable units in the agriculture of bekes county, hungary ［J］. Journal of Environmental Protection and Ecology, 2008, 9（1）：228－234.

［320］Arabatzis G, Polyzos S. Contribution of natural and socio-cultural resources in tourism development of mainland greek prefectures: a typology ［J］. Journal of Environmental Protection and Ecology, 2008, 9（2）：446－464.

［321］Saxena G, Ilbery B. Integrated rural tourism a border case study ［J］. Annals of Tourism Research, 2008, 35（1）：233－254.

［322］Avdimiotis S, Golumbeanu M. Necessity of the early warnings system for the development of new sustainable forms of tourism ［J］. Journal of Environmental Protection and Ecology, 2008, 9（2）：431－445.

［323］Iorio M, Corsale A. Rural tourism and livelihood strategies in Romania ［J］. Journal of rural studies, 2010, 26（2）：152－162.

［324］ Calado L, Rodrigues A, Silveira P, et al. Rural tourism associated with agriculture as an economic alternative for the farmers ［J］. European Journal of Tourism, Hospitality and Recreation, 2011, 2（1）: 155－174.

［325］ Van Der Duim R. Tourismscapes an actor-network perspective ［J］. Ann. Tourism. Res., 2007, 34（4）: 961－976.

［326］ Renting H, Rossing W, Groot J, et al. Exploring multifunctional agriculture. A review of conceptual approaches and prospects for an integrative transitional framework ［J］. Journal of Environmental Management, 2009, 90: S112－S123.

［327］ Van Der Duim V, Caalders J. Tourism chains and pro-poor tourism development: an actor-network analysis of a pilot project in Costa Rica ［J］. Current Issues in Tourism, 2008, 11（2）: 109－125.

［328］ Noe E, Alrøe H F, Langvad A M S. A polyocular framework for research on multifunctional farming and rural development ［J］. Sociologia Ruralis, 2008, 48（1）: 1－15.

［329］ Sørensen F. The geographies of social networks and innovation in tourism ［J］. Tourism Geographies, 2007, 9（1）: 22－48.

［330］ Ring J K, Peredo A M, Chrisman J J. Business networks and economic development in rural communities in the United States ［J］. Entrepreneurship Theory and Practice, 2010, 34（1）: 171－195.

［331］ Murdoch J. Networks—a new paradigm of rural development? ［J］. Journal of rural studies, 2000, 16（4）: 407－419.

［332］ Saaty T L. How to make a decision: the analytic hierarchy process ［J］. European journal of operational research, 1990, 48（1）: 9－26.

［333］ Pine B J, Gilmore J H. Welcome to the experience economy ［J］. Harvard Business Review, 1998, 76（July-August）: 97－105.

［334］ Oh H, Fiore A M, Jeoung M. Measuring experience economy concepts: tourism applications ［J］. Journal of Travel Research, 2007, 46（2）: 119－132.

［335］ 郑辽吉. 体验旅游导游的培训研究 ［J］. 边疆经济与文化, 2008,（8）: 25－28.

［336］ Lew A A. Understanding Experiential Authenticity through the Best Tourism Places ［J］. Tourism Geographies, 2011, 13（4）: 570－575.

［337］ Tarssanen S. Handbook for Experience Tourism Agents. University of Lapland Press, 2005.

［338］Di Domenico M，Miller G. Farming and tourism enterprise：Experiential authenticity in the diversification of independent small-scale family farming［J］. Tourism Management，2012，33（2）：285 – 294.

［339］魏小安，魏诗华. 旅游情景规划与项目体验设计［J］. 旅游学刊，2004，19（4）：38 – 44.

［340］石培华，龙江智，郑斌. 旅游规划设计的内涵本质与核心理论研究［J］. 地域研究与开发，2012，31（1）：80 – 84.

［341］贾英，孙根年. 论双因素理论在旅游体验管理中的应用［J］. 社会科学家，2008，（4）：92 – 95.

［342］田学红，刘徽，郑碧波. 马斯洛高峰体验学说及其对教学的启示［J］. 浙江师范大学学报（社会科学版），2004，29（3）：86 – 88.

［343］陆卫平，晁钢令. 营销组合理论演变的内在逻辑：基于交换障碍克服的视角［J］. 市场营销导刊，2006，（06）：30 – 33.

［344］郝康理，柳建尧. 互联网时代背景下的全球旅游整合营销（第2版）［M］. 北京：科学出版社，2015：327.

［345］李曦. 旅游目的地新媒体整合营销传播研究［D］. 南开大学，2014.

［346］周晓丽，李振亭. 基于百度指数的搜索引擎中旅游搜索行为研究——以西安典型旅游景区为例［J］. 天津商业大学学报，2016，（03）：11 – 16.

［347］邓爱民，王瑞娟. 基于百度指数的旅游目的地关注度研究——以武汉市为例［J］. 珞珈管理评论，2014，（02）：143 – 152.

［348］户文月. 基于百度指数旅游景区假期网络关注度特征研究——以浙江省5A级旅游景区为例［J］. 旅游论坛，2015，（04）：85 – 91.

［349］李光明，钱明辉，苟彦忠. 基于互动导向的体验营销策略研究［J］. 经济体制改革，2010，（1）：69 – 74.

［350］Kastenholz E，Lima J. The Integral Rural Tourism Experience from the Tourist s Point of View：A Qualitative Analysis of its Nature and Meaning［J］. Tourism & Management Studies，2011，（7）：62 – 74.

［351］王安琪. 体验营销与传统营销区别何在［J］. 经济论坛，2005，（23）：109 – 110.

［352］曾蓓，崔焕金. 旅游营销的新理念——旅游体验营销［J］. 社会科学家，2005，112（2）：129 – 130 + 135.

［353］黄志锋. 体验营销：新经济时代的营销方式［J］. 长沙大学学报

（哲学社会科学版），2006，20（4）：10－11.

［354］Schultz D E. Integrated marketing communications ［J］. Journal of Promotion Management，1992，1（1）：99－104.

［355］徐正林，邹丽君. 体验营销——乡村旅游发展的新思路 ［J］. 经济与管理，2007，21（5）：29－33.

［356］张丽华，罗霞. 乡村旅游体验营销模型的一种设计 ［J］. 经济管理，2007，（3）：71－74.

［357］Schmitt B. Experiential marketing ［J］. Journal of marketing management，1999，15（1－3）：53－67.

［358］Fiore A M，Niehm L，Oh H，et al. Experience economy strategies：Adding value to small rural businesses ［J］. Journal of Extension，2007，45（2）：1－13.

［359］谢开木，胡翠荣. 体验营销在农产品中的应用 ［J］. 中国农业大学学报（社会科学版），2004，55（2）：48－53.

［360］莫梅锋，刘漾檑. 体验时代呼唤体验媒介 ［J］. 新闻界，2005，（5）：56－57.

［361］周秀芝，郑海武. "微笑曲线"启示——提升旅游产业核心竞争力分析 ［J］. 山西财经大学学报，2014，（S1）：59＋67.

［362］曹霞，吴承照. 国外旅游目的地游客管理研究进展 ［J］. 人文地理，2006，（2）：17－23.

［363］刘少艾，卢长宝. 价值共创：景区游客管理理念转向及创新路径 ［J］. 人文地理，2016，（4）：135－142.

［364］於军，季成. 体验管理之峰终体验法 ［J］. 企业管理，2009，（9）：77－79.

［365］郭红丽，袁道唯. 客户体验管理——体验经济时代客户管理的新规则 ［M］. 北京：清华大学出版社，2010.

后　记

　　乡村保留了很多的传统文化基因，从田园风光到特色民宿，从田园风光到创意园区，这里寄托了无限的乡愁，也寄托了人们的无限憧憬。随着高铁时代的到来，时空被压缩；自驾车与房车将人们的生活空间扩大；旅居养老也是一种说走就走的旅行生活方式。这表明：乡村旅游将成为一种生活方式。节假日来临时，人们不再以逛商厦商场为喜闻乐道之事，而是以追逐乡村山林田园、溪谷漂流为乐趣，一切都以幸福健康为乐的现代生活方式给人带来更多的田野关注。

　　乡村旅游一直是我关注的对象，在完成自己的博士论文之后仍从事着乡村旅游的研究。萌生将博士论文撰写成书的愿望有两个重要的因素：一是博士论文在知网上的下载频次已经超过 1 万次，虽然没有引用率来得那么更令人兴奋，但起码也说明乡村生态体验旅游的选题备受关注；二是通过知网指数就可以进一步了解到："体验旅游"学术关注度呈现逐年递增的态势，从 2000 年的 22 篇到 2016 年的 1 425 篇。无论是媒体关注度还是学术传播度，都呈现了令人感到鼓舞的发展趋势；从百度指数的"乡村旅游"需求图谱上可以看到：乡村旅游与乡村民宿关联度较大。对这一系列研究指数变化的观察，促使我有了深入做好生态体验旅游研究的信心。

　　很多前期的研究成果为本书的撰写提供了支持。在深入研究的过程中，先后吸收了近几年主持完成的课题研究成果，如：（1）辽宁省社会科学基金项目（L11BJL024）"辽宁省海岛旅游发展策略研究"（2014 年）；（2）辽宁省教育厅（W2010158）"乡村创新网络体系研究"（2013 年）；（3）辽宁省教育厅与辽宁省社科联咨政重点建言课题"我省特色文化旅游资源及相关产业价值提升研究"（2014lslzzddykt-07）；（4）辽宁省教育厅与辽宁省社科联咨政建言课题"关于抓好沿岸观光廊道、湿地公园、文化旅游度假区建设的问题研究"（2015lslzz-49）；（5）丹东市"十三五"规划重点课题研究"关于加快现代服务业的研究"（2015）；（6）辽宁省社科联基地课题"支持辽宁边境地区美丽乡村建设产业发展政策研究"（2016lsljdwt-30）。研究课题的部分研究成果在撰写过程中不断地吸收进来；在这期间，也吸收了一些企业委托的研究内容，如健康养老基地的可行性报告等。

实地考察为本书的撰写提供了素材基础。仅在台湾地区的考察我就获得了39G 的影像资料。从 2015 年开始，我在台湾中国文化大学访学 4 个多月时间里，课程研究、学术会议（2016（第十四届）海峡两岸观光休闲产业及乡村旅游学术研讨会，暨南大学），旅游考察成为访学期间的主要内容。在旅游考察中，采用自行车（骑行累计 300 余公里），火车（包括到高雄的高铁），台湾好行（旅游大巴）等方式；2016 年，除了多次考察了丹东市大梨树村、河口村、青山沟、大鹿岛等乡村旅游发展外，先后到山东（济南、曲阜）、广西（南宁及桂林）、湖北（武汉、宜昌、恩施等）、浙江（桐庐的芦茨村和荻浦村）、苏州、南京、台湾（埔里镇桃米村、澎湖列岛）、河南（洛阳、栾川重渡沟村）等地参加学术会议及乡村考察。

得益于恩师和朋友的指导才顺利地完成了本书撰写工作。首先要感谢我的恩师刘惠清教授。从博士论文的选题与构思、研究方案的设计、论文的修改与最后完善，都凝聚了她的智慧与心血。恩师以其广博的学识、严谨的学术思想、严谨的治学态度和孜孜不倦的敬业精神给我的学术成长以深刻的教益和启迪。恩师正直的为人，和蔼的待人态度、诚挚谦虚的品格和宽厚善良的处世方式都是我一生做人的楷模。在本书撰写过程中，一些朋友的支持和帮助也给了我继续深入研究的决心和勇气，感谢在撰写过程中，给予我帮助的马廷玉、袁光美、李闯糧（台湾地区）；感谢我的家人对我最大的支持和理解。感谢我的妻子郭丹妹给予我多年来默默无闻的奉献和一贯的支持与鼓励，才使我更加有信心和毅力完成本书的撰写。本书在出版过程中获得了辽东学院学术著作出版基金的资助，在此一并表示感谢。

由于生态体验旅游发展涉及经济、社会、生态、文化等诸多方面，是一项非常复杂的系统工程。针对各个区域的乡村生态体验旅游研究还有待于进一步深入开展，由于研究水平和客观条件的限制，研究中肯定存在着许多的遗漏和不当之处，恳请专家学者不吝赐教。

作者
2017 年 10 月